KB073175

CEO의 블로그

홍빛

CEO의 블로그 홍빛

생각이 꽃길이 되어 온세상을 빛내다

이윤성 지음

좋은땅

목차

3강.

블로그 성장과 생명력은 컨셉과 이념(정체성)이다

4강.

분야별 구체적 컨셉의 블로그 카테고리 실험적 샘플 7가지

5강.

온(ON) 세상의 기여는 오프라인 세상을 이끌게 된다

생각이 꽃길이 되어 온 세상을 빛내다

사람은 엄마 뱃속에서부터 성장을 하기 시작해서 태어나게 됩니다. 엄마 뱃속에서는 엄마의 도움으로 호흡을 하면서 세포 분열이라는 엄청난 과정을 겪으면서, 비로소 세상의 빛을 보는 인간이 됩니다. 그때부터는 자신의 호흡으로 성장을 하기 위해서, 우렁찬 목소리의 울음으로 자신을 처음으로 표현하고 나서, 자연스럽게 이 세상의 공기를 홀로 마시면서 성장을 하게 됩니다. 이렇게 자라더라도 생명활동을 위해서는 수많은 주변환경의 도움을 받으면서 자라게 됩니다. 그 아이는 본인이 살아 있는지 존재하고 있는지도 모르지만, 본인을 둘러싼 사람들과 사회, 그리고 국가와 이 세상과 우주의 구성원으로서 함께 하고 있습니다. 어느 누가 그 아이에게 무엇을 부여하지 않더라도, 이미 그 아이는 이 사회와 이 세상의 구성원이 된 것이고, 그 아이에게는 보이지도 않고 느껴지지도 않겠지만, 이 사회와 자연의 도움을 받아가면서 생활과 성장을 동시에 하게 됩니다. 그러면서 자신을 표현하는 방법도 알게 되고, 그 횟수도 점점 많아져서 어느새 자신을 확실하게 표현할 만큼 성장을 합니다.

어느 정도 성장을 했다는 것은, 홀로 독립적인 사고와 정체성으로 사회생활을 할 수 있다는 것을 의미하기도 합니다. 그리고 이 사회와 세상을 바라보는 시각이 가족이나 지인에서 학교 및 지역적인 틀의 범위도 인식하고, 생각하고 보려고 했던 것에서, 좀 더 성숙하게 됩니다. 나아가 자신이 일하고 있는 직장과 업무의 범위에서 인식의 범위를 넓혀, 이 세상을 보려고 할 것입니다. 보통의 경우 사람들은 자신이 속한 조직의 틀 속에서, 그곳의 생각과 가치관과 이념의 틀을 바탕으로 이 사회와 세상을 보려고 하는 경향이 강합니다. 또한 우리는 자신이 속한 조직 속에서 지속적으로 성장을 하게 되며, 또다시 수많은 경험과 지식과 정보를 익힘으로써, 자신만의 독특한 가치관과 철학을 만들어 가게 됩니다. 그래서 이런 성장의 과정을 겪으면서, 우리는 또 우리 자신을 표현하고 생각하는 것이 더 깊어지게 됩니다.

이런 지속적인 성장을 통해서 우리는 드디어, 홀연히 이 사회와 이 세상을 나 스스로 홀로 직면하게 되는 시기를 맞이합니다. 가족이나 지역 학교 직장들, 그리고 어떠한 조직을 통해서 접하고 있던 이 사회와 국가, 인류와 우주 전체까지도, 오롯이 내 자신의 모습과 가치관과 이념으로서 마주해야 되는 것입니다. 한 직장이 평생 직장이던 시대에 은퇴라는 것은 편히 쉴 수 있는 개념의 인생관이었지만, 이제 우리 시대는 은퇴라는 개념이 희박하여, 홀로 이 사회를 직접 마주보며 대면해야 하는 시대가 되었습니다. 은퇴라는 개념이 있던 시대에서는, 은퇴가 사람의 성장을 멈추고 정체된 것이라고 생각했지만 은퇴의 개념이 희박해진 지금은, 지속적으로 성장해야 한다는 개념으로 변화하고 있습니다. 그래서 현대 시대의 사회구성원들은 새로운 길을 찾기 위해서 끊임없이 찾아 다니고 있는 것을, 우리는 미디어를 통해서 늘 일상처럼 보고 있습니다. 그중에서 유튜브에서 활동은 급격하게 증가를 하고 있으며, 저마다 자신들이 가지고 있는 다양한 재능과 능력들과, 경험적 지식들을 거침없이 표현하고 있습니다. 이러한 개개인들의 SNS 활용은 사회적으로 큰 영향력을 주고 있으며, 이 사회를 움직이는 주체가 국가와 거대 집단이나 엘리트 층에서, 사회구성원들 모두로 변해가고 있음을 우리는 보고 있습니다.

다만 온라인에서 급격하게 증가된 다양한 콘텐츠들이, 시간이 지나면서 질적 수준의 평가에서는 부정적인 시각도 많아지고 있습니다. 이런 요인은 여러가지가 있겠지만, 좀 더 계획적이지 않거나 정체성이나 컨셉이 부족한 상태에서 만들어진 경우가 많기 때문이라고 보고 있습니다. 그렇다 보니 특정 블로그에 작성되어 있는 글은 많은데 서로간 연결되는 내용이 부족한 경우가 많은 것입니다. 따라서 이 책을 기획하게 된 의도는, 블로그 및 SNS를 시작하는 단계에 있는 사람들이 컨셉과 정체성을 명확하게 하고, 그에 맞는 카테고리(목차)를 구성하는 방법을 제시하기 위해서 만들게 되었습니다. 우리는 성장을 통해서 수많은 경험적 지식과, 정보와 생각들이 있습니다. 그 다양한 생각들을 어떻게 구성하느냐는 매우 중요합니다. 속담에도 있듯이 구슬이 서 말이라도 잘 꿰어야 보배가 되는 것입니다.

그것은 만드는 사람의 생각과 뜻을 명확하게 하는 컨셉을 만들어야 하며, 그 컨셉에 적합한 카테고리(목차)를 어떻게 설정을 해서 만들 것인지를, 처음부터 잘 구상을 해야 합니다. 카테고리(목차)는 큰 틀에서 블로그가 나아가고자 하는 방향과도 같은 것입니다. 쉽게 말해서 온라인에 자신의 정체성을 나타낼 수 있는 큰 길을 만드는 것입니다. 그래야 운영을 하는 사람도 어떠한 글을 작성할지를 예견하여 진행할 수 있으며, 그 블로그를 찾아오는 방문자도 어떤 특성이 있는 곳인지를 쉽게 파악할 수 있게 됩니다. 블로그를 만드는 것도 자신의 책을 만드는 것과 같습니다. 어떤 책을 만들 것인지 어떤 목차가 필요한지 미리 계획을 세워 놓고, 거기에 맞는 글을 작성해 나가도록 해야 합니다. 아무쪼록 모두의 소중한 생각과 뜻이 카테고리(목차)라는 꽃길로 잘 전달이 되어, 또 한번 성장하시기를 진심으로 바랍니다. 그리고 그러한 의도에 조금이라도 저의 글이 도움이 되시기를 바랍니다. 감사합니다.

(참고: 이 책에서 블로그와 관련해서 제시하는 내용들은, 블로그의 컨셉과 카테고리(목차)와 타이틀의 주제 등을, 어떻게 설정을 할 것인지에 관해서 언급을 하고 있는 책입니다. 블로그의 디자인 측면이나 블로그마케팅을 전문적으로 운영하시는 분들이 만드시는, 블로그 최적화나 검색 상위 노출의 방법들, 그리고 블로그에 어느 정도 글을 작성하여 최적화 블로그라는 것을 만들어서, 임대나 매매를 하시려고 하는 분들에게는 맞지 않을 수도 있을 겁니다. 블로그 운영의 기본 개념을 이해하고 자신에게 맞는 사이버 공간을 특색 있게 만들어서, 다른 블로거들과 소통을 하고 블로그의 내용을 확장하고자 하는 분들에게 조금이라도 도움이 되고자 작성을 하는 것입니다. 개인적인 관점에서 블로그 카테고리나 메뉴 제목을 만드는 부분이 중요한 것은, 그래야 그 카테고리에 작성할 내용을

주제별로 인지를 해서 적당한 소재를 가지고 글을 작성하기 때문입니다.

카테고리나 메뉴의 제목 만드는 것을 이 책에서 제시하는 것은, 그러한 주제를 가지고 글을 작성하는 방향성을 제시하는 것이지만, 카테고리나 메뉴의 내용 본문을 작성할 때 필요한 부분들 즉 조심해야 할 것들, 피해야 할 것들, 키워드 설정 부분, 링크 설정 부분, 사진 사용에 관한 부분들, 광고성 글을 넣는 부분 등에 관한 기법들은 별도로 검색을 해서 파악을 해야 할 것입니다. 블로그 최적화나 상위 링크에 검색되는 것이 목표가 아니라고 하더라도, 귀중한 시간을 투자해서 작성하는 블로그의 내용이 세부적인 기법들을 몰라서 저품질 블로그의, 안 좋은 내용으로 인지되는 일은 최대한 없어야 하기 때문입니다.)

1강.

온(ON) 세상 발전의 주인공이 되고 있는 네티즌들

1. 누구나 자신의 뜻을 펼치려는 세상

사람들이 태어나서 성장을 하게 되면 나타나는 모습 중에 하나가, 자신을 표현하고자 하는 능력이 점점 향상된다는 것입니다. 어린아이조차도 자신의 존재를 드러내고자 다른 사람들에게 작은 재주라도 보여주려고 합니다. 요즘 유튜브에서 어린아이가 출연하는 프로그램이 인기가 엄청 많아져서, 그에 비례해 광고수익도 상당히 높았었다는 소식을 접하기도 했습니다. 어린아이라고 해야 그 아이가 가지고 있는 재주와 능력이 한정되어 있을 것인데, 그럼에도 불구하고 그 아이를 보호하는 사람들은 그 아이의 끼를 마음껏 발산하게끔 이끌었음을 짐작할 수 있습니다. 이러한 현상이 이슈가 되면서 이와 비슷한 프로그램을 진행하고자 하는 사람들도 많아지기도 했습니다. 이런 현상만 아니라, 이제는 1인 미디어가 우리 사회의 큰 대세로 자리를 잡아 가고 있습니다. 이런 모습들을 보면서 한편으로는 부럽기도 하고, 한편으로는 아직도 그렇게 활동을 하지 못하고 있는 자신을 탓해 보기도 하는데요. 그만큼 우리는 누구라도 이제는 자신의 뜻을 마음껏 펼치려는 세상에 살고 있다고 할 수 있습니다.

이러한 온라인의 급속한 발전은, 그동안 우리 사회 구성원들이 가지고 있던 그 엄청난 끼와 에너지를 발산하게 만든, 매우 중요한 역할이 되고 있음이 분명해 보입니다. 불과 10년 이전까지만 하더라도 이러한 온라인 환경이 부족했기 때문에, 어떻게 사람들이 참고 살았는지 대단하다는 생각을 합니다. 하지만 우리들은 태어나서 저마다 모두 자신의 뜻을 펼치고자, 이 세상에 태어났다고 해도 과언이 아닐 것입니다. 예전부터 호랑이는 태어나서 가죽을 남기고, 사람들은 태어나서 이름 석 자를 남긴다는 말이 있듯이 우리는 우리가 살고 있는 이 사회와 세상에, 우리의 뜻을 펼치기 위해서 수많은 노력을 하면서 지내왔다고 봅니다. 개개인들의 능력이 출중하지 않았던 왕조시대에도, 글을 조금이라도 배웠던 사람들은 작은 벼슬 하나라도 귀하게 여겨서 후손에게 자랑스럽게 전달을 하기도 했으며, 글을 배우지는 못했지만 다른 재주와 재능을 겸비했던 또 다른 사람들은 그 재주와 능력을 그 사회를 위해서 많이 헌신함으로써, 뜻을 펼치고 이름을 남기기도 했습니다. 우리들의 집안에 가보처럼 내려오는 족보들이 존재하는 것 또한, 그러한 뜻의 흔적이라고 믿고 있습니다.

그렇게 전통적인 유대관계를 형성하면서 이어오던 우리네 조상들의 형태는, 현대에 와서도 다양한 형태로 자신들의 뜻을 펼치기 위한 모습을 볼 수 있습니다. 온라인이 발전되지는 않았었지만, 우리나라가 광복이 되고 남북전쟁을 겪고 나서도, 불과 몇십년만에 이전에는 볼 수 없었던 나라를 만들었는데, 이 과정에서는 대한민국의 모든 사람들이 교육을 받을 수 있는 기회가 주어졌기에, 그 이전에는 볼 수 없었던 문맹사회가 아니라 지식사회로 발전을 했다는 것입니다. 특히 교육적인 열망이 강한 사람들은 더 많은 공부를 통해서, 자신들만의 전문분야를 개척함과 동시에 이 사회에 자신들의 뜻을 펼치고 큰 기여도 하는 일들이 점점 많아지게 되었으며, 자연스럽게 이름 석 자를 남기는 경우도 증가하게 되었습니다. 전통적으로 나라에 큰 벼슬이나 하고 큰 학문적 지식을 습득해야만 뜻을 펼치고 이름 석 자를 남기던 시대에서, 이제는 거의 모든 분야에서 자신의 뜻을 이 사회에 펼치고, 이 국가가 부강하는 데 이바지를 하는 시대로 변화하고 있습니다. 여기에 이제는 온라인의 급격한 발전이, 개개인들이 가지고 있는 다양한 재주와 능력을 알리고자 하는 욕구에 기름을 부었다고 할 수 있습니다.

2. 개인의 생각이 즉시 여론이 되는 사회

이 사회는 이제 국가의 정책과, 거대 집단들의 이념 몰이나 어떠한 정형화된 틀로 포장되어 움직여지지 않고 있습니다. 사회 구성원들 모두가 이 사회를 움직이고 있다는 것을, 온라인의 급속한 발전에서 볼 수 있습니다. 지난 세기의 국가운영의 모습을 보면 몇몇 엘리트 층들의 지식들이, 국가 운영에 필요한 정책을 만들고 국가는 그러한 정책들을 거침없이 밀어붙이면서 국민들을 통솔해 왔습니다. 거기에 거대 기업집단과 대중미디어 언론집단들의 정보 독점으로 인해서, 그들의 여론 몰이에 대다수 국민들은 동요를 하고, 이리 갔다 저리 갔다 왔다 갔다 하는 모습을 보였던 것이 많았습니다. 여론을 움직이는 핵심적인 주체가 부족했고 핵심 정보가 부족했기에, 대다수 국민들은 그냥 여론 몰이에 이용당하는 모습을 보이기도 했습니다. 그 시대의 시대적 배경이 국민들 전체 교육 수준이 상대적으로 낮았기 때문에 그렇게밖에 할 수 없었을 것이며, 그렇게 국민들은 새로운 지식들을 하나둘씩 습득하면서 상식으로 만들어 갔습니다. 그러한 상황에서의 개인들의 생각이나 의견은 반영되기도 힘들었으며, 반영되었다고 해도 큰 작용을 하지 못했을 것이라고 봅니다.

그런 과정을 겪으면서 국민들의 교육 수준이 높아졌고, 민주화라는 물결이 거세지면서 한정되어 있던 대중미디어의 발전도 있게 되었으며, 다양한 분야의 전문서적과 경제발전도 함께 진행되어 왔습니다. 경제의 발전은 국민들의 생활 수준을 높여 주어서, 소비와 생산에 관한 정보에 대해서도 편리하고 쉽게 접할 수 있게 하였으며, 다양한 곳을 여행하기도 했고 해외 여행도 국내 여행과 마찬가지로 빈번하게 함으로써, 개개인들의 견문이 상당히 높아지게 되었습니다. 전국의 교통시스템도 상대적으로 발전을 하게 되면서, 지역적인 특색이 완화되고 지역 이기주의도 상대적으로 약해지기도 했으며, 전국민들의 인적 교류 또한 높아지게 됨으로써, 지역, 분야, 계층별로 막힘없이 소통이 원활하게 이뤄지게 되었습니다. 따라서 이제는 일부 미디어들의 정보 독점은 점점 약해지게 되었고, 설령 특정 정보에 대한 독점이 있다고 하더라도, 여론을 몰아가는 것 자체가 쉽지 않아 보입니다. 국가나 지방자치단체에서도 국민들이 직접 의견을 제안하고, 여론 형성으로 좋은 정책과 문제 해결하는 방법을 점점 원하고 있습니다.

그렇다고 하더라도 그렇게 제시하는 의견수렴이 여론 형성에 큰 영향력을 주지는 않았다고 봅니다. 아직도 국가는 국민을 통솔하려는 대상으로 인식을 하고 있으며, 대중미디어들 또한 그들의 정보력과 미디어파워를 믿고 미디어 본질의 역할보다는, 여론 몰이를 통한 미디어의 영향력을 행사하려는 행태를 보이고 있습니다. 이러한 흐름이 어떻게 변해갈지 앞으로도 장담은 할 수 없지만, 이제 개개인들의 생각도 이 사회의 여론을 형성해 갈 수 있다는 인식이 커지고 있으며, 그 환경 또한 잘 되어 있습니다. SNS와 유튜브의 빠른 발전은 그동안 억눌려 있는 수많은 사람들의 지적 호기심과 이념적 호기심, 그리고 전문 분야로의 호기심을 쏟아내기에 충분한 역할을 하고 있어 보입니다. 그래서 때로는 1인이 운영하는 1인 미디어의 영향력이, 수많은 사람들이 제작해서 방송을 하는 프로그램보다 더 많은 영향을 주기도 합니다. 그야말로 개개인의 생각들이 즉시 여론을 형성하고 있는 사회가 되고 있는 것입니다. 엄청난 사회 변화이며 앞으로 사회발전의 원동력이 될 수도 있음을 보여주고 있습니다.

3. 발전과 함께 책임감이 동반되어야 한다

국가를 형성하는 이 사회 구성원들은 사회 발전을 위한 운영의 주체이며, 동시에 책임도 함께 감당해야 합니다. 국가 시스템이 있고 그에 따른 수많은 시스템들이 국가와 이 사회를 지탱하는 원동력이지만, 그 사회 구성원들인 국민이 자발적으로 이 사회를 위해서 움직이지 않는다면, 그러한 시스템들은 오래가지 못할 것입니다. 그런데 온라인을 통한 SNS와 유튜브의 양적 성장과 질적 성장은, 사회 구성원인 국민이 스스로 이 사회의 발전을 위해서 엄청난 에너지와 열정을 표현하고 있다는 것입니다. 그전에는 생각지도 못했던 내용들이 어떤 사람에게서 쏟아져 나오고, 또 어떤 사람에게서 전문지식으로 책 속에 있던 좋은 내용들이 아주 쉽게 풀이되어서, 국민들의 눈높이에 맞게 펼쳐지고도 있습니다. 삶의 역경에 힘들어서 낙담하고 있던 사람들에게는, 그 사람에게 적합한 사람들이 전하는 따듯한 정신적 위로와 마음적 믿음이 희망을 주고도 있습니다. 또한 사회 곳곳에서 열심히 자신의 분야에서 살아가는 사람들이 그들만의 경험적 지식과 정보를 제공함으로써, 그 길을 가고자 하는 또 다른 사회 구성원들에게는 매우 중요한 정보가 되기도 합니다. 사회운영 시스템이 유기적으로 자연스럽게 운영되고 있다는 생각을 주고 있는 것입니다.

온라인의 발전과 SNS, 유튜브의 발전은 이렇게 사회 구성원들이, 자신의 역량과 뜻을 온라인이라는 거대 바다에 펼치려고 하든, 자신의 이름 석 자를 알리기 위해서 자랑을 하든지 간에, 그 정보와 지식이 필요한 또 다른 사회 구성원들에게는 삶의 희망이 되기도 하며, 반드시 필요한 정보와 지식이 되고도 있습니다. 그로 인해서 또 다른 구성원들은 새로운 창작물을 만들기도 하며, 또 다시 사회운영에 필요한 상품을 만들어 내기도 하고, 불편한 누군가의 편리한 길이 되기도 합니다. 이러한 선순환은 때로는 새로운 분야를 탄생시키기도 하며, 중요한 정책을 만들어 내기도 합니다. 그래서 요즘에는 국가의 정치인들이나 지도자들도 개인적으로 SNS를 운영하기도 하며, 공공기관에서도 SNS와 유튜브를 통해서 의견을 수렴하고 공지를 활용하는 등, 활발하게 활용을 하고 있습니다. 특히 최근 전세계적으로 유행하고 있는 코로나 19와 관련해서, 지자체의 적절한 SNS 활용은 좋은 반응을 받고 있습니다.

이렇듯 블로그(SNS)와 유튜브를 사회 구성원들이 활용하는 것이 활발하게 보이지만, 이제 시작 단계라고 보는 사람들이 많습니다. 수많은 정보들이 쏟아져 나오고 정제되지 않는 지식들이 거침없이 누군가의 입에서 나오기도 합니다. 또한 비슷한 정보와 지식들이 수많은 사람들에게 비슷하게 공유가 되기도 하며, 창작되지 않은 단편적인 흥미 위주의 콘텐츠들이 필요 정보와 지식을 찾으려는 사람들에게 불쾌한 감정과, 귀중한 시간을 빼앗아 가기도 합니다. SNS의 특성상 개인들에게 맞춤형 콘텐츠가 갈 수 있도록 하는 서비스가, 오히려 특정인의 시간을 불필요하게 그 서비스에 많이 빼앗기게 되기도 하며, 특정 정보를 찾기 위해서 방문했던 블로그에서 정보를 찾는 것보다, 노출된 광고를 보는 시간이 더 많아진 것도 방문자에게는 불필요한 시간이 되기도 합니다. 뿐만 아니라 검증되지 않는 정보와 확인되지 않는 뉴스가 검색노출의 상단에 위치하게 되는 경우도 불편하며, 광고성 글로 도배가 되는 블로그와 유튜브의 콘텐츠를 접하게 되면, 신뢰성이 떨어짐과 동시에 SNS의 발전을 위한 대안이 필요하다는 인식을 주고도 있습니다

2강.

온(ON) 세상 발전, 이젠 질적 수준의 향상이다

1. 경험적 지식과 대안을 제시해야 한다

오늘 하루에도 온라인 세상에는 수많은 콘텐츠들이 생산되어 올라오고 있을 겁니다. SNS를 통해서, 유튜브를 통해서 개개인들이 생산해서 올리는 콘텐츠들은, 개개인들의 일상생활의 작은 부분부터 시삭해서 오늘 점심을 먹은 사진들과, 어떤 물건을 구입하고 나서의 상품 후기 및 기업들의 광고성 글, 국가 기관의 중요한 공지와 정책까지도 포함하고 있습니다. 이제는 개개인들이나 온라인에 계정을 가지고 있는 기업이나, 각종 단체, 공공기관들은, 그 계정의 가지고 있는 특성의 콘텐츠를 구상하고 검토해서 생산물로서 올립니다. 어떤 사람들이 보면 무게감이나 존재감 없어 보이는 내용들도 있을 것이고, 어떤 사람들에게는 아주 중요한 정보로서 가치를 제공할 수도 있을 겁니다. 그런 콘텐츠들은 예전과는 다르게 점점 개개인들의 경험적 지식과 함께, 조금씩 그 경험적 지식에 자신의 생각과 연구를 첨가하고, 다른 사람들에게 좋은 정보로써 가공을 하는 사람들도 많아졌습니다. 그리고 자신만의 전문분야나 자신만의 업무 영역에서 활발히 활동하고 있는 사람들은, 투정하는 형태의 콘텐츠를 만드는 것이 아니라 조금이라도 대안이 될 수 있는 방향으로 향상되는 것을 보기도 합니다.

네티즌들의 활동공간이 온라인 세상이라고 하여, 그들이 온라인 속에서 살고 있는 것은 아닙니다. 오프라인에서의 일상 생활이 기본 바탕이 되며, 온라인 쇼핑몰을 통해서 상품을 전시하거나 구입을 하고, 고객상담을 하기도 하며, 재택근무 및 영화나 문화활동 등 많은 부분이 온라인을 통해서 가능하게 되었으며, 이로 인해서 해결하고 있습니다. 그렇기 때문에 실생활에 도움이 되는 콘텐츠를 찾거나, 활용할 수 있는 정보들을 찾아서 온라인 서핑을 하고 있는 것입니다. 지금도 공중파 방송에서도 인기가 있지만 블로그에서 한참 인기를 끌었던 분야가 음식과 관련된 분야였습니다. 맛있는 식당을 찾아다니거나, 맛있는 재료를 공개하면서 식사를 하는 내용들이 많은 인기를 끌었습니다. 그래서 블로그를 처음 시작하는 사람들이 자신의 블로그 계정에 포스팅을 했던 주제가 음식이었습니다. 음식을 먹기 전에 먼저 음식 사진을 찍는 것이 당연한 듯 보였으며, 음식을 먹는 전 과정을 올린다든지 조금이라도 음식을 예쁘게 찍는 방법까지 공유를 하는 것을 볼 수 있었습니다. 이로 인해서 맛집을 찾아 다니는 것이 유행이 되었고, 인기 있는 블로거에게는 많은 음식점에서 초청을 해서 좋은 품평을 해 주기를 바라기도 했습니다.

이런 것들도 그 사람들이 힘든 시간을 내서 맛집을 찾아 다니며 보낸, 경험적 사실을 정보로써 활용한 것입니다. 그로 인해 또 다른 네티즌들은 그 음식과 관련해서 먹고 싶은 생각이 들면, 인터넷에 검색을 해서 블로그 후기를 보면서 참고를 하고, 그곳에 방문을 하기도 했습니다. 음식과 맛집과 관련해서는 아직도 많은 분들이 끊임없이 작성을 하고 있으며, 그래서 저 같은 경우에도 처음 가는 지역에서 먹고 싶은 것을 찾을 때는, 인터넷 검색창에 맛집을 검색해서 좋은 후기가 있는 곳을 찾아 다니기도 합니다. 이런 과정은 모두에게 상호 도움이 되는 과정이기도 합니다. 물론 지나친 방법과 과정도 있지만 긍정적으로 작용을 하고 있습니다. 뿐만 아니라 다양한 분야에서 경험적인 지식은 다른 사람들에게는 대안이 되기에 충분한 정보와 지식이 될 수 있습니다. 그러한 경우에 그 내용들은 다른 사람들에게 대안이 될 수 있습니다. 또한 이제 컴퓨터와 SNS 등에 눈을 뜨고 그쪽에서 길을 찾으려고 하는 50대 이후의 세대 중에서는, 기존에 살아왔던 풍부한 사회경험과 지식과 철학으로 사회문제를 제기하기보다는, 사회의 어른답게 대안을 찾는 콘텐츠들을 생산하는 경우도 볼 수 있습니다.

2. 창조적인 자신만의 콘텐츠가 많아져야 한다

완전히 새로운 콘텐츠를 생산하기는 힘들 것입니다. 개개인이 오늘 하루 일과를 보내면서 특별하게 여겼던 부분을, 자신의 SNS계정에 올리기도 할 것이며, 완전히 사회적 큰 이슈가 될 수 있는 환경을 만난 사람은 그러한 내용들을 직접 작성해서, 개인 계정에 작성하거나 그러한 내용을 게재할 만한 1인 미디어를 찾든지, 방송을 활용할 수도 있을 것입니다. 창조적인 자신만의 콘텐츠를 검토하는 것도 쉽지 않습니다. 꾸준하게 자신의 계정을 어떻게 구상할 것인지를 계획을 하고 있어야, 어떠한 현상이나 경험을 통해서 자신만의 지식으로 만들 수 있기 때문입니다. 어떤 현상을 보고도 누구에게는 그냥 지나치는 일상이 될 수 있지만, 누구에게는 매우 중요한 콘텐츠 생산의 정보와 지식이 되기도 할 것입니다. 지나가는 길에서 자동차를 보고도, 어떤 사람에게는 그 자동차를 갖고 싶은 대상으로 생각을 해서 콘텐츠를 생산할 수 있을 것이며, 어떤 사람에게는 그러한 자동차를 판매하기 위해서는 어떤 관점이 필요한지를 콘텐츠의 내용으로 만들 수 있으며, 어떤 사람에게는 자동차 보험은 어떻게 가입을 시킬 수 있을지에 관해서 콘텐츠를 만들 것인지 고민하는 사람들이 있을 겁니다. 앞으로는 자신만의 콘텐츠를 생산하는 사람들이 많아질 텐데, 좀 더 체계적인 구상을 처음부터 하는 것도 필요합니다.

SNS나 유튜브를 지속적으로 성장시키고 운영하는 것이 쉽지는 않습니다. 내가 작성하고 만든 콘텐츠들이 방문하는 사람들에게 인기가 많아야 하고, 이웃이 많아져서 꾸준하게 내가 작성하는 글을 보러 오기를 바랍니다. 그래서 이웃을 추가하고 함께 서로의 하트를 눌러 주면서 SNS를 키워 나가기도 합니다. 처음에는 모르는 사람들이 좋아요 눌러 주고, 내가 글을 작성하게 되면 찾아와서 읽어 주는 맛에 지속적으로 글을 작성하고 키워 가는 것도 있었습니다. 그런데 자신에게도 물론이지만 다른 사람들에게 특별히 도움이 되는, 콘텐츠를 지속적으로 만드는 것이 쉬운 문제는 아닙니다. 저도 개인적으로 블로그를 여러 분야로 운영을 했던 경험이 있으며 이웃과 교감을 잘해서 많은 방문자도 있었지만, 한 순간의 운영 실수로 인해서 블로그 지수가 떨어진 경우도 있었습니다. 그러한 경우에는 다시 어떻게 검색이 잘 되는 블로그를 만들어 보려고 해도 되지를 않았습니다. 오랫동안 관리해 오던 것이 그렇게 되었던 것을 보면 가슴이 많이 아프기도 했습니다. 인기 위주의 운영방식에 어느정도 한계가 있었습니다.

블로그를 잘 운영하셨던 분들 중에서는 아마 저 같은 경험을 했던 분들이 많으셨을 겁니다. 악의적인 운영은 아니라고 하더라도 오랫동안의 노력이 물거품이 되고 나면, 의욕이 많이 떨어지기도 합니다. 그래서 다른 계정을 만들면서 좀 더 체계적이고 계획적이면서 자신만의 창조적인 방향을 잡는 계기가 되기도 했습니다. 인기 위주의 운영방식과 글을 작성하는 방식이 아닌, 저 자신이 가고자 하는 삶의 방향성에 맞춰서 계정을 운영하는 것입니다. 그래서 블로그 컨셉을 설정하고, 그 설정에 맞는 큰 카테고리(목차)를 잘 만드는 것입니다. 또한 블로그 주제도 잘 검토를 하고 기획을 해서 인기와 한 순간의 운영방식이 아닌, 내 삶이 들어가서 블로그를 성장함과 동시에, 저도 블로그를 통해서 창조적으로 좀 더 성장할 수 있도록 방향을 잡은 것입니다. 그렇게 함으로써 블로그 카테고리(목차)만 보더라도 내가 가야 하는 방향을 재차 확인할 수 있으며, 목차마다 필요한 내용을 어떻게 작성할지 많은 고민을 하고 검토를 해서 창조적인 내용이 되도록 노력을 합니다. 그리고 이렇게 하다 보면, 뭔가 내용에 첨가를 해야 되는 부분들이 있다고 생각이 들면, 저도 다른 사람들이 올린 내용들을 많이 살펴봅니다. 그러다 보면 또 자신의 생각에서 확대되어 좋은 내용들이 만들어지기도 합니다.

3. 책을 만드는 개념으로 블로그(SNS)를 구성해야 한다

온라인의 발전을 두고 누군가는 사회적으로 사회구성원들 간의 소통이 줄어들고 있다고 말을 하며, 누군가는 온라인을 통해서 분야별, 계층별 같은 공감대를 형성하는 사람들끼리, 소통이 더 활발해지고 있다고도 말을 합니다. 온라인과 오프라인을 별도로 생각해야 된다고도 생각했던 현상도, 이제 온라인과 오프라인은 따로 떨어져 있는 관계가 아니라, 서로가 상호 보완적인 역할을 하면서 이 사회 구성원들의 소통과 정보 교류의 장소로 역할을 하고 있습니다. 그만큼 비중이 높아졌다는 것을 의미하기도 합니다. 따라서 개개인들이 온라인 계정을 활용하는 자세도 좀 더 신중하고 계획적일 필요가 있다고 봅니다. 단순한 취미활동 정도로 생각해도 괜찮지만, 지속적으로 어떤 매개체와 관계를 가지게 되면 그것이 곧 나의 일상이 되며, 일상의 일부분으로 계속 활용을 한다는 것은 생활이 되고 삶의 일부가 되기 때문입니다. 그리고 삶의 일부는 곧 인생의 한 부분이 될 수 있기 때문에, 나를 표현하고 그 표현하는 방법으로 인해서 내가 성장하는 데 영향을 준다면, 자신의 특성을 잘 나타낼 수 있는 컨셉을 잡고 그에 맞는 카테고리(목차) 구성을 하는 것도 필요할 것입니다. 그리고 이왕이면 인식의 확대를 하는 방법으로 나의 SNS계정을 하나의 책을 만든다는 개념으로 생각하면 좀 더 명확한 테두리가 보일 것입니다.

SNS 중에서 블로그를 위주로 설명을 하겠습니다. 블로그를 처음 만드시는 분들 중에서 블로그에 어떻게 글을 작성하면 좋은지 고민하시는 분들이 많습니다. 그건 저도 마찬가지였고 늘 좋은 내용을 작성하기 위해서 고민을 하고 있습니다. 그런데 블로그를 처음 만드시는 분들의 카테고리(목차)를 보게 되면 너무 단조로운 경우가 많습니다. 몇 개 안 되는 카테고리(목차)에 많은 글들을 작성하는 것을 볼 수 있습니다. 그냥 '게시판'이라고 되어 있는 초기 메뉴 그대로에 이런 내용 저런 내용들을 그냥 작성을 합니다. 아니면 조금 더 살펴보면, '게시판' '취미' '맛집' '패션' '드라마' 등으로 몇 개 안 되게 만들어 놓고, 그 게시판에 많은 내용들을 작성한 것도 볼 수 있습니다. 그러한 블로그에 방문을 했을 경우 제대로 된 정보를 찾아보기는 쉽지 않을 것입니다. 단순히 개인용 블로그라고 하더라도 어떠한 글을 작성할지 고민을 해야 한다면, 주제를 검토하는 데도 좀 더 생각을 해야 된다고 봅니다. 참고로 우리나라 국회의원들의 블로그를 살펴보았을 때, 구성 자체가 대부분이 비슷한 것을 보았습니다. 메인 페이지에 의원님들 사진과, 모두들 비슷한 캐치프레이즈가 있습니다. 또한 게시판 목차를 보면 '게시판' '의정활동' '의원 프로필' '지역활동' 등으로 만들어져 있었습니다. 그리고 그 게시판에 수많은 내용들이 작성이 되어 있는 것을 봤습니다.

그 게시판에서 제대로 된 정보와 지식을 찾기는 쉽지 않아 보였습니다. 이런 경우들은 많은 블로그에서 볼 수 있습니다. 물론 블로그를 운영하는 주체의 특성에 맞게 잘 되어 있는 블로그도 많습니다. 그래서 그런 블로그에 방문을 하게 되면 마치 한 권의 잘 만들어진 책을 보고 있는 느낌이 들기도 합니다. 필요한 정보를 찾기 위해서 관련 카테고리를 클릭하게 되면, 쉽게 정보와 지식을 찾을 수 있게 되어 있으며, 그 블로그를 운영하시는 분이 어떠한 철학과 가치관을 가지고서 그 블로그를 운영하는지 짐작할 수도 있습니다. 그래서 그런 블로그의 글은 좀 더 깊이 있게 살펴보기도 합니다. 블로그를 처음 만들려고 하시는 분들이나 새롭게 구상을 하시려는 분들에게, 자신이 쓰고 싶은 책을 만드는 생각으로 블로그를 만들어 보실 것을 제안을 드립니다. 그러면 당장에 어떠한 책을 쓸지 고민을 할 것이고 어떤 주제로 만들 것인지도 검토를 할 것이며, 거기에 맞는 목차들도 잘 구성을 하게 될 것이라고 봅니다. 물론 그 카테고리별로 내용들이 연결이 될 것이며, 처음부터 끝까지 하나의 스토리텔링으로 연결이 될 것이라고 봅니다. 그러면 그 카테고리에 맞는 내용들로 이제는 지속적으로 글을 작성해 가면 됩니다. 그렇게 하시다 보면 서서히 자신이 원하는 형태의 책이 만들어 지는 것을 보게 될 것입니다. 물론 광고성 글은 자제를 하시는 것을 권유합니다.

3강.

블로그 성장과 생명력은 컨셉과 이념(정체성)이다

1. 블로그 개념과 온라인 환경의 변화

1-1. 블로그와 SNS 온라인에 사람들의 소통의 판을 만들다

블로그의 개념과 인식에 관해서는 네이버 블로그라는 플랫폼을 운영하고 있는 네이버가 가지고 있는 개념이 있을 것이고, 블로그를 운영하시는 모든 분들 각각 그 개념이 있을 것입니다. 블로그를 홍보용의 수단으로 활용을 하시는 분들이 있으실 것이고, 매출 수단으로 활용하시는 분들도 있으실 것이고, 저장 공간으로 활용하시는 분들도 있을 것이고, 지극히 사적인 용도의 일상을 작성하시는 분들도 있을 것이며, 다른 사람들과 소통의 공간으로 활용을 하시는 분들도 있을 겁니다. 저도 이중에 하나가 될 것입니다. 그래서 저는 제 나름대로 블로그의 개념을 이렇게 잡고 있습니다. **블로그는 개인과 사회의 창조적인 발전과 성장을 이끌어 내고 그 과정을 표현하며, 그런 인생과 세상의 기록을 담아 가는 공간이다. 그리고 후손에게 전달될 것이다.** 제가 개인적으로 이렇게 개념을 잡은 것은 개인적으로 블로그를 운영하면서, 제 자신이나 업무적인 영역과 사회를 보는 부분들에 대해서 인식에 대한 많은 변화와 성장이 있었기 때문입니다. 그것이 블로그 최적화나 제 블로그의 내용이 상위에 검색되어서 그런 것은 아니었습니다. 블로그에 어떤 글을 작성할지 고민하고 지나간 나의 경험적인 지식들을 어떻게 정리를 해서 새로운 지식으로 만들어 만들 수 있는지 등도 많이 생각을 했습니다. 이는 주제별 몇 개의 블로그를 운영을 했던 부분들이 많은 도움이 되었습니다. 그렇기 때문에 위의 내용과 같이 정리를 했으니, 여러분들과 차이점이 있다고 하더라도 이해를 바라겠습니다.

그렇다면 블로그라는 플랫폼이 무엇이고 어떤 작용을 하는지 간단하게 살펴보겠습니다. 대부분의 블로그가 비슷하겠지만 여기서는 네이버 블로그를 기준으로 살펴보겠습니다. 블로그라는 플랫폼은 네이버라는 포털사이트에 회원 가입을 통해서 회원이 되면, 각 회원들에게 제공이 되는 서비스로서, 현재 네이버에서는 1인당 3개의 아이디를 만들 수 있도록 하는 것으로 알고 있습니다. 그러니까 1인당 3개의 블로그를 운영할 수 있습니다. 그리고 그 아이디가 탈퇴하면 블로그 계정도 사라지게 됩니다. 우리는 네이버에 회원이 되면서 블로그라는 서비스를 이용해서 블로그를 만들고 작성하여 활용할 수 있습니다. 그렇게 만들어진 블로그는 운영자의 의지에 따라서 작성된 내용들을 공개하거나 비공개할 수 있으며, 공개된 내용들은 네이버를 이용하거나 기타 다른 사이트와 연동이 되어 있다면, 그곳을 이용하는 사람들이 검색을 통해 블로그에 접속해서 그 내용을 볼 수 있게 됩니다. 그러면 블로그 이웃이 되어 꾸준하게 소통을 하면서 작성하는 내용들을 공유할 수 있게 됩니다. 또한 블로그 주소를 지인이나 주변 또는 온라인상에서 홍보하여, 네이버에서 그 블로그로 유입이 되어 블로그의 내용을 다른 사람들이 볼 수 있게 됩니다. 그렇기 때문에 블로그의 메인 페이지는 처음 블로그를 방문하는 사람들에게, 이 블로그가 어떤 블로그인지를 인지할 수 있게 하는 중요한 요소가 될 수 있습니다.

정리를 하면 네이버의 회원이 된 사람은 네이버의 블로그 플랫폼에 무상으로 자신만의 계정이 주어지고, 지속적으로 필요한 내용을 작성할 수 있고 검색엔진에 검색되어 자신의 글을 다른 사람들에게 홍보할 수 있게 됩니다. 그리고 네이버도 자신들의 포털사이트에 지식 생산량이 증가함으로써 도움이 되며, 이 지식을 찾으려고 네이버를 찾는 일반 사람들의 방문이 증가함에 따른 이익이 발생하고, 또한 포털 사이트를 찾는 일반 사람들도 필요한 정보와 지식을 찾고, 쇼핑을 하기 위해서 방문하기 때문에 도움이 될 수 있습니다. 포털사이트의 힘은 지식 생산이기 때문에 상호 이익이 될 수 있다는 것입니다. 그렇기 때문에 회원들의 좀 더 생산적이고 창조적인 내용의 글이 작성되어야 선순환의 방향으로 갈 수 있습니다. 그런데 그렇지 않고 불필요하고 중복적인 광고성 글이나 비슷한 내용들로 포스팅의 갯수만 늘려간다면, 상호 효율적이지 못할 것이며 가치가 하락할 것입니다. 물론 그렇게 하지 않기 위해서 블로그 플랫폼 운영의 주체인 네이버에서도 많은 방법들을 통해 발전을 위한 노력을 하는 것으로 알고 있으며, 회원들 중에서도 좋은 블로그들의 내용이나 글들이 많아지는 것을 알 수 있습니다. 그리고 포털사이트나 개별 블로그를 개설하는 부분은, 포털사이트의 안내를 참고해서 계정을 만드시면 됩니다.

1-2. 온라인의 성장이 오프라인을 살린다

A. 온라인 활동의 일상화

컴퓨터의 속도를 빠르게 하는 CPU나 램 및 기계적 시스템의 발전은, 소프트웨어를 더 복잡 다양하고 빠르게 운용할 수 있는 온라인 환경을 활발하게 만들었습니다. 초기에는 인터넷의 활용이 주로 상업적인 용도로써 많은 역할을 하였습니다. 기업이나 단체에서는 서둘러서 자체 홈페이지를 개설하면서, 온라인 시대를 서서히 준비하고 있었으며, 포털사이트에서도 주로 소비자들의 검색과 메일 서비스에 중점을 두기도 했습니다. 그러던 것이 차츰 환경이 발전하면서 개인들도 온라인에서 스스로를 표현할 수 있는 공간들을 만들기 시작했습니다. 처음에는 사람들이 온라인에 너무 몰두하는 것이, 소통의 부재를 가져올 수 있다는 비판도 있었지만, 온라인 활동은 오히려 오프라인에서 찾지 못했던 소통의 원활함과, 폭넓은 관계를 만들어 가고 있었습니다. 오프라인 사회에서는 사람들의 활동범위가 고작 자신들이 거주하는 지역이나 근무하고 있는 직장이나 일터가 대부분이었지만, 온라인 환경의 발전과 다양한 커뮤니티의 활동이 일상화되면서는, 관계의 측면에서 세계 모든 곳이 교류할 수 있는 영역이 된 것입니다.

B. 오프라인을 대체

그렇게 단편적인 활동이 될 것 같았던 온라인 활동의 일상화는 지금까지는 볼 수 없었던 또 다른 삶의 패턴을 만들었습니다. 집에만 있던 가정주부들도 아이들을 키우면서 온라인으로 재택근무를 할 수 있게 되었으며, 아이 때문에 집 밖으로 나가는 것을 엄두도 내지 못했지만, 온라인 커뮤니티를 통해서 많은 사람들과 실시간 교류도 가능하게 된 것입니다. 그리고 어쩔 수 없이 집에서나 사무실에서만 생활을 하던 사람들도, 외부에서 영업을 하는 사람들과 비슷하게 온라인 활동을 통해서 영업이라는 것을 할 수도 있게 되었습니다. 뿐만 아니라 온라인 환경의 발전은 온라인 쇼핑을 오프라인 쇼핑과 차이 나지 않게 급속하게 성장을 시켜 놓으면서, 오히려 오프라인 쇼핑몰의 견제를 받고 있기도 합니다. 또한 온라인의 발전은 교육적인 부분에서 강력한 작용을 하고 있습니다. 온라인 인터넷강의(인강)은 오프라인의 복잡하던 자격증 학원가를 한산한 거리로 만들었으며, 웬만한 교육자료는 이제 온라인에서 쉽게 찾아서 배울 수 있는 인프라를 만들어 놓게 되어서, 누구라도 공부할 수 있는 교육적인 시대가 되었습니다.

C. 인류의 공동대응과 공동 목표 설정 가능성

오프라인을 벗어나서 온라인에 매몰될 것 같았던 사회는 그것을 잘 활용할 수 있는 지혜로운 세상을 만들고 있으며, 온라인 세상의 성장은 오히려 오프라인 세상도 더 살리고 있습니다. 오프라인 세상의 국가 간에는 아직도 냉철함과 이기적인 관계가 지속하고 있습니다. 그 영토 안에서 자국의 이익과 안보와 발전을 위해서, 다른 나라들과 대치를 하고 있으며 심지어는 힘의 지배와 영향력을 위한, 보이지 않는 활동을 계속하고 있습니다. 그래서 아직도 아이들 땅따먹기 놀이처럼 조금이라도 자국에게 위협적인 요소가 되면, 자국의 이익 논리에 의해서 분쟁이 발생하기도 합니다. 세계의 모든 국가가 세계평화를 외치면서도 그 세계평화가 자국의 입장에서의 세계평화라는 인식이 강하기 때문에, 인류가 공동으로 풀어야 하는 문제에 대해서도 국가별 처한 상황 때문에 의견을 모으기가 쉽지는 않아 보입니다. 그렇지만 온라인의 발전은 코로나 19처럼 인류가 공동으로 대처해야 하는 문제에 대해서, 국가별 정부 정책의 틀을 넘어서서 코로나 19를 극복하자는 인류 공동의 목표에 대한 유대감을 형성하기에 충분했다고 봅니다.

뿐만 아니라 지구 환경과 기타 다른 분야에서, 인류가 공동으로 대응할 수 있는 뜻과 논리를 만들어 갈 수도 있다고 생각합니다. 현재 전세계적인 유행을 하고 있는 코로나 19로 인해서, 인류는 보이지도 않는 작은 바이러스 때문에 그 눈부신 과학문명조차도 무용지물이 된 것처럼, 전세계는 오프라인 활동이 일시적으로 거의 마비 상태가 되기도 했습니다. 이로 인해서 세계 많은 국가에서 교육을 온라인 수업으로 대체하는 조치를 취하고 있으며, 온라인 수업은 앞으로도 일시적인 것이 아닌 상시적인 체제로 갈 수 있다고 보고 있습니다. 교육 분야가 아니더라도 앞으로 우리 인간들의 생활과 국가 사회를 운영함에 있어서, 온라인 영역의 활동은 더 커지게 될 것이라고 보고 있으며, 그렇게 되고도 있습니다. 최근 인류가 이렇게 한 가지의 문제로 인해 급격한 위기의식을 공동으로 느꼈던 적은 본 적이 없었으며, 이런 사태는 앞으로도 전세계적으로 여러 문제들이 발생할 경우에 대비해야 한다는 공감대가 있을 것이라고 봅니다.

이번 코로나 19 문제가 오프라인으로 보기에는, 인류를 그냥 집 안에 가택연금처럼 가둬 놓은 것처럼 보이기도 합니다. 일상생활 자체가 오프라인이기 때문에 이런 생활에 갑갑해하는 사람들의 모습이 많이 보이기도 합니다. 전부 일반 사회와 동떨어져 있는 것으로 보이기도 하지만, 온라인 활동에 있어서는 그렇지 않은 것 같습니다. 오히려 온라인 활동은 더 증가가 되었고, 온라인에서 무엇인가를 알아야 하고 배우고자 하는 열정은 더 많아진 것 같습니다. 그리고 온라인을 통해서 전세계적으로 소통하고자 하는 사람들은 증가되고 있어 보입니다. 오프라인에서는 국가간 장벽의 문을 잠그고 있지만, 온라인에서의 국경은 이미 사라진 지 오래되었습니다. 이러한 온라인 활동이 증가되어 간다면 국가라는 장벽에 살고 있던, 여태까지의 전통적인 국가관이 점점 약해지고 인류 전체가 공동체라는 개념이 만들어 질 수도 있을 겁니다. 그러한 인식이 확대되어진다면 더욱 중요해지는 것이 개인용 SNS 계정의 개설은 반드시 필요할 것이며, 자신의 특성에 맞추어서 잘 만드는 것도 중요하게 될 것입니다.

1-3. 온라인에 집과 사무실은 반드시 있어야 하는 세상

A. 온라인의 집과 사무실

개인용 블로그 및 기타의 SNS 계정이 있다는 것은 온라인에 자신의 집이 있다는 것입니다. 전통적으로 집이라는 것은 오프라인에서 인간이 정착 생활을 하면서, 몸을 보호하고 기본적인 생활을 할 수 있게 한 것입니다. 개개인들마다 특정한 지역에 집을 짓고 마을을 형성하고, 그곳에서 기본적인 생활을 하면서 군락을 형성하고 사회생활을 영위하며 존속해 왔습니다. 오프라인의 집은 구조적으로 지역적 한계를 벗어나기 힘들었습니다. 마찬가지로 사람들은 온라인에 자신의 집을 만드는 이유는, 여러가지의 목적이 있겠지만 오프라인의 지역적 한계를 넘어선 사람들과 교류를 하고, 온라인 사회생활을 통해서 자신의 역량을 발휘하며, 나아가 생존활동을 할 수도 있으며, 적극적으로 오프라인에서 사회참여 활동을 하려는 뜻이기도 할 겁니다. 그렇기 때문에 어떤 집을 지을 것인지는 매우 신중하게 계획을 해야 하며, 어떠한 뜻이 있는 공간이 될 것인지는 곧 자신의 삶의 철학이 반영되는 영역이기에, 여러 번 수정을 하기도 합니다. 우선 내 자신의 명확한 온라인상 집이 되어야 그렇게 꾸밀 것이고, 다른 사람들도 소통을 할 만한 사람인지 판단을 하게 됩니다.

온라인에 개개인들의 집이 있는 것과 마찬가지로 공적인 업무를 전문적으로 볼 수 있는 사무실도 있습니다. 개인이나 자영업을 하는 사람들 같은 경우에는, 개인용 블로그 및 기타의 SNS를 사적인 부분과 공적인 부분으로 함께 활용을 하는 경우가 많습니다. 이러한 부분은 초기에 개인용도로 만들었다가 매출 규모가 그렇게 많지 않을 때까지 활용을 하기도 하며, 나중에 매출 규모가 많아지게 되면 별도로 공적인 용도의 계정을 만들어서 활용을 하기도 합니다. 이렇게 만드는 경우에는 계정의 목적성에 맞게 좀 더 체계적으로 구축을 하기도 합니다. 그리고 규모가 큰 기업이나 공공기관에서도 온라인의 활용수단은 개인들보다 더 다양하다고 할 수 있습니다. 기본적으로 홈페이지나 블로그 SNS를 운영을 하면서, 고객이나 국민들과 지속적으로 소통을 하고 있습니다. 다만 조금 아쉬운 것은 블로그의 활용이 아직 기업의 홍보나 마케팅 수단 정도로 활용을 하고 있는 부분입니다. 앞으로는 기업이나 공공기관의 가치와 이념적 정체성을 지속적으로 국민들에게 제시할 수 있어야 살아남을 것이라고 봅니다.

B. 개인 및 단체 소통의 공간

자신의 블로그나 기타 SNS에 방문하는 사람들과 소통을 하는 것은, 그 사람이 그 공간을 어떤 디자인으로 꾸며 놓았는지도 중요하지만, 그 블로그에 어떤 내용의 글들이 작성되어 있는지를 보고 판단을 하게 됩니다. 우선 자신과 공감되는 글들이 많거나 도움이 되는 글이 많으면, 좋아요를 표시하고 댓글을 달아서 호감을 나타냅니다. 그래서 그 계정을 운영하는 운영자도 그러한 의견에 답장을 주면서 차츰 교류가 되면, 좋은 유대관계를 만들어 갈 수 있습니다. 왜냐하면 오프라인에서도 누군가를 만나서 관계를 지속해 나가려 하면, 우선 기본적으로 대화를 하고 서로가 일정 기간동안 공감대 형성을 하는 과정이 필요하기 때문입니다. 따라서 자신의 블로그나 기타 SNS에 어떤 글을 지속적으로 작성하느냐는

굉장히 중요하며, 자신의 전문적인 분야만 아니라 취미나 여러가지 분야에 대한 글을 보고 관심을 가지기도 합니다. 상품과 관련해서 업무적으로 소통을 했다고 하더라도, 서로가 필요한 조건들을 맞춰 나가서 좋은 유대관계를 만들기도 합니다. 이런 소통에 관한 부분은 너무 많기에 공감을 하실 것이라고 봅니다.

단체들도 마찬가지입니다. 단체들이 형성이 되어 있다는 것은 특별한 목적성이 있기 대문에 만들어진 것입니다. 공공기관도 국가의 업무를 수행하기 위한 목적성이 있는 것이며, 기업이나 종교 단체들 역시 특정 목적성이 있고 목표가 있기 때문에 조직으로 형성이 되어 있는 것입니다. 이러한 단체들의 블로그나 기타의 SNS활동은 개인들이 추구하는 가치보다, 더 높은 가치의 내용들이 작성되고 있다는 생각을 하게 됩니다. 단순히 어떠한 물건이나 기본적인 교리를 찾으려는 사람들도 있겠지만, 그러한 단체에 사람들이 방문하는 이유는 좀 더 색다르고 그들이 배울 만한 그 무엇이 있기 때문에 찾는 것이라고 봅니다. 예를 들어서 대기업 블로그의 소통공간에 방문을 했는데, 늘 상품홍보만 하고 마케팅활동에 필요한 원색적인 디자인만 보이면서, 블로그 카테고리(목차)에 그들이 추구하는 가치적인 내용들이 없다면 단순한 홍보용 블로그로만 여기게 될 것입니다. 앞으로의 소통이라는 것은 단순히 상품을 안내하고 설명하고 서비스만 성실하게 해 주는 것이 아닐 것이며, 그들만이 가지고 있는 이념적 가치를 현 시대에 맞춰서 사람들에게 제공할 수 있을 때 진정한 소통을 한다고 할 수 있을 것입니다.

C. 개인 및 단체의 이력서

최근 들어서 취업을 하는 데 필요한 서류 중에서 개인용 블로그나 SNS를 요구하는 업체들이 있습니다. 개인용 블로그나 SNS 계정을 요구를 하고, 그 사이트를 업체에서 확인을 하고 취업 총점에 점수를 가점하기도 합니다. 왜냐하면 이 부분이 점점 중요해지는 것이 제가 어떤 기업의 면접관이라고 하더라도, 굳이 면접을 보지 않더라도 평소에 그 사람이 어떤 생각을 가지고 생활을 했는지는, 그 사람의 블로그의 글을 보게 되면 어느정도 확인할 수 있기 때문입니다. 그래서 자신이 면접관으로 있는 회사에 근무를 할 수 있는 마인드를 가지고 있는 사람인지 판단을 할 수 있는 것입니다. 취업을 위한 일반 시험이나 서류심사는 기본적으로 그 사람의 자질을 보는 것이지만, 면접과 관련해서는 그 사람의 평소의 생각과 마인드와 관심 분야가 어떤 것이었는지 중요하다고 봅니다. 그래서 블로그나 개인용 SNS에 자신이 없는 사람은 처음부터 없다고도 말을 하지만, 이런 경우에도 아직도 없다는 생각에 좋은 점수를 받지는 못한다고 합니다. 너무 빠르게 변하고 있는 온라인 활동이, 이제는 오프라인 취업에도 많은 영향을 주고 있는 것입니다.

이런 현상은 개인이 기업을 바라보는 시각에서도 비슷하게 나타납니다. 기업에서도 개인의 블로그나 SNS를 보고서, 자신들이 운영하는 회사에 필요한 마인드가 있는 사람인지 판단을 하는 것처럼, 개인들도 수많은 기업의 홈페이지나 블로그 SNS를 보고 그 회사에 대해서 판단을 하게 됩니다. 홈페이지나 블로그에서 회사 소개서 코너를 살피면서, 어떠한 가치와 정체성과 이념이 있는 회사인지를 먼저 살펴봅니다. 물론 기본적인 근무환경이나 급여도 살펴보겠지만, 회사의 설립자나 오너가 어떠한 목적성과 추구하는 가치로 기업을 만들었으며, 지금 그 가치를 잘 실행하고 있는지를 보는 것입니다. 그런 기업가 정신이 회사의 정체성을 만들게 되며, 그곳에 근무를 하는 사람들은 그러한 기업가 정신을 알게 모르게 흡수를 하면서 근무를 하고 있을 겁니다. 따라서 그곳에 취업을 하려는 사람들은 그러한 가치를 보고 판단을 하고도 있습니다. 이런 가치는 단순히 그곳에 취업을 하려는 사람들만 관심을 가지는 것이 아니라, 일반인들도 그 회사는 어떠한 기업가 정신으로 이 사회에 함께 상생을 하고 있는지 관심을 가지며, 그 정신이 좋으면 물건 하나만 구입을 하는 것이 아니라, 그 가치까지 함께 구매를 하게 되는 것입니다. 그래서 블로그 카테고리(목차)에 기업이 생산하는 상품의 숫자만큼, 좋은 가치가 들어간 내용의 글도 많이 생산하는 것을 찾으려고 합니다.

D. 개인 및 단체의 지식 공간

개인용 블로그 및 SNS의 역할이 중요해지는 부분 중에 하나가, 그곳이 나의 지식공간으로 만들어지고 있다는 것입니다. 우리는 평소에 오프라인에서 생활을 하면서 하루에도 수많은 환경들을 만나고 있습니다. 그중에서 자신에게 특별했던 일을 자신의 일기장에 기록을 했던 시절도 있었습니다. 아직도 일기를 쓰는 분들이 많으시고, 블로그에 비공개로 일기를 작성하시는 분들도 많습니다. 그렇게 하다가 특별한 일들이나 기록하고 싶은 것들 중에서 공개로 글을 작성하는 내용들이 있습니다. 공개로 글을 작성한다는 것은 나름대로 많은 생각을 하고 작성을 했다는 것입니다. 상품이 되었든 맛집 후기가 되었든 여행을 다녀왔던 후기가 되었든,

어떤 일을 당했는데 그 일과 관련된 일이 되었든, 자신과 관련된 모든 일들은 자신의 지식이 됩니다. 블로그를 오랫동안 운영하시는 분들이 알게 되는 중요한 내용 중에 하나가, 이제까지 작성했던 수많은 내용만이 아니라 그런 것을 작성하면서 검토했던 부분들이 자신의 지식이 되었다는 것입니다. 그렇게 자신의 분야를 꾸준하게 작성을 하게 되면, 자신만의 지식과 가치관이 생기고 세상을 보는 철학이 생긴다고 합니다.

단체의 블로그와 SNS도 지식공간이 되고 있습니다. 단체의 사회 생활 활동은 개인이 사회 생활을 하는 활동과는, 비교도 되지 않을 정도로 많으며 다양합니다. 또한 각종 단체가 사회활동을 하면서 만들어 내는 지식들은 함축적이며 압축적인 지식의 응어리라고 할 수 있습니다. 그들이 활동을 하거나 앞으로 활동을 하면서 만들어 놓고 있는 지식에서 대외비도 많겠지만, 그들이 사회현상들을 분석하여 만들어 이 사회에 제공하는 지식들도 무수히 많은데요, 이러한 지식들도 블로그나 SNS를 통해서 공개적으로 제공을 하기도 합니다. 그래서 그러한 정보와 지식들을 좋아하는 사람들은 기업의 온라인을 통해서 공부를 많이 하기도 합니다. 단순히 상품에 대한 품평회나 상품 후기들과 관련된 내용들을 좋아하는 사람들도 있지만, 다양한 정보와 지식들을 좋아하는 사람들도 많이 있습니다. 특히 대기업의 역량은 일반인들이 상상도 할 수 없을 정도로 크기 때문에, 최근 코로나 19로 인해서 삼성이 중소기업의 마스크 생산공정의 시스템을 지원하면서, 생산량이 큰 증가를 보여 주었던 것은 좋은 예라고 할 수 있습니다.

E. 외부 판단 기준

그래서 블로그를 오랫동안 운영하면서 자신만의 가치관과 철학이 생기게 되면, 그런 뜻에 맞춰서 작성하고자 하는 글의 내용도 변해 가게 됩니다. 지금까지 세상에 없던 지식들이 만들어지고 있는 것입니다. 우리는 그러한 부분들을 기다리고 있는 것입니다. 이렇게 새로운 시각으로 이 사회를 보려고 하는 지식들이 중요한 것은, 그러한 신지식인들의 지식이 이 사회의 많은 문제점들을 풀어갈 수 있는 방법이 되기 때문입니다. 한 분야에서 오랫동안 지식을 쌓고 경험을 했던 사람들이 자신의 블로그를 운영하면서는, 단순히 정리하는 부분도 있지만 정리를 하면서 공부를 하기도 하며, 자신도 몰랐던 부분을 자연스럽게 알게 되기도 합니다. 그러다가 자신만의 논리나 방법이 나오기도 하여서, 문제를 풀어 가는 접근법이 달라지기도 합니다. 이런 블로그는 자신을 굳이 외부에 알리려고 하지 않아도, 그런 내용들을 온라인에서 찾아서 방문하는 사람들에게 판단을 하는 요인이 되기도 합니다. 그래서 구독자가 많아지고 지속적으로 방문자가 많아지면서 온라인상에서 좋은 영향력을 주고 있습니다.

기업의 규모가 커지고 국민들이나 국제적으로도 관심을 받기 시작하면 가장 중요한 것 중 하나가, 기업 이미지를 어떻게 유지할 것인지에 대한 문제라고 합니다. 규모가 크지 않은 상태에서는 기업 이미지가 매출 규모에 크게 영향을 받지 않습니다. 그래서 그런 부담이 없는데 반해서, 기업의 규모가 커지게 되면 관심도 많이 받기 때문에 사회적인 문제를 일으키지 않으려고 노력을 하고, 기업의 이미지를 좋게 하기 위해서 부단히 노력을 합니다. 그래서 사회사업도 많이 하고 사회 봉사도 많이 하고, 불우이웃을 돕는다고 성금을 많이 내기도 합니다. 그럼에도 불구하고 어느 날 기업 내부의 문제가 터져서, 사회적으로 문제가 되면 소비자들로부터 외면을 받고 매출이 급감하는 등의 문제가 생기기도 합니다. 그런 요인은 겉으로 기업 이미지만 좋게 보이게 하기 위한 방편인 경우가 많았습니다. 그래서 중요한 것이 기업의 창업자나 오너가 기업 철학에 맞는 운영을 하고 있는지를, 이 사회와 소비자들은 지속적으로 살펴보는 것입니다. 그리고 그런 것들이 표면적으로 표현되고 있는 공간이 홈페이지와 블로그 등이라고 할 수 있습니다.

F. 개인 및 단체의 유산

이러한 좋은 영향력은 단기간이 아니라, 지속적으로 유지될 것이라고 봅니다. 온라인상에서 블로그나 SNS 계정은 특별한 문제를 일으키지 않으면, 삭제되지 않는 것으로 알고 있습니다. 그렇다는 것은 좋은 내용이 많은 블로그나 사이트는, 다음 세대들에게도 전달이 된다는 것을 의미하기도 합니다. 오프라인이 전부였던 시대에서 사람들이 후손에게 남기는 유산은 그리 많지 않았습니다. 물질적인 유산도 후손에게 남겨 주어서 또 윤택한 생활이 되는 것을 제공하기도 했고, 정신적인 가치와 뜻도 오랫동안 자식들을 통해서 내려왔으며, 유물과 보물 국보급 유산도 후손들에게 내려왔습니다. 하지만 그러한 유산은 일부 계층에서만 누릴 수 있는 특권이기도 했습니다. 그런데 이제는 누구라도 개인들의 역량이 닿는 대로 자신만의 뜻과 지식을, 온라인 상에 유산으로 남겨 놓을 수 있게 되었고, 후대의 누구라도 그러한 유산을 좋은 지식으로 받아들여서 활용할 수 있을 것이라고 봅니다. 앞에서도 언급했듯이 호랑이는 죽어서 가죽을 남기고, 사람은 죽어서 이름 석 자를 남긴다고 했습니다. 이름 석 자는 그냥 남기는 것이 아닐 것입니다. 이제는 평소에 우리가 개인용 블로그나 기타 SNS에 어떤 생각과 마인드를 작성했으며, 어떠한 지식을 생산했는지가 유산이 되고 그 사람이 남기는 이름 석 자가 될 것입니다.

단체의 유산은 이 사회에 더 큰 영향력을 주게 됩니다. 우리들이 현재 종교라고 말하는 조직들도, 처음에는 오늘날처럼 큰 규모는 아니었을 겁니다. 그 당시 깨달음을 얻은 사람들이 다른 사람들에게 조금씩 영향력을 주기 시작했고, 그러한 영향력이 다른 사람들에게 도움을 주었기 때문에 오늘날까지 이어져 오면서, 종교 조직이라는 큰 틀이 되었다고 봅니다. 그런 깨달음과 가르침도 처음에는 한 개인의 지식이었고 그 시대의 사람들만 공유를 했을 것입니다. 그런 지식이 개인적 유산이 됨과 동시에 종교라는 단체의 유산이 되었습니다. 어쩌면 지금 인류의 큰 유산으로 흐르고 있는 것이기도 할 것입니다. 이렇게 특정 지식이 그렇게 오랫동안 단체의 유산으로 전해지고 있듯이, 현 시대에 이 사회 시스템을 움직이고 있는 수많은 단체들의 지식과 가치와 이념들이, 후손들에게 소중한 유산으로 전해질 수 있다는 것입니다. 그리고 그 유산을 전하고자 하는 온라인의 환경은 더 좋아지고 있습니다. 조금이라도 이 사회와 후손들에게 성장과 도움이 되는 가치라면, 앞으로 사라지지 않고 온라인이 연결된 어느 곳에서나 빛나는 유산이 될 것이라고 봅니다.

2. 주체와 정체성을 명확하게 설정하기(어떤 집을 지을 것인가?)

우리는 모두 살아가면서 어떤 환경에 노출되어 그 환경 속에서 살아가고 있습니다. 때로는 그 환경에 지배되어 살아가는 느낌이 들기도 하지만, 우리의 의지는 분명 그 환경에 지배되지 않고 극복하여 주어진 환경을 운영하는 주체로서 살아가려고 하며, 그렇게 될 것이라고 보고 있습니다. 그 환경 속에는 당장에 가정이라는 틀이 있을 것이며, 학교나 각종 단체, 회사, 사회 및 국가라는 환경을 넘어서, 지구와 우주라는 틀도 포함되어 있습니다. 매일매일 많은 일들이 발생하며 직간접적으로 수많은 경험을 하면서 살아갑니다. 그렇지만 우리는 우리를 둘러싸고 있는 그 환경 속에서도 지금 당장 보이는 부분, 해결해야 하는 부분만이 내 전부가 되는 경우가 많습니다. 같은 길을 가더라도 초등학생들이 보는 부분이 다를 것이고, 고등학생들이 보려고 하는 부분이 다를 것이고 직장인들이나, 자영업자들이 보려고 하는 부분이 또 다를 것입니다. 아이가 있는 부모가 보는 부분이 다를 것이며, 이제 갓 장사를 시작한 사람들이 보려고 하는 부분 또한 다를 것입니다. 즉 우리의 정체성이 조금씩 달라지면서 보이는 부분이 달라지는 것입니다.

블로그를 운영하는 두 사람이 함께 길을 걸어간다고 하더라도, 그 길을 걷고 나서 두 사람 모두 블로그에 글을 작성해야 한다면, 블로그에 작성되는 내용은 같지 않을 것입니다. 어떤 사람은 어떤 매장에 있는 상품의 가격을 보고 자신의 상품과 비교하는 글을 작성할 수 있으며, 다른 사람은 도심의 교통상황에 대한 글을 작성할 수도 있을 겁니다. 또한 두 사람 모두 도심의 교통상황에 대한 글을 작성한다고 하더라도, 한 사람은 교통지옥에 대한 불평과 비판의 글을 작성할 수 있을 것이며, 한 사람은 교통지옥을 해결하기 위한 하나의 방편을 생각해서 작성할 수도 있을 것입니다. 지나가는 자동차를 보면서도 甲이라는 사람은 빨리 저 차를 사고 싶다는 생각을 작성할 수 있을 것이며, 乙이라는 사람은 저 차를 살 엄두조차 내지 못해서 부럽다는 생각을 작성할 수 있을 것이며, 丙이라는 사람은 저런 차가 고장 나면 어떻게 수리를 하면 좋을지에 대해서 글을 작성하는 사람이 있을 것이며, 丁이라는 사람은 저런 차를 타는 사람을 어떻게 보험 가입을 시킬 것인가에 대해서 연구하는 글을 작성할 수도 있을 것입니다.

그래서 우리는 주체로의 나 자신의 정체성을 어떻게 명확하게 할 것인지를 좀 더 생각해 볼 필요가 있습니다. 그래야만 가고자 하는 방향성을 이해하고 설정할 수 있게 됩니다. 지금 당장 그런 개념이 들지 않는다고 해서 블로그를 운영하지 말라는 것이 아니라, 그런 개념이 잡히지 않으면 우선 연습하는 마음으로 지금 당장 네이버의 블로그 메뉴로 들어가서, 네이버가 안내하는 블로그 플랫폼에서 자신의 블로그 계정과 사이트를 개설하고, 기본적인 상태의 메인 메뉴에서 게시판에 어떤 글이라도 작성해도 됩니다. 기본적으로 자신의 블로그 메인 페이지를 만드는 부분은, 네이버 블로그에서 자세하게 설명하고 있기 때문에 그대로 따라 하시면 됩니다. 사람은 사회 구성원으로서 살아가고 있기 때문에, 명확하게 자기 자신을 정하기가 힘든 경우도 있습니다. 아버지이기도 하고 아들이기도 하며, 대표이기도 하며 선생님이기도 하기 때문입니다. 아들이기도 하고 친구이기도 하고, 학생이기도 하며 누구의 연인이기도 하기 때문입니다. 그래서 그러한 과정을 계속적으로 반복하면서, 자신의 정체성을 찾으려고 하고 명확하게 하려고 합니다.

그래서 그런 관계적인 주체성이 아닌, 가치로서 자기 자신을 정의하는 철학을 가지게도 됩니다. 하지만 중요한 것은 분명 현재 자기 자신을 표현할 수 있는 자아는 분명히 있을 것이며, 블로그를 만드는 이러한 과정을 통해서도 그런 가치를 깊이 있게 알아가는 과정이 되기도 합니다. 블로그를 만드는 목적성이 나의 개인적인 취향의 블로그를 만든다고 하더라도, 어떤 부분을 중점적으로 작성할 것인지도 생각을 하게 될 것입니다. 물론 블로그라는 매체가 반드시 특별한 목적성을 위해서 작성될 필요는 없습니다. 자유롭게 개개인들이 추구하는 목적성으로 사용을 해도 무방합니다. 하지만 앞에서도 언급을 했지만 어떠한 부분과 시간을 함께하고 지속적으로 운영을 하게 되면, 생활의 일부가 되고 그러한 생활이 더 오래 지속되면 삶의 일부가 되어 가고 인생의 일부가 되어 갑니다. 따라서 이 책을 만드는 목적도 블로그를 통해서 자신의 성장을 표현하고 또한 표현을 하면서 성장을 할 수 있기를 바라는 마음에서 만드는 것입니다.

주체를 명확하게 한다고 해서 너무 어렵게 생각할 필요는 없습니다. 그리고 블로그를 만들면서 나의 모든 것들이 들어갈 수는 없습니다. 한두 가지 자신이 좋아하는 주제를 선택해서 블로그를 만들 수 있습니다. 예를 들어서 요리를 좋아하는 사람이 블로그를 만든다고 가정을 할 경우, 그냥 블로그를 만들어서 요리와 관련된 내용들을 일반 게시판에 작성을 하는 것과, 요리 블로그라고 언급을 하고 요리와 관련된 카테고리(목차)를 구성해서 블로그를 만든 것과는 차이가 있습니다. 개인 블로그라는 것이 온라인에서 지극히 개인적인 영역이 되기도 하지만, 온라인이라는 공개된 공간을 활용한다는 것은 이미 누군가와 소통을 하고자 하는 의지가 있기 때문이라고 방문자들은 생각을 합니다. 따라서 그 블로그가 좀 더 전문적으로 표현되는 곳에서, 사람들은 그 내용들을 더 신뢰하고 많은 정보들을 찾으려고 합니다. 따라서 요리와 관련된 블로그이고 요리에 어느 정도 재능이 있다면, 약간은 전문적인 블로그로 보이기 위해서 카테고리(목차)를 구성할 필요가 있을 겁니다. 블로그를 만드는 것은 자신의 재능을 다방면으로 표현하는 것이기도 하지만, 그렇게 표현하기 위해서 생각하고 검토하고 연구하며 성장하는 과정이 되기도 합니다.

개인 블로그에서도 자신의 주체적인 의식과 주제 및 컨셉이 중요하지만, 단체와 기업에 있어서는 더 명확한 목적의식을 가지고 블로그를 기획하여 만들 필요가 있겠습니다. 단체나 기업들 같은 경우는 이미 목적성을 위해서 움직이는 곳이기 때문에, 그와 관련한 카테고리(목차)를 구성하려고 할 것입니다. 그래서 계정을 만들 때 아이디부터 명확하게 하는 경우가 많습니다. 예를 들어서 자동차를 좋아하는 사람이라면 'car'라는 단어가 들어간 아이디를 만들 수 있을 겁니다. 여기서 더 나아가 요즘은 단일 단어가 이미 포화 상태이기 때문에 문장형 아이디도 가능하죠. 예를 들어서 차를 판매하는 사람이라면 isalecar(2020년 4월 21일 현재 사용 가능)라든지, 차를 수리하는 사람이라면 irepaircar(2020년 4월 21

일 사용 가능) 등을 만들게 되면 아이디에서 이미 어떤 정체성인지 쉽게 설명 가능할 겁니다. 반려견을 좋아하는 사람이라면 welikedog(2020년 4월 21일 사용 가능) 등을 사용할 수 있고, 지금 자신의 아기와 아이들의 성장에 관해서 집중되어 있는 상태라면 그와 관련된 아이디를 만들게 되면 카테고리나 메뉴의 제목을 정하는 것도 쉬워지고, 그 메뉴에 작성하게 될 내용들도 감이 잡히게 됩니다.

이렇게 자신을 표현할 수 있는 아이디를 만드는 작업은 매우 중요하기 때문에 충분한 검토가 필요하다고 봅니다. 또한 그 검토하는 과정에서 블로그를 어떻게 운영할 것인지 생각을 많이 하기도 합니다. 그렇게 충분한 검토를 마치고 아이디가 만들어지게 되면, 아이디에 맞는 자신의 블로그 타이틀의 제목을 만들 수 있게 됩니다. 그렇게 되면 우선 자신이 이미 스스로 어떤 블로그를 만들어 가야 할지 개념이 잡히기 시작하는 겁니다. 그렇게 하면 거기에 적합한 카테고리나 메뉴의 소제목들도 만들기가 쉬워지게 되고, 그 메뉴에 어떤 내용들을 작성하게 될 지도 떠오르게 될 겁니다. 가정주부도 마찬가지입니다. 가정에서 주부로만 살고 있어도 자신을 표현할 수 있는 부분은 너무 많을 것입니다. 보통 사람들이 자신의 아이디를 이름은 영문자로 쓰고 생일을 넣는 사람들이 많은데, 좀 더 특색 있게 만들 수도 있을 겁니다. 분명히 자신이 조금이라도 더 관심 있는 분야가 있을 겁니다. 그 분야와 연계된 것을 생각하게 되면 떠오르는 단어나 컨셉이 떠오르게 될 것입니다. 경우에 따라서는 가치를 표현하는 아이디를 만들기도 합니다. 그것은 그러한 가치를 이루고자 하는 의지를 담은 것이라고 볼 수 있습니다.

3. 자아를 인식하는 관점의 발전과 블로그와 관계 [나(우리) → 이웃 → 사회 → 국가 → 인류 → 우주 → 사후 세계]

3-1. 자아를 인식하는 관점의 발전

주체와 정체성을 명확하게 인식하는 개념이 우리의 사고에 자리를 잡게 되면, 우리가 살아가는 수많은 주변 환경과 관계성을 의식하게 됩니다. 가족이나 친지들과 관계, 친구들과 관계 및 지역주민들과 관계, 그리고 기타 나를 둘러싸고 있는 많은 사람들과 지역사회의 도시환경 및 자연환경과도 관계를 의식하게 됩니다. 그렇게 얽혀져 있는 인연들과 관계 속에서 조금씩 성장을 하게 되고, 관계를 어떻게 해 나가는지도 자연스럽게 익히고 배워 가게 됩니다. 이렇게 성장을 하다가 더 큰 학교나, 직장생활을 하게 되면 이제 독립적으로 자신의 삶을 살아가는 법을 배우게 되고, 관계하는 사람들과 환경들 또한 많이 바뀌게 됩니다. 좋아하는 일들이 생기게 되고, 하고 싶은 일들도 많아지기도 합니다. 인식이 성장함에 따라서 가치관이 형성이 되어 누구에게 이끌려 다니기 싫어할 수도 있게 되고, 자신만의 영역을 조금씩 만들어 가려고도 합니다. 자아를 인식하는 과정 자체가 나 자신에서 지역사회로 넓어지게 되고, 지역사회의 관점에서 국가사회라는 큰 틀에서의 사회 전체로 넓어지게 됩니다.

이미 우리는 태어날 때부터 이 우주 속의 지구별에서 특정 국가라는 사회의 틀에서 살고 있지만, 그것을 알게 되는 단계와 그것을 생생하게 인식을 하면서 살아가는 단계는 차이가 있습니다. 블로그 카테고리(목차)를 기획하는데, 우주라는 천체의 큰 틀의 모습까지 인식을 하면서 구상을 해야 하는지 의아해할 수도 있을 겁니다. 그냥 내 살아가는 모습을 기록하고 나의 업무적인 부분에 필요한 블로그 하나 만들면 된다고 생각할 수도 있습니다. 맞습니다. 그렇게 생각을 해도 무방합니다. 그런데 우리가 블로그에서 글을 작성하고 포스팅을 할 때, 공개와 비공개를 체크할 경우에 공개로 체크를 하고 포스팅을 완료하게 되면, 그것은 이미 온라인이라는 거대 바다에 나의 글도 작은 영향을 주고 있다는 것입니다. 그래서 또 누군가가 작성된 그 글을 보고 어떤 영향을 받을 수도 있게 됩니다. 즉 이 사회를 살아가고 있지만, 나의 삶의 방식 안에서 움직이고 있는 상태라면, 나의 관점만 바라보게 됩니다. 내가 세상을 바라보는 인식이 넓어졌다고 하더라도, 나의 지식과 경험 및 관심의 정도에 따라서 블로그에 표현할 수 있는 방법에는 여러모로 차이가 있을 것이며, 블로그 포스팅만으로도 표현하기 힘들기도 할 것입니다.

장사를 하는 사람의 블로그를 예로 들어서 설명을 해 보겠습니다. 보통 장사를 하는 사람들의 블로그는 대체적으로 그분들이 취급하는 상품 위주로 블로그 구성을 많이 합니다. 몇 개의 상품을 블로그에 올려 놓고 지속적으로 상품과 관련된 글을 작성해서 올립니다. 상품의 종류가 많다면 매일매일 상품의 종류를 번갈아 가면서 홍보를 하든지 광고를 할 수 있습니다. 게시판도 그렇게 다양하지 않을 수 있습니다. 장사를 하는 이 사람은 그를 둘러싸고 있는 수많은 환경들은 인식을 하고 있지 않습니다. 상품과 관련해서만 글을 올리는 것이 최선일 수 있습니다. 그런데 장사를 하는 이분의 지역사회에 문제가 생겨 그 상품을 제공받지 못하는 경우가 생겼습니다. 그렇다면 그 사람은 지역사회에 어떠한 문제가 생겼는지를 확인하고자 할 것입니다. 왜냐하면 그 문제가 풀려야 자신이 취급하는 상품을 제공받을 수 있기 때문입니다. 그래서 확인을 해 보니 지역사회에 어떤 문제가 있는데, 그 문제는 본인이 지속적으로 관심을 가지고 있어야만 또다시 그런 문제가 발생하지 않는다고 한다면, 장사하는 그 사람의 인식에는 지역사회의 요소가 포함이 되기 시작한 것입니다.

그래서 자신의 블로그에 취급하는 상품과 함께, 지역사회에 자신이 관심을 가져야 하는 내용들까지 지속적으로 게재를 하기 시작할 수 있습니다. 더불어 지역사회에 자신의 상품을 제공받는 곳의 사람들과, 그곳으로 이동하는 도로와 주변환경에도 신경을 써야 하는 상황이 되었다면, 그러한 부분들도 인식이 되면서 예의주시하게 될 것입니다. 당연히 자신이 인식한 부분이기에 그러한 관점을 블로그에 포스팅할 수도 있습니다. 왜냐하면 자신이 운영하는 블로그에는 자신들이 취급하는 상품의 정보와 구매를 위해서 방문하는 방문자가 있기 때문에, 상품의 배송과 재고상태와 관련해서 적절한 해명과 안내를 위한 정보를 제공해서, 고객들과 소통해야 하기 때문입니다. 그래서 장사가 또 잘되고 있는데, 현재 전세계적으로 번지고 있는 코로나 19로 인해서 자신이 취급하는 상품이 영향을 받는다고 하면, 이 사람의 인식은 국제 사회라는 큰 틀의 인식을 서서히 가지게 될 것입니다. 왜냐하면 큰 이슈가 되고 있는 사회 문제가 자신에게 직접적으로 영향을 주고 있기 때문입니다. 그리고 하루하루 그런 문제가 자신에게 영향을 주고 있다면, 자신을 둘러싼 사회 전체의 환경을 인식하면서 살아가지 않을 수 없게 되는 것입니다. 즉 우리가 이 사회 및 국제 사회 전체로 인식을 확대해야 하고, 그것이 바로 성장과 직접적으로 연계가 있다는 뜻입니다.

다른 예를 들어서 아이를 키우는 주부를 설명 드리겠습니다. 아이를 키우는 주부의 입장에서는, 아이에게 사용되는 용품이나 물품 등이 불량이거나 오히려 유해한 물질 등이 함유되어 아이가 피해를 입었다면, 나의 관점에서 주변과 지역사회의 관점으로 시각이 넓어지면서 다양한 경험적인 정보들을 익히게 되며, 그런 과정들을 블로그를 통해서 작성을 하고 포스팅을 만들어 가기도 할 것입니다. 이런 예가 아니라고 하더라도 사람들은 저마다 처한 환경에서 이런 비슷한 과정을 겪으면서 성장하고 발전하고 있을 겁니다. 블로그를 운영하는 분들이라면 이런 과정을 겪으면서, 주변에서 발생하는 일련의 사건들과 상황에, 좀 더 분석적인 시각으로 바라보며 포스팅을 하게 됩니다. 블로그를 운영하지 않는 사람들은 그냥 보고 넘어갈 수도 있겠죠. 그러나 주변의 관점에까지 인지를 하고 눈을 뜨시는 분들은 지속적으로 그런 인지의 과정과 분석력을 가지게 되면서, 사회적인 관점의 시각으로 인식이 넓어지는 것을 알 수 있습니다. 자신의 분야에서 지속적으로 꾸준하게 단순 매물이나 업무들은 반복이 되면서도, 다양하게 발생하고 있거나 이미 많은 문제점들을 내포하고 있는 상황에 대해서는, 본인들이 뭔가 해결하려는 의지를 가지게 됩니다.

그것은 그 분야에서 이미 충분한 정보와 경험적 지식을 통해서 파악이 되었으며, 그런 부분들이 사회적인 제도나 법규와 어떤 연관성이 있고, 다른 집단이나 단체 등과는 어떤 연계가 있는지 등도 파악을 이미 했기 때문에, 본인들의 삶의 철학과 지향하는 뜻에 따라서 해결 방법을 제시하려고 합니다. 그런 의지는 곧 자신들이 처음 블로그를 운영하고자 했을 때, 생각했던 뜻과 연결이 될 수 있으며 본인들의 블로그 제목처럼, 어떤 삶의 형태를 살아갈 것인가에 대해서도 연결이 되게 됩니다. 그래서 어떠한 뜻이 없는 사람이라면 자신 앞에 놓인 많은 문제점을 불평하고 불만하는 포스팅의 글을 작성하겠지만, 본인만의 뜻이 있다면 자신과 관련된 업무에서 사회적으로 풀어 가면 좋겠다고 생각되는 부분을, 지속적으로 해결하기 위한 글을 작성할 것입니다. 또는 그런 방법으로 이미 블로그 카테고리나 메뉴의 제목이 추가되거나 변경이 되어 가고 있을 것입니다. 그래서 본인의 만족이나 고객들을 위해서나, 사회적으로 본인의 영향력 있는 글을 구상을 하고 포스팅을 할 것입니다.

3-2. 개인이 단체 속에서 인식의 성장과정과 블로그 구성

A. 개인의 관점에서 작성되는 블로그

개별 주체인 우리들은 태어나면서 어떤 단체에 소속이 됩니다. 여기서 말하는 단체라는 것은 어머니나 아버지의 보호속에 있는 '가정'이라는 울타리를 포함하는 것입니다. 그런 형태가 아니면 최소한 그 아이를 보호하고 있는 울타리가 있을 것입니다. 그래서 그 기본적인 울타리 속에서 성장을 합니다. 물론 그 기본적인 가정과 함께 기타의 소속이 있을 것입니다. 그리고 학교라는 곳에 들어가는데요, 사람들은 초등학교, 중학교,

고등학교 및 대학교에 오랫동안 깊은 소속감을 가지게 됩니다. 학교를 다니면서 사회생활을 할 수 있는 기본적인 자질을 익히면서 자연스럽게 지역사회와 조금 더 넓은 관점을 자연스럽게 익히게 됩니다. 또한 시간이 지나면서 학교를 졸업하고 누군가는 직장이라는 곳을 들어가서, 이제 그곳이 나의 소속이 되어 많은 부분을 그 단체의 일원으로서 이 사회와 세상을 보려고 할 것입니다. 다른 개별적인 주체와 만나고 사회 속에서 벌어지는 여러가지 일들도, 그 단체에 소속된 일원으로서 대응을 하려고 할 것입니다.

직장이라는 단체에 소속이 되어 있어도 우리는 또 다른 단체와 연계된 부분들이 많기 때문에 여러 곳의 소속감을 가지고 있을 것입니다. 가정이나 친구 친지들 동창들, 사회의 각종 동호회나 모임 등도 중요한 소속감을 가지게 됩니다. 이렇게 어떤 단체 속에 소속이 되어 있는 개인들이, 자신의 개인 블로그를 만들려고 할 때 특별한 목적성이 없을 경우에는, 지극히 자신의 관점에서만 블로그를 작성할 것입니다. 그리고 블로그를 초기에 만드는 경우에는 이렇게 자신이 좋아하는 부분들 위주로 카테고리(목차)를 구성하게 됩니다. 그렇게 부담없이 시작하는 것이 아주 중요한 경험적 지식이 될 것이라고 봅니다. 그래서 그런 블로그의 게시판을 보게 되면, 카테고리(목차)의 종류도 단순합니다. '게시판', '취미', '여행', '맛집', '패션', '게임', '화장품', '연예인', '드라마', '가수', '영화', '상품리뷰', '상품후기', '영화후기', '해외여행', '일상', '부업', '자동차', '좋아하는 글', '사진', '여행후기', '일상생활', '일상' 등 지극히 그 사람이 현재 관심이 있으며 좋아하는 형태의 게시판이 카테고리(목차)로 만들어지고 그곳에 여러가지 내용들이 포스팅되기도 합니다.

개인용 블로그의 용도가 어차피 개인적인 취향을 표현하고 나누는 온라인 공간이기 때문에, 이 글을 쓰고 있는 저도 처음에는 나 자신의 무엇을 온라인이라는 공간에 표현할 수 있을지 많이 생각했습니다. 그리고 소통의 공간이기에 내가 작성하는 글을 누군가가 보고 '좋아요' 표시를 눌러 주게 되면, 기분이 좋아져서 또 글을 쓰려고 노력을 하기도 했습니다. 하지만 한 곳에 열정적으로 좋아할 만한 주제가 없었기에 매일매일 작성하는 것이 쉽지는 않았고, 나중에는 몇 년 동안 사용을 하지 않기도 했습니다. 그러나 이 경우에도 열정적으로 좋아하는 그 무엇이 있다면, 단순히 그 주제만을 지속적으로 작성하는 것도 아주 괜찮은 방법이라고 봅니다. 그러면 표현 방법도 좋아지고 성장을 하게 됩니다. 무엇보다도 내가 작성해 놓은 글이 많아지는 것에 뿌듯함을 느껴서 큰 재산처럼 생각을 하기도 합니다. 이렇게 작성하는 글이 많아지게 되면 블로그에 작성하는 글의 종류도 다양해서, 자신의 주변환경으로 좀 더 많은 관심을 보이게 되고 작은 일조차도 가볍게 넘어가지 않고, 블로그 글 작성하는 소재로 만들어 쓰기도 합니다.

B. 이웃으로 확대된 관점에서 작성되는 블로그

블로그에 작성되는 글의 내용들이 하나의 주제를 넘어서서 다양해지게 되면, 카테고리(목차)의 숫자도 많아지고 큰 주제로 묶어서 만들어 사용을 하기도 합니다. 그리고 블로그 작성을 하는 데 있어서 눈에 보이는 위주의 소재와, '사람들', '가족', '가족의 관계', '인연', '연예와 사랑', '우정',

'이별', '결혼', '취업', '직장', '인생', '학교', '전공', '자격증', '업무', '인간관계', '선후배', '청년', '부자', '돈' 등과 같이 자신의 삶에 관계 있는 가치들에 대해서 작성을 하려는 경향이 강해집니다. 그래서 카테고리(목차)에도 그런 내용들을 만들어서 자신이 현재 경험하고 고민하는 내용들을 조금씩 늘려 가게 됩니다. 그래서 그런 내용들이 있는 다른 블로그의 글을 공유하거나, 책에서 읽은 좋은 내용들을 공유해서 작성을 하기도 합니다. 또한 이웃에서 벌어지는 다양한 일 중에서 자신과는 관계가 없을 것이라고 여겼던 것들이, 자신과 점점 직접적으로 관계가 되면서 관심을 가지기 시작합니다. 마냥 주변과 다른 사람들로부터 관심만 받으면서 생활하던 모습이, 차츰 내가 관심을 가져야만 하는 관계로 발전을 하기도 합니다.

여기서 표현하고 있는 이웃이라는 것은 단순히 내가 살고 있는 지역의 이웃을 말하는 것이기도 하며, 내가 소속되어 있는 곳의 단체를 말하기도 합니다. 직장생활을 하고 있다면 직장의 환경과 동료 직원들도 이웃으로 표현을 하겠습니다. 또한 사회 생활을 하면서 내가 좋아하는 단체나 동호회 등도 이웃으로 표현을 하겠습니다. 이웃이 많아지고 있다는 것은 이제 나의 관점만이 아니라, 이웃들과 관계 속에서 벌어지는 다양한 환경들을 자연스럽게 흡수하고 있다는 것이기도 합니다. 그리고 내 주변의 이웃들은 어떤 생각을 하며 살아가고 있는지, 나의 가치관과 차이점은 무엇인지 그 사람들의 관심사는 무엇인지도 자연스럽게 알아가게 됩니다. 그래서 나와 어떤 사람들이 더 공감대가 형성이 되는지, 왜 어떤 사람들과는 말이 통하지 않고 괜히 기분이 좋지 않은지도, 지속적인 관계속에서 발전을 합니다. 이런 상황에서는 소속단체의 공동의 목표가 있기 때문에 그 목표대로 방향성을 잡아 가면서, 나의 삶의 방향과도 비교를 해 보기도 합니다. 그래서 내가 블로그를 꾸준하게 관리·운영하고 있다면, 이러한 부분들을 나의 관점으로 정리하기도 하며 필요한 부분들을 작성하기도 합니다.

이렇게 내가 자신의 블로그를 작성하고 기록하는 관점이 이웃의 범위까지 넓어졌다고 하더라도, 기본적으로 가지고 있는 나의 관점이 사라진 것은 아닙니다. 나의 개인적 관점에서 현재 소속되어 있는 단체의 관점으로 확대된 것이라고 볼 수 있습니다. 이웃들의 관심사가 내게 있어서도 중요한 관심사가 된다면, 그것은 나의 관심사가 되면서 블로그에도 지속적으로 그런 내용들을 작성해 나갈 수 있을 겁니다. 개인용 블로그나 SNS를 오랫동안 운영하고 있는 사람들을 보게 되면, 자신이 다녔거나 다니고 있는 회사 그리고 자신이 하고 있는 업무적인 내용들이 나중에 추가가 되는 것은 그렇기 때문이라고 봅니다. 그리고 관심 있는 분야들이 새로 생기기도 하는데요, 그러한 경우에도 새롭게 카테고리(목차)를 만들어서 내용들을 지속적으로 작성을 하기도 합니다. 또한 업무가 변경되었거나 내용이 많아지게 되면, 카테고리(목차)를 수정해서 재편성하기도 합니다. 이때 자신의 블로그의 정체성을 한 번 더 점검하기도 합니다.

C. 사회로 확대된 관점에서 작성되는 블로그

직장이라는 단체에 소속이 되어 있다는 것은, 그 소속의 일원으로서 이 사회의 다른 구성원들을 마주하는 것이라고 할 수 있습니다. 물론 집에서는 가족의 일원으로서 역할을 하지만, 기본적으로 나의 일을 통해서 사회의 다른 단체의 구성원들과 교류를 하게 되고, 사람들과 살아가게 됩니다. 명함을 주고받으면서 서로의 관계가 甲과 乙이 되기도 하고, 업무 관련이 아닌 다른 모임이나 동창회에 나가게 되더라도 현재 자신이 하고 있는 일과 능력으로, 인간관계가 형성이 되기도 합니다. 내가 하는 일과 나의 현재 직급의 상태도 중요하지만, 내가 소속되어 있는 단체가 어떤 단체인지에 따라서 사회적으로 나 자신과, 내가 속한 단체가 평가되기도 합니다. 그런 부분들은 내가 속한 단체가 이 사회에 어느 정도의 영향력을 주고 있는지에 따라서 평가되기도 할 것입니다. 그 영향력이라는 것에는 다양한 부분이 있겠지만, 일반적이고 객관적인 시각들이 많은 작용을 하기도 합니다. 그래서 취직을 하려는 많은 사람들은 조금이라도 자신에게 더 도움이 될 만한 단체에 취업을 하려고 노력을 할 것입니다. 그 상태가 자신의 현재 상태이기 때문일 것입니다.

그리고 유기적인 시스템으로 운영되는 사회 속에서 어떤 문제가 발생할 경우에도, 내가 속한 단체의 일원으로서 그 문제를 바라보며 참여할 수도 있고, 그냥 관망할 수도 있게 됩니다. 나 자신과는 전혀 상관없는 문제가 될 수도 있으며, 나 자신과 밀접하게 관련된 부분일 수도 있게 됩니다. 만약 지하철로 출근을 하는데 지하철 내부의 승객들이 너무 많아서, 지옥철을 지속적으로 타고 다녀야 하는 경우가 생겼다면, 그 사람은 여러가지 선택을 할 수 있을 겁니다. 자동차를 구입하든지 지옥철을 타지 않을 곳에 직장을 구하든지, 아니면 자신의 일을 하든지 여러가지 방법을 생각할 것입니다. 이런 경우에 지옥철을 지속적으로 타고 출퇴근을 하게 된다면, 그 사람에게 있어서 그것을 하나의 사회문제로 보기 시작할 것입니다. 최소한 대중교통 시스템은 이 사회구성원들에게 있어서 매우 중요한 이동수단이기 때문입니다. 하지만 이런 지옥철도 어떤 사람들에게는 전혀 사회문제라고 인식이 안 될 수도 있습니다. 출퇴근을 하지 않아도 되거나 재택근무를 하는 사람들에게는 이러한 부분이 자신의 문제가 아니기 때문입니다.

대중교통만이 아니죠. 이 사회는 곳곳에 수많은 문제들이 함께 하고 있습니다. 처음 가는 길에서 어떤 곳을 찾아가야 하거나, 특정한 지역의 주변을 살펴보기 위해서 그 주변에 있는 이정표를 살펴볼 경우가 있습니다. 그런데 그 이정표의 방향이 제대로 되어 있지 않아서 그것을 보는 사람이 불편을 느끼는 것도, 사회문제의 일부라고 생각할 수 있을 것입니다. 그리고 사회 구성원들이 이 사회의 부조리와 관련해서도 믿음이 가지 않는 관료집단을 선택하거나, 법이 공정하게 지켜지지 않는 문제도 매우 중요한 사회 문제라고 생각할 수도 있을 것입니다. 이런 문제들이 자신과 직접적으로 관련이 있을 수 있다는 것을 알게 된다면, 블로그를 운영하는 사람 입장에서는 그런 부분들을 블로그에 작성하는 내용에 포함시킬 것이며, 더 중대한 부분이라고 판단한다면 그 문제를 풀기 위해 노력을 할 것이고, 사회적으로도 이슈를 만들고 여론을 형성하려고도 할 것입니다. 이러한 경우가 되면 자신이 이 사회를 바라보는 인식의 변화가 한 번 있게 되며, 블로그를 운영하고자 하는 이유도 한 번 더 변할 것입니다.

D. 국가로 확대된 관점에서 작성되는 블로그

개별 단체에 소속되어 있는 일원으로서 개인의 직장생활은 생계와 생존을 위한 활동이지만, 그 활동으로 인해서 받는 급여를 통해서 국가에 세금이라는 것을 납부하게 됩니다. 뿐만 아니라 우리는 우리의 주민등록등본을 발급받기 위해서 동주민센터를 방문하거나 온라인으로 발급을 받기도 합니다. 운전을 하려고 해도 운전면허 시험에 합격을 해야 운전면허증을 발급받아서 운전을 할 수 있습니다. 이사를 하려고 해도 전입신고를 해야 하고, 결혼을 해도 혼인신고를 해야 하며, 아이를 출산하게 되면 출생신고를 국가에 해야 합니다. 우리가 크게 의식을 하지 않고 살고 있지만, 우리 삶의 모든 것이 국가라는 틀 안에서 이루어지고 있다는 것을 더 확실하게 인식을 하게 됩니다. 우리는 직장생활을 하지 않고 집에서 놀고 있어도 이 나라의 국민이고, 직장 생활을 해도 이 나라의 국민의 한 사람인 것이죠. 세금 한 푼 내지 않는 것 같지만 우리가 물건 하나를 구입할 때마다, 우리는 부가세라는 것을 간접적으로 국가에 납부를 하고 있는 것입니다. 국가의 혜택을 받음과 동시에 국민으로서 최소한의 행동을 하고 있는 것입니다.

개인이 단체의 일원이 되어서 활동을 하게 되면, 개인이 국가라는 조직과의 관계가 얼마나 더 밀접하게 연관되어 있는지를 알 수 있게 됩니다. 그래서 어떤 분야는 지속적으로 국가 시스템과 연관되어서 활동을 하면서, 그곳의 운영 매뉴얼이나 업무적인 시스템에서의 부실이나 허점, 문제들을 알기도 합니다. 특히 개인의 재산이나 안전과 관련된 부분에 있어서는 더 민감하고 강하게 반응을 하기도 합니다. 그리고 그러한 부분들 중에서 자신이 어쩔 수 없이 관심을 가져야 하는 부분이 생기기도 하며, 문제 해결을 하기 위해서 발로 뛰어야 하는 경우가 생기기도 합니다. 때로는 법적인 테두리 내에서 어떠한 문제들을 찾아서 해결하려고 하는 경우도 있겠지만, 또 어떠한 부분들은 정치적으로 해결하려고 하는 경향이 있기도 합니다. 그리고 어떤 부분은 정책적인 것으로 나타나기도 하는데, 그러한 부분을 해결하는 방법적인 문제에 있어서는 사람들의 이념과 의견의 차이에서 달라지기도 합니다. 그래서 이런 문제에 있어서 관심을 가지고 있는 사람들 중에서 블로그를 운영하시는 분들은 지속적으로 관련 내용들을 작성하기도 합니다.

국가적인 부분으로 인식이 확대되었다는 것은 그만큼 이 사회를 바라보는 의식이 커졌다고 할 수 있습니다. 왜냐하면 국가에서 국민들을 위해서 펼치는 정책들은, 사안에 따라서 많은 사람들의 삶을 달라지게 할 수 있기 때문입니다. 우리는 그러한 부분들을 너무 많이 보고 있습니다. 국가의 정책에 따라 기업에서 생산하는 제품이 오염기준을 넘어서 사람들에게 피해를 줄 수도 있고, 정책의 강약에 따라서 국민들에게 피해를 덜 줄 수도 있기 때문입니다. 그렇기 때문에 사람들은 나이가 들어가면서 정치적인 사안에 많은 관심을 두며, 저마다 정치적인 견해가 발달하고 국가 발전을 위한 의견들을 나누고 있습니다. 그래서 이런 정책적인 내용으로만 작성하는 개인용 블로그도 있습니다. 이렇게 국가로 확대된 관점에서도 단체의 일원으로 소속된 개인의 관점은, 그 소속된 단체 소속원의 관점에서 그런 문제들을 보려고 하는 경향이 높습니다. 그리고 어떤 문제를 보기만 하는 것과, 그 문제를 가지고 불평을 하는 것과, 그 문제를 해결하기 위해서 대안을 찾으려고 노력을 하는 사람의 입장에는 분명한 차이가 있다고 봅니다.

E. 인류로 확대된 관점에서 작성되는 블로그

우리나라는 국제사회 무대에 조금 늦게 진출한 나라입니다. 국민 모두가 알고 있듯이 다른 해외 선진국들보다 경제성장이 늦었고, 근래에 들어서야 인류 전체와 국제사회에 관심을 가지고 있습니다. 국가 브랜드도 아직은 강대국들에 비해서 상대적으로 많이 낮은 상태입니다. 그리고 대한민국은 조선왕조 말기 강대국들의 빈번한 침략과 일제식민지 시대를 겪었고, 그 식민지 지배의 해방 또한 외국의 도움을 받았으며, 6.25전쟁 또한 UN이라는 국제 사회의 도움을 받아서 휴전 상태가 되었습니다. 전쟁 휴전 후 가난한 상태에서 강대국들의 경제원조를 받아서 성장했고, 아직도 휴전선이 놓여 있는 휴전 국가이며, 외국의 간섭도 받고 있습니다, 이것이 아직도 우리가 국제사회에서 당당하지 못한 부분으로 작용되는 것이기도 합니다. 앞에서 언급했듯이 단체에 소속된 일원으로서, 업무차원에서 외국에 다녀오게 되면 국가의 힘에 의해서 대접을 받는 차원이 다르다는 것을 많은 사람들이 말을 합니다. 또한 해외여행을 다녀도 국가의 인지도와 힘에 의해서 처우를 받는 상태가 다르다고도 합니다.

이러한 과정을 많이 반복하고 경험했던 사람들은, 이 사회와 세상을 보는 관점의 인식이 인류의 국제사회로 확대되었다고 할 수 있습니다. 그래서 국제무대에서 강대국들이 우리나라에 행사하는 힘의 영향력이, 대한민국에 어떤 영향을 주고 있는지 파악을 하게 됩니다. 국제사회는 그 무엇보다도 국가간 힘의 관계로 우열이 정해져서 운영되는 것이기 때문입니다. 우리나라는 오랫동안 국제사회의 이런 힘의 영향력을 받아왔고, 그 불균형을 조금이라도 줄이기 위해서 대한민국의 모든 국민들은 저마다 자신의 자리에서 최선을 다했으며, 이제는 국제사회에 떳떳하고 당당하게 명함을 내밀 정도로 성장을 했다고 할 수 있습니다. 하지만 국제 사회는 언제나 예측 불가능한 곳이기 때문에, 늘 긴장하면서 예의주시하는 사람들이 많습니다. 그래서 이렇게 국제사회 간의 문제에도 직접적으로 관심을 가지고 있는 사람들 중에서 블로그를 운영하거나, 일반인들도 국제사회의 움직임까지 관심이 필요하다고 판단을 하는 사람들은 지속적으로 이런 내용을 작성할 수 있을 겁니다.

그리고 무엇보다도 최근 전세계적으로 펜데믹을 선언한 코로나 19 같은 문제는, 인류에게 닥친 커다란 전염병으로서 특정 국가의 문제만이 아니어서, 개인과 이웃 사회 및 국가 국제사회의 관점에서 모두 중요한 인류 전체의 중요한 문제로 부각이 되기도 했습니다. 이러한 부분도 중요하게 해결하고자 하는 뜻을 가졌다면 카테고리를 만들어서 관련 내용들을 지속적으로 작성을 할 것이라고 봅니다. 물론 전문성이 있는지에 대한 유무와는 차이가 있을 겁니다. 하지만 이런 문제에 관심을 가지고 있다는 것 자체가 중요하다고 할 수 있습니다. 그리고 인류 전체가 공동의 목표를 가져야 하는 것은 이 문제 말고도 수없이 많습니다. 지구환경과 아프리카의 가난, 지구 자원의 한계, 또 반복될 수 있는 전염병 등도 있을 수 있습니다. 이러한 문제들에 관해서도 직접적으로 관여는 하지 않더라도, 인식을 하고 있는 것도 중요하며, 관심을 가지고 있는 글이 많이 작성이 된다면 해결될 수 있는 방법도 많아질 것이라고 봅니다.

F. 우주로 확대된 관점에서 작성되는 블로그

사람들이 이 거대한 우주 속에서 살고 있다는 것을 알게 된 것은 그렇게 오래전의 일이 아닙니다. 지구라는 울타리 밖으로 나가려고 생각을 했던 시기도 오래 되지 않았으며, 미지의 우주를 탐구할 생각은 할 수조차도 없었습니다. 이 거대한 우주 속의 은하계, 그 속의 태양계 그 속의 지구를 인식하기까지, 우리 인간은 많은 연구를 했고 노력을 했으며 이제 이러한 지식들이 상식이 되어서 공유를 하고 있습니다. 밤하늘에 빛나는 아름다운 별들이 지구인의 눈에 그저 아름다운 것으로만 여겨지지도 않고 있습니다. 우주에서 발생하는 수많은 천체의 작용들이 우리가 살고 있는 이 지구에 많은 영향력을 주고 있기 때문입니다. 당장에 우리는 태양이 며칠만 비추지 않아도 수많은 피해를 입을 수 있으며, 작은 혜성이 지구에 떨어지거나 조금이라도 큰 혜성이 지구에 접근을 하더라도 긴장을 놓을 수 없게 됩니다. 우주에서 벌어지는 일들은 미세한 작용이라고 하더라도 지구상에 큰 영향을 줄 수 있기 때문에, 우주를 연구하는 사람들은 늘 수많은 우주 변화를 중요하게 관찰을 하고 있습니다.

우리의 인식이 우주에까지 확대가 되었다는 것은, 우리의 삶이 지구상에서만 살아가는 존재가 아니고 우주 속에서 살아가는 존재라는 것을 알게 된 것이라고 봅니다. 비록 우리가 우주 저 멀리 가 보지는 않아도, 혹시라도 이 우주 어딘가 우리와 같은 생명체가 혹시 살고 있는지 궁금하게 여기기도 하며, 우리 지구인이 만약을 대비해서 지구가 아닌 다른 별에서 살 수 있는 환경이 있을지 연구를 하며, 직접 탐험을 하기도 합니다. 그러한 것은 만약에 지구환경에 큰 변화가 생겨 인류의 생존을 위해서 지구 환경과 비슷하거나, 최소한 그러한 기지를 만들 수 있는 곳을 찾는 것일 수도 있을 겁니다. 혹은 우리 지구 문명보다 더 우수한 외계문명이 존재하고 있어서, 언제라도 지구를 침범할 수도 있다는 생각을 하기도 합니다. 이러한 상상력은 가끔 영화로도 만들어져서 사람들의 호기심과 상상력을 자극하기도 합니다. 우리 지구별도 이 우주를 이루고 있는 물질로 구성이 되어 있기 때문에, 우주의 일원으로 살아가고 있는 것입니다. 그리고 이 거대한 우주에 관심을 보이는 사람들도 여러 부류들이 있을 것입니다.

우주를 과학적으로 접근해서 연구하는 과학자들도 있으며, 종교적으로 이 우주에 관심이 있어서 종교적인 관점으로 바라보는 사람들도 있으며, 그저 지구상에서 바라보는 밤하늘의 반짝이는 별과 은하수가 아름다워서 좋아하는 사람도 있으며, 무작정 상상의 나래를 펴고 우주 여행을 바라고 있는 사람들도 있을 것입니다. 누군가는 지구인들이 저 북극성에서 왔다고 믿는 사람들도 있으며, 우리가 알고 있는 우주는 그저 매트릭스일 뿐이라고 믿는 사람들도 있습니다. 왜냐하면 아직도 우주에 대해서 우리 인간들이 알아낸 것은 그렇게 많아 보이지 않기 때문입니다. 그저 우주 속에서 수많은 위험상황에 노출되어 있다고 생각을 할 수도 있습니다. 이렇게 우주를 바라보는 관점도 개인적인 지식의 수준에 따라서도 다르겠지만, 자신이 속해 있는 단체의 일원으로서 이 우주를 바라보는 관점이 다를 수 있을 것입니다. 따라서 블로그를 운영하는 사람 중에 우주와 천체에 관심이 많아서 흥미 위주의 글이 아니라, 진정성을 가지고 자신이 연구하고 공부하는 사람들이 작성하는 좋은 내용도 많이 있습니다.

G. 사후세계로 확대된 관점에서 작성되는 블로그

사람들은 태어나면서 성장을 하고 성장을 한 만큼 표현을 하면서 또 성장한다고 언급을 했습니다. 그리고 수많은 단체 속에서 그 소속의 일원으로 있으면서 많은 경험을 했다고 봅니다. 그 소속이라는 것은 가정이 될 수도 있고, 친척들과 이웃 주민들, 지역사회, 학교, 동호회, 직장, 단체, 국가의 국민들 및 지구인 등, 수많은 관계 속에서 환경을 만나고 그 환경을 흡수하며 자신의 삶을 살아가고 있을 겁니다. 소속되었던 각각의 단체는 그 나름대로의 철학과 이념과 뜻이 있었으며, 그러한 환경도 고스란히 배우고 익혔을 것입니다. 그런 과정을 겪으면서 사람들은 자신의 정체성을 가다듬으면서 스스로의 삶의 뜻과 철학을 만들어 가게 됩니다. 그런 삶의 철학을 만들어가는 중요한 요인으로는, 우리 인간의 삶이 100년 안팎이라는 기간 동안 이 세상에서 살아간다는 한계성 때문일 것입니다. 만약에 그런 육체적인 한계성이 존재하지 않고 영원하다면, 굳이 그런 철학을 찾으려고 노력하는 사람들이 많지 않았을 것이라고 봅니다. 그런 육체적인 한계성, 즉 언젠가는 죽는다는 것을 알고 있고, 더 뜻 있는 삶을 살아가고자 노력하기 때문에 자신만의 지식과 철학 및 이념을 만들고자 하는 것이라고 봅니다.

그래서 블로그를 운영하시는 많은 분들 중에서 40대 중반이 넘어서고

50대가 넘어서면, 블로그에 자신만의 가치관이란 철학을 담아서 표현하려는 경향이 많습니다. 이념적인 내용들이 많아지고 국가의 정책이나 종교적인 색채가 많아 지기도 합니다. 현재의 삶과 사후세계를 비교해서 작성을 하기도 하고, 육체적인 병에 걸린 사람들은 병과 아픔이라는 주제를 가지고도 많은 글을 만들기도 합니다. 심리적이고 마음적인 부분과 사람의 인연에 대해서는 예전보다 좀 더 깊은 생각으로 자신만의 인연들과 관계들을 정리하는 글을 작성하기도 하고, 때로는 삶을 초월한 사람처럼 생각을 하기도 합니다. 세상을 보는 관점의 인식이 사후 세계까지 확대되었기 때문에, 현재의 삶을 더 충실하게 살아가려는 모습을 보여주기도 합니다. 육체적으로 에너지를 힘으로 여기면서 생활하는 연령대가 50대 전후이기 때문에, 육체적인 활동의 불편함에서 오는 부분들을 다른 곳에서 찾아서 채우려는 생각이 들기 시작합니다. 또 어떤 사람들은 육체적인 한계를 느끼면서도 계속 육체적인 활동성을 지향하는 삶을 찾아가는데, 좀 더 신중할 필요는 있어 보입니다.

블로그를 운영하는 사람들 중에서 이렇게 사후세계로 확대된 관점에서 이 사회와 세상을 바라보는 사람이 있다면, 작성되는 글의 내용들이 다양하게 펼쳐지기도 합니다. 자신들이 믿는 종교가 있을 경우에는 종교적인 색채를 가미하면서, 그러한 내용들 위주로 글을 작성하는 경우도 많으며, 이념이 확고하신 분들 중에서는 정치적인 내용이나 이념 등을, 지속적으로 공유하거나 그런 내용들을 발표하는 사람들의 것을 그대로 인용하는 경우도 볼 수 있습니다. 온라인과 블로그 및 SNS 활동이 최근에 와서 발전을 하고 있기 때문에, 아직은 블로그를 통해서 개인적인 자서전 형태의 글을 만드는 분들이 많지 않은 것으로 알고 있습니다. 컴퓨터를 본격적으로 활용하고 인터넷이나 온라인 활동도 꾸준하게 활용하던 시대는 X세대부터였기 때문입니다. 그렇기 때문에 블로그나 SNS를 면밀하게 분석을 하고 검토를 해서 체계적으로 만든 경우도 많지 않을 것이라고 보고 있습니다. 물론 인터넷 검색을 통해서 살펴본 경우에 상당히 다양하고 좋은 내용들로 깊이 있게 정리된 블로그도 볼 수 있습니다.

그렇지만 현대 시대를 풍미했던 베이비붐시대 사람들의 그 풍부한 삶의 지식과 경험적 지식들이, 개인들마다 블로그에 좀 더 체계적으로 정리되어 작성될 수 있기를 진심으로 바라는 마음입니다. 개인들에게 있어서는 개인적 삶의 스토리이기도 하지만, 후대의 사람들에게는 사회적으로 가치 있는 소중한 지식이 될 수 있기 때문입니다.

3-3. 개인이 단체를 벗어난 자연인으로서 인식의 성장과정과 블로그 구성 (퇴직자를 기준하지만 프리랜서나 기타 이런 환경에 있는 사람들)

A. 독립된 자연인의 관점에서 작성되는 블로그

여기서 말하는 독립된 자연인이라는 말은, 개인이 단체의 일원으로서 그곳에 소속이 되어 있다가 독립적으로 사회 생활을 하게 되는 사람을 지칭합니다. 이런 부류의 사람들은 많이 있습니다. 우선 학교라는 단체에 소속이 되어 있다가 학교 졸업을 하고 취업을 하지 않고, 혼자 장사를 하거나 자신의 사업을 하는 사람이 될 수도 있습니다. 그리고 취업을 했다가 여러가지 사정으로 인해서 퇴직을 하고 자신의 일을 찾으려고 하는 사람들도 포함이 되고요. 한 직장에서 오랫동안 근무를 하다가 은퇴를 하고 앞으로의 삶을 또 계획하고 있는 사람이 될 수도 있습니다. 그리고 요즘 같은 시대에는 한 직장에서 오랫동안 근무를 하지 않고, 퇴직과 취업을 반복적으로 하면서 살아가는 사람들도 많이 있습니다. 그리고 한평생 취업은 하지 않고 가정주부로만 살고 있는 사람들도 있을 것이라고 봅니다. 또한 지역에 따라서는 농업이나 어업과 관련해서 혼자 일을 하는 사람들도 많은데요, 그런 경우도 독립된 자연인의 관점이라고도 할 수 있습니다. 물론 이러한 표현은 이 책의 기준으로 사용하는 것임을 말씀드립니다.

하지만 이 책에서 독립된 자연인으로 표현하고자 하는 궁극적인 뜻은, 자신의 삶을 완전히 독자적인 철학을 가지고 살아가려고 하는 사람들을 나타내려고 합니다. 근현대사의 전통적인 인식 중에 하나가 고등학교나 대학교를 졸업하고 취업을 하며, 한 직장을 평생직장이라고 생각을 하고 은퇴를 해서 노후를 맞이한다는 개념이 강했습니다. 지금도 많은 직장인들은 평생직장이라는 생각을 가지고서 그곳에서 정년은퇴를 할 때까지, 맡은 일을 다하고 그 이후를 준비하는 분들이 많습니다. 사회에서는 이런 직장을 신의 직장이라고도 표현을 하기도 합니다. 공무원이나 공공기관 대기업이나 중견기업들 및 공공단체와 금융기관에서 근무를 하는 경우에는 정년이 보장된 경우가 많기 때문에 은퇴를 할 때까지, 그 단체에 소속된 일원으로서 자신의 존재와 가치를 만들어 가며 은퇴 후에도 그곳의 일원으로서 가치를 가지고서 살아가는 경우가 많았습니다. 그런데 최근에는 평균수명이 100세 안팎까지 연장되고 정년이 보장된 곳이 줄어들고 있기 때문에, 퇴직 후 자신의 삶을 별도로 구상을 하는 경우가 늘어나고 있습니다.

이렇게 여러가지 요인으로 인해서 이제는 스스로 독립된 자연인의 관점에서 이 사회와 세상을 봐야 하는 사람들이 늘어나고 있습니다. 그리고 자영업이나 프리랜서 및 재택근무나 혼자서 독립된 일을 한다고 해서, 모두를 독립된 자연인의 관점으로 보기는 힘들 겁니다. 그런 사람들 중에서 정신적으로 물질적으로 가치관의 척도 정도에 따라서, 다른 사람이나 다른 조직에게 의지를 하고 있거나 도움을 받고 있는 경우가 많을 수 있기 때문입니다. 그래서 그런 과정들을 반복적으로 진행하면서 완전히 독립된 사고와 철학을 가지고서 이 사회에 세상을 맞이하려고 할 것입니다. 블로그를 운영하시는 분들 중에서도 이렇게 독립된 자연인의 관점에서 작성되는 글의 내용들은, 사회를 많이 알고 있고 흐름을 알고 있어도 블로그를 운영하는 초기에는, 자신의 관점에서 크게 벗어나지 않는 블로그 운영을 보이게 됩니다. 상품을 취급하거나 서비스를 취급하거나 어떤 매장을 오픈해서 가게를 운영하는 경우에도, 그 상품과 서비스만을 강조하고 알리려는 글을 작성하는 경우가 많습니다. 그리고 매장 홍보를 위한 비슷한 내용들만 작성을 하는 경우가 많습니다.

B. 이웃으로 확대된 관점에서 작성되는 블로그

이렇게 독립된 자연인의 관점으로 블로그를 운영한다고 할 경우에도, 당장에는 현실의 눈 앞에 보이는 측면에만 신경을 써야 하고, 내 앞에 벌어지는 일들을 우선적으로 해결해야 하기 때문에 그러한 글들이 많은 것은 당연합니다. 그래도 나름대로 사회 경험이 많고 단체에 소속이 되어 있을 때, 하던 업무와 지식들이 많기 때문에 주변을 보는 눈은 상당히 넓습니다. 다른 사람들의 말을 쉽게 알아듣고 이해력도 빠르기도 합니다. 그런데 아직 지금 본인이 하고 있는 일의 관점에서 주변과 이웃의 연관성을 어떻게 해야 하는지는 잘 모를 수 있습니다. 그리고 이러한 분들의 이웃은 단체에 소속되어 있는 일원으로서 가지고 있는 이웃과는 약간 차이가 있을 수 있습니다. 이제 독립적인 형태로 일을 하고 있기 때문에 이 분들의 이웃은, 바로 옆 매장을 운영하는 사람일 수 있으며 비슷한 일을 하고 있는 사람들일 수 있고, 거래처에 자주 만나는 사람일 수도 있습니다. 그리고 지역적인 특색을 가지고 있는 일을 하고 있다면, 지역주민들이 직접적인 이웃이 되기도 할 것입니다. 블로그를 통해서 온라인을 함께 운영하고 있다면, 그와 관련해서 연결된 사람이 되기도 합니다.

이제 독립된 자신의 삶이 펼쳐지는 곳은 삶의 전부가 되기도 하며, 삶의 일부가 되기도 할 것입니다. 그래서 이런 환경에 처한 사람이 블로그를 운영하고 있는 사람이라면, 자신이 취급하는 상품과 서비스에나 홍보에만 집중하지는 않을 것입니다. 자신과 연계된 많은 일들이 이웃들과 관계 속에서 발생을 하기 때문에, 그 사람들에게 영향을 주기도 하고 받기도 하면서 형성이 됩니다. 삶이라는 것이 나 혼자만 살아가는 스토리가 아니고, 사람들과 관계 속에서 만들어가는 스토리이기 때문에, 나의 문제만 발생하지 않고 사람들과 관계 속에서 나의 업무가 변하게 됩니다. 그래서 이러한 부분을 인지하고 있는 상태에서, 블로그에 그러한 내용들을 지속적으로 작성하고자 하는 사람이 있을 것이고, 그러한 내용들은 전혀 인식을 하지 않고 오히려 상품 광고와 상품의 종류, 홍보의 글만 작성하는 사람들이 있게 됩니다. 요즘 사람들은 스토리를 좋아합니다. 단순히 상품만 있는 것을 선호하는 것보다는, 그 상품으로 인해서 어떠한 일들이 있었고 어떤 사람들에게 도움이 되었고, 어떤 이벤트들이 있었다는 그런 스토리를 좋아합니다.

예를 들어 아이들이나 청소년들을 좋아하지 않은 사람이 생계를 위해서 PC방을 창업하게 된다면, PC방의 주 고객인 아이들이나 청소년들에게 관심을 가져야 할 겁니다. 그리고 아이들이나 청소년들에게 어떻게 하면 좋은 서비스를 줄 수 있는지도 많은 연구를 할 겁니다. 그건 분명 자신의 관점에서는 그러한 과정을 경험하면서 좀 더 넓은 관점의 인식이 되었을 것이며, 마케팅의 주 고객을 만족시키기 위해서 PC방을 이용하는 청소년들에게 적절한 사용시간을 권장하는 이벤트를 진행하게 된다면, 장기적으로는 청소년들과 그들의 부모님들도 좋은 PC방으로 인식되는 곳으로 여겨서 그 지역민들과 좋은 유대관계를 형성할 수 있을 겁니다.

그렇게 관계하고 있는 사람들과 다양한 스토리를 작성하는 것이 자신과 직접적으로 관계된 것이라는 것을 인식한다면 블로그에 작성할 내용들도 점점 많아지게 될 것입니다. 내 가족들과 관계만이 아니라 내 주변의 이웃들과 관계가, 나와 직접적으로 연관성을 주고 있으며, 그런 관계에는 또한 반드시 본인이 좋아하는 일만 일어나는 것은 아닙니다. 예상하지 못했던 일들도 발생을 할 수 있고, 이웃들의 문제로 인해서 내가 하는 일에도 직접적으로 영향을 받을 수도 있게 됩니다. 이러한 경우에는 단체에 소속된 일원으로서 그 문제를 풀어가는 것이 아니고, 이제까지 자신이 만들어 온 삶의 철학과 가치관으로서 그러한 문제들을 풀어가야 하는 경우가 발생을 하기도 합니다. 그래서 자신이 독립된 자연인으로서 자신의 삶의 이념과 철학을 갖추어 나가야 하는 것이라고 봅니다. 이런 부분이 약하면 언제라도 여러가지 일들에 흔들릴 수 있습니다.

C. 사회로 확대된 관점에서 작성되는 블로그

우리가 살아가면서 직면해야 하는 일들은 너무나 많습니다. 어떤 단체에 소속된 일원으로서 이 사회를 살아가게 되면, 특정 단체라는 조직에 직간접적으로 보호와 도움을 받기도 하며, 그 환경을 통해서 많은 것을 배우기도 합니다. 단순히 그 단체에서 일을 하고 급여를 받아서 생계를 유지하는 차원만은 아닙니다. 그래서 단체에 소속되어 있을 때 더 많은 공부와 경험을 하는 것이 필요합니다. 그 단체에 소속된 일원이 아닌 독립된 자연인으로서 이 사회와 세상을 살아가게 되면, 모든 것을 혼자 결정을 하고 자신만의 판단으로 해결을 해야 합니다. 특정 분야에 지식이 부족하면 그 부족한 지식으로 인해서 빨리 해결할 수 있는 문제를 해결하지 못할 수도 있으며, 조직력의 도움으로 간단하게 해결할 수 있는 민원조차도 혼자서 복잡하게 해결해야 하는 경우도 있습니다. 그래서 프리랜서로 일을 하는 사람들이나 자영업을 하는 사람들이나, 혼자서 장사를 하는 사람들이나 은퇴 후에 특별하게 할 것 없이 방황하는 사람들은 활동범위가 좁아지게 되고, 많은 것을 생각할 수 없기도 합니다.

이 사회에 살고는 있지만 사회적인 문제나 사회현상에 대해서는 간섭이나 관여할 엄두를 내지 못하는 경우도 많습니다. 당장에 내가 직접적으로 관계가 없다면 외면을 하기도 하고, 그냥 지나쳐 가기도 합니다. 나의 가치관이나 삶의 철학이 어떤 가에 따라서 달라지기도 합니다. 몰라서 그냥 외면하고 지나칠 수도 있지만, 알고 있고 나름대로 해결할 수 있는 방안이 있다고 해도, 나의 가치관이나 철학적인 문제 신념의 문제로 관여를 하지 않거나 도움을 주지 않기도 합니다. 블로그를 운영하는 사람들 중에서도 독립적인 자연인으로서 살아가고 있는 사람들 중에서도, 자신의 삶이 이 사회와 밀접하게 연관이 있다고 판단하는 사람들이 있습니다. 그런 사람들은 이제까지 살아오면서 자신이 보아온 사회적인 문제를 하나 하나씩 꺼내기도 합니다. 사회적인 문제라는 것이 자신의 업무적인 분야의 연관성에 있는 것들도 많습니다. 그래서 본인이 지속적으로 알고 있으며 연구하고 있던 부분들을 필요한 곳에 제안을 하기도 하고, 자신의 블로그를 통해서 누군가 볼 수 있게 해서 도움을 주기도 합니다.

특히 블로그를 운영하는 사람들 중에서 자녀나 학생이 있는 학부모들 같은 경우에는, 자녀들과 학생들의 연관된 사회 문제들에 대해서는 매우 다양한 의견들을 작성하기도 합니다. 그러나 이런 경우에도 어떠한 문제를 알고 있는 경우도 있으며, 인식을 하고 있어서 불평만 하는 사람들이 있는가 하면, 그러한 문제들에 대해서 직접적으로 연구를 해서 그 문제를 풀 수 있는 방법을 제시하는 사람들도 있습니다. 따라서 문제 해결에 관해서는 같은 문제라고 하더라도 문제라고 인식만 하는 경우와, 불평만 하는 경우도 있지만, 그 문제를 풀기 위한 방법에도 다르게 의견을 제시하는 경우도 있습니다. 어찌 되었든 관심을 두고 인식을 하는 만큼 지속적으로 그러한 내용을 작성한다면, 온라인상에서는 누구라도 그런 내용을 보면서 도움을 받고 공감대를 만들어 가게 될 것입니다. 이런 경우라고 하더라도 자신의 관점에서 작성되는 내용들은 지속적으로 포스팅이 되어야 신뢰성과 인지도를 높여줄 수 있게 될 것입니다. 그리고 블로그 이웃들이 많고 지속적으로 소통을 하고 있었다면, 사회 문제에 관해서 본인의 창작적인 글을 작성하면 좋아하는 사람들도 많을 것입니다.

D. 국가로 확대된 관점에서 작성되는 블로그

독립된 자연인으로서 이 사회와 세상을 직면하고 있는 사람들은, 홀로 이 세상과 대면하고 있다는 생각을 하기도 합니다. 그리고 이러한 생각이 때로는 당연한 것이라고 생각을 하며, 사람들은 혼자만의 철학과 이념으로 이 세상을 볼 수 있는 힘이 있어야 된다고 봅니다. 우리가 이 세상을 살아가는 이유가 자신의 뜻을 만들어서 이 세상을 살아가기 위함이라고 역사는 말을 하고 있고, 많은 철학자와 종교지도자들과 이제는 대다수의 사람들이 그렇게 생각을 하고 있습니다. 그 뜻이 가지고 있는 내용의 차이는 있을 수 있겠지만, 분명 우리는 누구나 독립된 자연인으로서 삶을 살아가야 하는 시기가 생깁니다. 그 시기가 되어 자신만의 이념과 철학을 만들고, 그렇게 형성된 뜻을 바탕으로 자신의 경험적 지식과 능력과 재주들을 이 세상에 펼치게 되는 이유이기도 합니다. 독립된 자연인이지만 이 사회와 국가 구성원의 일원이라는 것은 변하지 않습니다. 스스로 독립된 시각으로 이 사회를 직면하려는 인식이 있어야 하는 것은 당연하겠지만, 이 사회와 국가 구성원의 일원이라는 것을 직시하려고 해야 존재에 대한 확신도 깊어지게 됩니다. 그래서 국가라는 큰 틀에 보호받고 도움을 받으면서 살고도 있으며, 구성원으로서 역할도 하고 관심도 가져야 할 것입니다.

어쩌면 이렇게 인식이 확대되어 국가라는 틀의 중요성을 더 확고하게 하고 진정 애국하는 마음이 생기기도 합니다. 나의 존재가 있지만 그 존재가 이미 국가라는 틀에 있음을 확고하게 알게 되어, 자신만의 국가관이 생기게 되고 활발하게 국가를 위한 활동을 하기도 합니다. 블로그를 운영하시는 분들 중에서도 국가 정책 위주와 국가적인 문제들을 전문적으로 작성하시는 분들도 많습니다. 어느 단체에 소속된 일원이 아님에도 이념적인 글과 정책들과 사회적인 문제들을 공유하기도 하고 좋아하는 신문 기사나 좋아하는 사람들의 내용도 공유를 하기도 합니다. 그런 분들 중에서는 이념적인 성향이 너무 강해서 때로는 보기 불편한 경우도 있는데요, 중요한 것은 그러한 부분들을 바라보는 본인만의 논리와 이념적 철학을 직접 작성한 경우는 찾기 힘든 경우도 있습니다. 최근 인터넷의 발달로 블로그 운영자나 1인 미디어를 하는 사람들이 많아지면서, 확인되지 않는 내용이나 기사들을 마치 사실인 양 도배되는 것을 많이 보기도 합니다. 이러한 부분들이 있는 것은 블로그를 운영하는 운영자 본인들의 논리와 삶의 철학에서 오는 비판이 아니라, 다른 사람들의 뜻이나 이념에 의지해서 판단하고 주장하는 경향이 있기 때문이라고 보고 있습니다.

국가관을 가지는 것은 당연한 것이겠지만 좀 더 나의 지식과 논리와 이념을 겸비해서, 바르게 비판하고 수용하는 자세만이 아니라 본인만의 철학으로 대안을 제시할 수 있는 글을 작성한다면, 설득력이 커지며 믿음이 갈 것입니다. 무분별하게 게시판이 많으며 대부분이 공유하는 글로서 블로그가 도배되어 있다면, 그곳을 방문하는 사람들도 오래 머물지 않고 식상해서 바로 나가려고 할 것입니다. 블로그를 운영하는 운영자가 국가로 확대된 관점을 가지고 있다고 해서, 국가 정책이나 우리나라와 다른 나라와의 관계 등과 같은 내용으로 글을 작성해야 된다는 것은 아닙니다. 직접적으로 국가와 연관된 업무를 하더라도 개인적인 관점과 이웃 및 사회적인 관점을 연계해서 작성을 할 수 있다면, 자연스럽게 블로그의 카테고리(목차)가 스토리로 연결되듯이 쉽게 이해가 될 것입니다. 그리고 직접적으로 국가와 관련된 업무를 하지 않는 운영자라고 하더라도, 국가관과 연결될 수 있는 부분은 반드시 있을 것이라고 보기 때문에, 그러한 연관성이 있는 내용들에 대한 꾸준한 관심을 자신의 개인적인 관점과 맞물려서 작성한다면, 블로그 이웃이나 기타 블로그를 방문하는 사람들에게 깊은 신뢰감을 주게 될 것입니다.

E. 인류로 확대된 관점에서 작성되는 블로그

최근 전세계적으로 유행하고 있는 코로나 19 전염병은 인류라는 단어를 너무 익숙하게 했습니다. 평소에 우리는 '인류' '국제사회' '전세계'라는 단어들을 자주 듣지는 않았습니다. '지구환경' '지구' '인류공동목표' 이런 말도 자주 듣지 않았을 것입니다. 이러한 단어는 늘 국제적으로 중요한 이슈가 있거나, 전쟁이나 환경오염이 심각할 경우에 미디어를 통해서 자주 들어 왔습니다. 왜냐하면 일반 국민들은 국가라는 테두리 안에서 생활하는 경우가 많기 때문에, 평소에 국제사회와 자신이 어떻게 긴밀하게 연결이 되어 있는지 크게 관심을 두지 않습니다. 특히 해외여행 한번 다니지 못한 사람들에게는 국제사회라는 개념이나 외국이 있는지조차도 모르면서, 살아가기에 바쁘기 때문입니다. 외국 여행을 다녀온 사람들이라고 하더라도 어쩌다 한두 번 여행을 다녀왔고, 여행을 다녀왔던 국가도 한두 곳만 된다면 국제사회라는 인식이 많이 있지 않을 겁니다. 그나마 업무적으로 해외를 자주 다니는 사람들이나, 외교를 위해서 빈번하게 국제 사회로 다니는 공무원들에게는, 인류와 국제사회라는 인식이 절실하게 느껴질 것입니다.

독립적인 자연인으로 살아가는 사람들 중에서도 업무적인 요인들로 인해서 국제 사회의 경험이 많았던 사람들이 있다면, 인류라는 단어와 국제 사회의 인식이 낯설게 느껴지지 않을 것입니다. 그래도 현재 하고 있는 업무의 특성상 국제 사회와 직접적으로 관련이 없다면, 과거의 경험 정도로 여길 수도 있을 겁니다. 그런데 최근 코로나 19처럼 외국에서 발생한 전염병이 국내로 들어와서, 국내의 사람들이 피해를 보고 나 자신도 그렇게 피해를 입을 수 있다는 생각을 하게 된다면, 국제 사회에서 발생하는 많은 부분들을 그냥 무심코 지나가지는 않으려고 할 것이며, 한번이라도 더 관심을 가지려고 할 것입니다. 그리고 앞으로는 이러한 문제들이 지속적으로 발생할 수도 있다는 인식을 하게 되어, 우리나라가 국제 무대에서 어떻게 하는 것이 바람직한 것인지도 관심을 더 가지게 될 것입니다. 그리고 나와는 전혀 관계가 없을 것 같았던 국제 사회의 문제들이 나 자신과도 직접적으로 관련이 있다는 것도 알게 되었고, 국제

사회에 발생할 수 있는 수많은 문제들이 많다는 것도 인식을 하게 되어, 인류공동체라는 동질감이 생기기도 했을 겁니다.

또한 전에는 한번도 들어 보지 못했던 '인류공동목표'라는 단어를 접하면서 우리의 인식이 나도 모르게 자연스럽게 커지고 있음도 알게 됩니다. 블로그를 운영하는 사람들 중에서는 이렇게 인류의 문제들에 관심을 많이 가진 사람들이 있을 겁니다. 그리고 작성되는 글의 내용을 보면 그러한 문제들에 어떻게 접근을 하고 있는지도 볼 수 있습니다. 독립적인 자연인으로서 인류애를 가지면서 인류 전체의 문제와, 국제 사회가 공동으로 해결해야 될 문제를 지속적으로 관심을 갖는다는 것은 쉽지 않을 것입니다. 그렇지만 자신이 가지고 있는 어떤 역량 중에서 국제 사회에 도움이 되는 부분이 있다면, 이런 인류애가 있거나 국제 사회에 관심이 많은 블로그 운영자라면, 아마도 좋은 내용들로 글을 작성할 것이라고 봅니다. 단편적인 내용보다는 지속적인 관심을 가지고서 글을 작성하게 된다면, 그러한 내용들을 찾는 사람들에게 많은 도움을 줄 것이고 자신의 뜻을 펼치는 기회가 되기도 할 것입니다. 국제 평화는 모든 인류가 외치는 것이지만, 그 방법적인 면에서는 나라마다 다르기 때문에 그런 것도 인식을 해야, 무조건 평화라는 말에 현혹되지 않고 자신이 가진 이념과 철학을 바탕으로 바르게 대처할 수 있게 될 것입니다.

F. 우주로 확대된 관점에서 작성되는 블로그

해외 여행 한번 가 보지 않은 사람이나 해외 여행을 한 번쯤 다녀온 사람이라 하더라도, 국제 사회에 대한 인식이 확실하게 자리 잡고 있지는 않을 것입니다. 오히려 지금 자신이 살고 있는 지역에서 매일 밤마다 보는 밤하늘의 별이 있는 우주가 더 친숙할 수 있을 겁니다. 우주는 당장 갈 수 있는 곳은 아니어도 매일 하늘을 보고 살고 있으며, 밤에는 달을 보고 별을 보고, 끝없이 펼쳐진 은하수를 보고 있기 때문입니다. 그래서 끝없이 상상의 나래를 펼치면서 우주여행을 생각하기도 하고, 별똥별이 보이면 소망을 이루려고 하는 생각을 하기도 할 것입니다. 과학적으로 확인된 우주 속에서의 지구의 상태와 수많은 위험에 노출되어 있다는 것은 생각을 하지 않을 겁니다. 지구도 우주 속의 일부이지만 우주는 인류가 과학적으로 많은 연구를 했다고 하더라도, 아직 인류가 우주에 대해서 알고 있는 것은 극히 일부분이라고 합니다. 그렇기에 우주에 대해서는 우리가 겸허하게 인식해야 하는 대상이라고 봅니다.

블로그를 운영하는 사람들 중에서 우주와 천체에 관해서도 작성을 하는 사람들이 많습니다. 단순한 호기심의 차원이 아니라 우주와 지구와의 관계를 지속적으로 연구하는 사람들이 많습니다. 독립적인 자연인이 좋은 것은 스스로 어떠한 연구와 공부를 하더라도 간섭을 받을 필요가 없기 때문입니다. 어떤 사람의 눈치를 볼 필요도 없으며, 그냥 자신이 좋아서 은하계와 우주를 연구하는 사람들입니다. 천체망원경 하나만 있더라도 우리는 당장에 우주연구원의 일원이 될 수도 있습니다. 그래서 미국의 나사에서도 찾아내지 못한 우주의 비밀 하나쯤은 찾을 수도 있을 것이라고 봅니다. 지구 주위를 돌고 있는 우리에게는 너무나 친숙한 달도 아직 모든 것이 알려지지는 않았다고 합니다. 지구에서 가장 가까운 천체임에도 아직 모든 것을 알지 못하는 상태이기 때문에, 우주에 대한 연구는 앞으로 더욱 많은 사람들이 연구를 하리라고 봅니다. 우주 연구가 중요한 것은 많은 사람들이 알고 있듯이, 작은 혜성 하나라도 지구와 충돌하게 되면 지구는 걷잡을 수 없는 위험에 처할 수 있게 되고, 인류의 생존도 장담할 수 없기 때문입니다.

온라인상의 블로그나 SNS 그리고 유튜브 채널에는 지구의 생김새를 놓고서도, 현재 지구의 모양이 구체라는 확실한 정설이 있는데 아직도 지구 평면설을 주장하는 사람들이 많은 것을 보면, 우주 연구도 개개인별로 무수히 많은 연구를 할 것으로 보입니다. 최근 미국 정부에서 공식적으로 UFO의 존재를 인정했다는 뉴스는 이 우주 어딘가에, 다른 생명체가 존재할 수 있다는 기대와 함께 긴장감도 주고 있습니다. 온라인의 발전으로 인해서 이러한 UFO와 지구와 우주상의 불가사의한 현상들만 전문적으로 연구하는 사람들의 정보를 일반인들도 쉽게 볼 수 있게 해주었기 때문에 가능했던 것입니다. 우주에서 벌어지는 문제도 분명 우리와 직접적으로 연관되고 있는 내용들입니다. 매일같이 동쪽에서 떠오르는 태양도, 밤하늘의 달과 별도 매일 우리에게 영향을 주고 있는데도 우리는 인지를 못하는 것뿐입니다. 누구에게는 우주가 과학적 연구의 대상이고, 누구에게는 우주 여행이라는 멋있는 상상의 공간이고, 어떤 사람들은 우리가 죽어서 가야 하는 또다른 곳이라고 믿고도 있습니다. 이미 우리는 지금 우주 속에 있는데 말입니다.

G. 사후세계로 확대된 관점에서 작성되는 블로그

앞에서도 언급을 했지만 독립된 자연인의 개념을 어떤 단체에 소속된 일원으로 있다가, 홀로 이 사회와 세상을 직면하고 있는 사람들이라고 정의를 했습니다. 그래서 어떤 단체에 소속되어 있을 경우 그 단체의 개념과 시각으로 세상을 보던 관점에서, 이제 자신만의 관점과 철학으로 세상을 봐야 하는 사람들이라고 했습니다. 근현대사의 개념으로는 이제 정년을 맞이해서 은퇴를 하고 노후를 준비하는 사람이라고 생각을 한다면, 그분들에게 있어 은퇴 이후의 삶이라는 것은 사후세계, 즉 늙어서 죽음을 맞이하는 것을 늘 염두하고 살아가는 것이라고 생각할 수 있습니다. 평균수명이 70세가 되지 않았을 경우에는 그런 생각을 가지는 것은 당연했을 수도 있었을 것입니다. 그래서 성장도 멈춰 버려서 특별한 계획도 세우지 않으려고 했던 시대였을 겁니다. 그러나 평균수명이 100세 안팎이 되면서 단체에 소속되어 있다가, 독립된 자연인으로 살아가야 하는 기간이 너무 많기에 별도로 계획을 세워야 하는 세상이 되었습니다. 그리고 직장 위주의 삶이 아닌 직업 위주의 삶이 사회적으로 보편화되면서, 사회 구성원들의 개별적인 역량을 키워서 앞으로의 시대에 준비를 하고 있는 모습입니다.

정년 퇴임을 하고 나중에 연금을 받아서 생활을 하고자 계획을 세우던 사람들도, 연금을 받아서 살아가기에는 너무 많은 삶이 남아 있기에 새로운 일을 찾아갈 수 있게 변하고 있습니다. 그리고 젊었을 때부터 이미 이러한 사회현상들을 파악하고 있는 사람들은, 자신만의 역량을 여러 방면에서 찾으려 노력하고 있습니다. 직장 위주의 삶이 아닌 직업 위주의 삶이 보편화되면서, 필요에 따라서 자신의 일을 하고 필요에 따라서는 직장에 취업을 하는 것을 반복적으로 하고 있는 사람들도 있고요, 두세

가지의 업무를 하는 사람들도 예전보다 더 많아진 것 같습니다. 이런 사람들은 어떤 경우에는 혼자라는 생각에 불안감과 긴장감을 항상 놓을 수 없기도 하며, 때로는 죽음이라는 공포와 싸움을 하기도 합니다. 자기 자신을 보호하는 울타리가 없기 때문에, 오로지 자신만의 어떠한 가치관을 빨리 만들어야 흔들리지 않고 현재의 삶을 살아갈 수 있다고 믿기 때문입니다. 그래서 블로그 운영자 중 이런 사람들의 블로그에 작성되는 글을 보면, 굳건한 모습도 보이지만 삶이라는 문제를 놓고 흔들리는 모습을 보이기도 합니다.

즉, 자신과 관련된 삶의 모든 부분을 항상 겸허하게 받아들이면서 살아가고 있는 모습을 보이기도 합니다. 그래서 프리랜서, 재택근무, 비정규직, 아웃소싱 및 온라인으로 일을 하시는 분들의 속성 중에는 어떤 직장에 얽매이기가 싫으면서도, 현재 자신의 삶이 확고하게 안정되어 있지 않기 때문에 그러한 일을 하는 경우가 많습니다. 언젠가는 자신이 구상을 하는 일을 하기 위해서 현재 최선을 다하고 있는 사람들이기도 합니다. 그래서 더 열심히 자신에 대해서 공부하고 자신의 모자란 부분을 채우기 위해서 많은 노력을 합니다. 어쩌면 이렇게 불확실한 것 같은 사회가, 개별 사회구성원들의 독립적인 역량과 질을 더 높이는 계기가 되는 것은 아닌지 생각이 들기도 합니다. 개인의 삶이 성장을 해야 하고 자신의 뜻을 담은 지식을 세상에 펼치기 위함이라고 한다면, 사회의 개별구성원들의 역량이 독립적으로 발전해서 개인에게도 좋은 작용을 하는 것이며, 국가적으로도 더 부강한 나라가 될 것이라고 봅니다.

3-4. 개별 단체의 인식의 성장과정과 블로그 구성

A. 개별 단체의 관점에서 작성되는 블로그

이 책에서 개별 단체라고 말하는 것은 우리 사회에서 가장 최소의 조직 구성을 이루는 가정부터, 길거리의 매장들이나 소규모 사업체 및 중견 기업이나 대기업, 공공기관들이나 종교단체와 같이, 사회 속에 존재하는 모든 개별 단체들을 지칭합니다.

이러한 단체들은 각각 존재하는 이유가 있고 그들 만의 관점이 있으며, 규모와 목적에 따라서 확고하고 투철한 곳도 많습니다. 최소의 가정도 분명한 이유가 있으며 국가 운영을 책임지는 정부의 기관들도 존재하는 분명한 이유가 있습니다. 이런 개별 단체들도 최근에는 온라인을 활용하는 것을 당연하게 여기면서 홈페이지는 기본이고 블로그와 SNS 등을 활발하게 활용을 하고 있습니다. 개별적인 가정에서도 블로그를 운영하는 곳도 많은데, 이런 경우에는 가족 구성원 중에 한 사람이 개인용 블로그를 운영하면서, 동시에 가족들의 동향이나 활동 등을 작성하면서 개인 블로그와 가정이라는 소규모 단체의 관점에서 블로그를 운영하기도 합니다. 이런 경우에도 가족들의 관심사 위주로 블로그를 운영하게 되면 작성되는 내용도 가족 중심적인 것이 될 것입니다.

가족 중심적으로 블로그가 운영되더라도 가정이라는 단체의 운영에 필요하기에 매우 소중한 SNS가 될 것입니다. 뿐만 아니라 개별 단체의 관점에서 운영되는 블로그나 SNS는 소규모 업체들이나 큰 규모의 사업체라고 하더라도, 본인들의 업무 영역적인 부분에서만 작성되고 관리되는 블로그라면 개별 단체의 관점에서만 운영되는 블로그라고 말할 수 있겠습니다. 어쩌면 당연한 것 같은 이러한 멘트를 적는 것은, 그렇게 작성을 하는 것이 잘못되었다는 것이 아니라 개별 단체의 목적성을 이루기 위한 인식이 어디까지 펼쳐져 있는지를 언급하는 것입니다. 요즘은 블로그 마케팅이 활발해지면서 웬만한 업체들은 블로그 마케팅 업체들과 제휴를 해서, 온라인 홍보를 하기 위해서 많은 비용을 투자하고 있습니다. 개인들이 운영하는 블로그가 인지도가 좋으면, 그 블로그를 운영하는 운영주와 계약을 맺고 업체들의 홍보용 글을 작성하기도 합니다. 이렇게 하게 되면 초기에 비용 부담을 줄이면서 효과를 많이 볼 수 있기 때문입니다. 그리고 업체들의 블로그를 만들어도, 마케팅 업체에서는 검색노출이라는 것을 최우선적 목표로 해서 작업을 하기 때문에, 개별 단체의 입장에서만 작성되는 내용이라고 할 수 있겠습니다.

물론 업체들의 이러한 마케팅 활동이 개별적인 관점에서 작성되는 내용이기는 하지만, 그 대상이 고객이기 때문에 필요 고객에게는 많은 도움을 줄 수 있는 것은 당연할 것입니다. 광고와 홍보는 자사의 이익을 위해서 집행을 하는 것이지만, 필요고객에게는 중요한 정보가 될 수 있기 때문에 필요한 과정이라고 할 수 있습니다. 그래서 이런 광고와 홍보에만 집중하는 개별 단체들의 블로그 게시판의 내용들을 살펴보면, 상품과 관련된 내용이 대부분이고 그것도 같은 상품의 비슷한 홍보의 글이 많기도 합니다. 그도 그럴 것이 특히 소규모 개별 단체에서 취급하는 상품이나 서비스가 한정되어 있기 때문에, 상품과 관련해서 아무리 많은 글을 작성하려고 해도 많아지지 않을 것입니다. 중소기업이나 유통업체 같은 경우에는 취급하는 상품의 종류가 많기 때문에 상품과 관련된 내용으로만 블로그를 만들 수도 있겠지만, 이럴 경우에는 홈페이지를 활용하는 것이 바람직하며 블로그는 본질적 목적인 소통으로 활용하시는 것이 바람직할 것입니다. 개별 단체들이 온라인 소통에 신경을 많이 쓰고 있지만 아직은 홍보용이나 광고용으로 활용하는 인식이 강한 것 같습니다.

B. 이웃으로 확대된 관점에서 작성되는 블로그

개별 단체들의 블로그 운영하는 과정을 보면, 그 단체의 대표가 직접 그 블로그의 내용들을 작성하는 것처럼 보이지는 않습니다. 단순히 광고용이나 홍보용으로만 블로그나 SNS를 활용하는 것으로 인식이 있기 때문에, 자사의 블로그를 방문하는 사람들 중에서 소통을 하고자 하는 사람들과 업체 대표가 직접 대응을 하지는 않을 것입니다. 대체적으로 관리하는 사람이 있거나, 타 업체에 맡겨서 업체 홍보를 위해서 다른 블로거와 형식적인 이웃을 맺고서, 방문을 유도하기 위한 활동을 블로그를 관리하는 사람이 하는 경우가 많습니다. 이런 경우에는 블로그 이웃으로 배신을 당한다는 생각을 갖기도 했습니다. 우호적으로 서로의 이웃이 된다는 것은 블로그 글의 내용을 공감하고, 그 사람이 하는 일에 대해서 서로 존중을 하며 그렇게 댓글도 주고받고 나서, 필요에 따라서 그 업체를 방문할 수도 있는데, 형식적인 블로그 이웃이나 형식적인 안부를 묻고는, 업체 홍보를 위한 제안을 하거나 댓글을 남기면 불쾌하기도 합니다. 왜냐하면 개인용 블로그를 운영하는 사람들은 정성스럽게 블로그 내용을 작성하는 경우가 많기 때문입니다.

그 개별 단체들은 블로그 이웃을 말 그대로 이웃으로 생각하는 것이 아니라, 잠재고객 정도로만 인식을 하는 것으로 보이는 겁니다. 그래서 포털사이트 검색 상위노출에는 마케팅 업체들에 의해서 작성된 내용들이 거의 도배가 되고 있으며, 그렇게 마케팅 업체들의 글 작성 방법들을 배운 많은 사람들이 작성한 내용들이, 또한 다른 키워드 검색에서도 상위노출로 도배가 되고 있습니다. 포털사이트 검색엔진을 운영하는 사람들보다는, 그것을 활용하는 블로그 고객들이 더 많기 때문에 아무래도 수많은 방법들이 또 나오는 것이라고 봅니다. 그렇지만 블로그를 성실하게 자신의 목적성에 맞게 운영하는 곳은 즐겨 찾는 이웃도 많고 방문자도 꾸준하기 때문에, 블로그 운영에 상위노출의 기법들을 지나치게 사용하지 않습니다. 그리고 포털사이트 검색에서도 상위에 노출이 되어 네티즌들에게 필요하고 좋은 내용들을 쉽고 빠르게 찾아볼 수 있게도 합니다. 그렇기에 블로그를 운영하는 개별 단체들은 조직의 정체성과 목적성에 맞는 방향으로 블로그의 내용들을 구성하고 지속적으로 포스팅해야 된다고 봅니다.

그렇게 블로그 운영의 목적성이 블로그 구성과 카테고리에 잘 나타나고 작성되는 글에서도 표현력 있게 보인다면, 블로그를 찾는 이웃이나 방문객들도 명확하게 그 개별 단체 존재의 목적성을 이해하게 될 것입니다. 그러면 그러한 내용이나 뜻을 좋아하는 사람들이 지속적으로 블로그를 방문하게 될 것이며, 적극적인 소통도 가능해져서 개별 단체가 이루고자 하는 뜻과 블로그 운영도 더 원활해질 것이라고 봅니다. 그리고 개별 단체들이 목적성을 위해서 활동을 할 경우에, 직접적으로 관계되는 다른 단체들이나 개인들을 이웃으로 인식을 할 수 있습니다. 그래서 자신들이 본질적으로 하는 업무와 더불어 지속적으로 관계하는 다른 단체나 이웃들과 소통과 유대관계에서 발생하고, 여러가지 스토리를 만들어 가는 것이 가능해져서 블로그에 점차적으로 이웃을 인식하고 포함함으로써 개별단체들의 대표나 그 구성원들의 인식도 확대되어 간다고 볼 수 있습니다. 이러한 인식의 확대 과정은 개별 단체의 규모가 크고 적고 문제가 아니라, 이러한 인식을 가지고 있는지 없는지 관점에서 바라본 것이라고 할 수 있습니다.

C. 사회로 확대된 관점에서 작성되는 블로그

개별 단체의 규모가 크다고 해서 이웃이나 이 사회를 바라보는 관점이 반드시 크다고 할 수는 없습니다. 규모가 큰 만큼 관계를 가지는 곳이 많으며, 이웃이나 사회적으로 행사할 수 있는 대내외적인 영향력이 클 수는 있습니다. 그렇다고 해서 반드시 그렇게 규모가 큰 개별 단체들이, 이웃이나 이 사회와 소통을 잘 하고 있다고 볼 수는 없습니다. 소규모의 개별 단체들도 그곳을 운영하고 있는 대표들의 마인드와 운영 철학이, 단순히 개별 단체들의 관점에서만 운영을 하고 있다면 사회적인 활동을 하는 것은 맞지만, 이웃과 소통이나 관계를 바르게 형성해 간다고 볼 수는 없을 겁니다. 물론 기본적으로 개별 단체들이 활동하는 최소한의 운영에 필요한 영역에서 관계되는 사람들과 소통에 대해서는, 블로그를 운영하면서 블로그에 관한 주제를 담고 있는 이곳에서 평가를 한다는 것은 무리가 있습니다. 개인들이 블로그를 운영하는 부분에서도 사회로 확대된 관점에서 작성되는 블로그를 언급했는데, 개인과 달리 개별 단체들은 분명한 차이가 있어야 한다고 봅니다.

개별 단체들이 구성이 된 것은 존재의 목적이 명확하기 때문이라고 했는데, 그 목적성에 따라서 활동 방법이 다르다는 것은 분명할 것입니다. 거래처와의 관계를 만들어 가는 방식이나, 고객들을 대하는 방식들은 대부분 그 개별 단체들을 이끌고 나가는 대표의 운영 철학과 이념에 의해서 결정이 될 것입니다. 그래서 그 단체의 직원을 보면 그곳 대표의 특징을 알 수도 있다는 것은 그러한 맥락이기도 할 것입니다. 따라서 회사 내에서 직원들의 업무적인 특징이나 상품이나 재화 서비스의 특징, 고객들을 대하는 방식과 주변 거래처를 대하는 종업원의 스타일이 고스란히 나타나기도 합니다. 마치 가정에서 아이들을 보면 그 집의 부모들을 알 수 있는 것처럼, 단체에서도 단체에 소속된 사람을 보면 그 단체의 대표를 알 수 있기도 한 것입니다. 식당을 운영하는 그 공간에서는 그 공간 안에 근무하는 사람들의 공통된 특징들이 있으며, 부동산 사무실을 운영하면 그 공간 안에서 근무하는 사람들의 공통된 특징들을 볼 수 있습니다. 종교 단체들도 저마다 특성들이 다르고, 기업들도 각자 특성들이 다르며, 공공기관도 다르며, 공공기관별로도 그곳에서 근무하는 사람들의 공통된 특징들을 볼 수 있습니다.

그리고 그곳에서 운영되고 있는 블로그나 SNS에 작성되는 글의 내용도 단체들의 특성에 맞게 작성되어 포스팅 될 것입니다. 기본적으로 그곳에서 하고 있는 업무적인 내용들이 올라올 것이고요, 이웃들과 소통을 하고자 하는 많은 내용들이 작성되어 올라옵니다. 그런 내용들은 고객들과 그런 정보나 지식을 필요로 하는 사람들에게 도움을 주기도 합니다. 특히 대기업이나 공공기관에서 제공되는 정보와 지식은 좋은 내용들이 많기 때문에, 활용을 해도 좋을 것 같습니다. 규모가 큰 단체일수록 기본적으로 사회와의 관계성을 중요시 여기기 때문에, 그 단체들과 직접적으로 관련된 사회적인 문제와 함께 특별하게 사회적으로 이슈가 되고 있는 문제에도 큰 관심을 보이기도 합니다. 규모가 상대적으로 작은 단체들도 그 단체를 이끄는 대표들의 마인드와 철학에 따라서, 자신들과 직접적으로 관여된 부분들은 지속적으로 관련 내용들을 작성해서 올리기도 합니다. 블로그 운영이 중요시되고 있는 앞으로는, 개별 단체들이 이 사회를 위해서 가지고 있는 내부 철학이나 이념 등이 고스란히 드러날 수 있는 기회가 되어서, 이 사회의 평가를 받을 수도 있다고 봅니다.

D. 국가로 확대된 관점에서 작성되는 블로그

개별 단체들의 활동은 이미 이 사회나 국가 속에서 이루어지고 있다는 것을 인지하고 있습니다. 규모나 하고 있는 일의 특성에 따라서, 관계하는 사람들이나 단체의 종류나 성질에 따라서 특정 분야에 더 큰 관심과 관여를 할 수 있을 것이며, 주도할 수도 있을 겁니다. 국가적으로 더 큰 영향력을 주고 있는 분야라면 국가에 대한 관점도 더 크며, 직접적으로 연관성이 많을 것입니다. 이러한 업무를 보는 단체는 조직의 신념이나 책임감, 사명감이 다른 곳보다 더 클 수도 있고, 영향력이 많다는 것은 상대적으로 그만큼 위험도 따를 수 있을 겁니다. 이러한 단체에서 운영하는 블로그가 있다면 마찬가지로 하는 일에 대한 홍보가 주 목적일 수도 있겠지만, 그 역할에 따른 업무에 대한 정보나 지식을 관심 있는 대상들에게 좋은 정보로서 가공하며 소통을 해 나간다면 좋은 이미지를 줄 수 있을 것이라고 봅니다. 대체적으로 단체의 규모가 커질수록 국가 전체에 주는 영향력이 많을 겁니다. 그래서 이러한 곳은 최근에는 블로그와 온라인을 통해서 사회 구성원들과 좀 더 친근하게 다가가기 위한 노력을 하고 있습니다.

규모가 큰 단체라고 해서 반드시 대기업만을 의미하는 것은 아닙니다. 이 국가에 영향력을 줄 수 있는 단체들은 너무 많아졌습니다. 그래서 그들은 그들 나름대로 사회에 역할을 하고 있습니다. 정부 자체도 국가를 운영하는 조직체로서 단체라고 할 수 있으며, 정부 기관들도 각 부처마다 또한 개별적인 단체로서 특성을 가지고 있습니다. 종교 단체들도 규모가 커지면서 사회 구성원들에게 많은 영향력을 주고 있죠. 이러한 곳에서도 블로그나 기타 온라인을 통해서 소통을 하는 모습을 많이 볼 수 있습니다. 그리고 이런 단체들은 본인들의 기본적인 업무 영역과 관련해서 꾸준하게 홍보와 정보 제공을 하고 있지만, 사회적인 큰 이슈나 국가적으로 큰 이슈가 있을 경우에는 함께 동참해서 풀어가려고 노력하는 것도 볼 수 있습니다. 개별 단체들이 국가로 확대된 관점에서 블로그를 작성하는 것이 큰 사회적인 이슈에 동참을 하는 이유이기도 하겠지만, 다른 방법으로 기여하는 것도 많을 것이라고 봅니다. 단체의 규모가 크다는 것은 그만큼 사람들이 많다는 것을 의미하기도 합니다. 또한 사람들이 많다는 것은 더 많은 지식들과 방법들이 많을 수 있다는 것을 의미하기도 합니다.

예를 들어서 이번 코로나 19 사태에 삼성에서 마스크 제조업체에 업무적인 지원을 함으로써, 생산성이 늘어난 것이 좋은 예라고 할 수 있습니다. 규모가 큰 단체에는 사람들이 많고 업무적인 경험이 많고, 연구한 자료도 많으며 수많은 데이터들이 있습니다. 그러한 자료들 중 이제는 그 단체에서 오픈을 해서, 일반 사회 구성원들에게 제공을 해도 되는 것들이 많다고 봅니다. 또는 그러한 자료를 조금 가공해서 블로그나 온라인에 작성을 한다면, 그래서 그러한 정보들이나 지식들이 필요한 이 사회 구성원들이 보고 많은 도움이 된다면, 그 기업에서 생산한 생산품으로서 이 사회 구성원들에게 도움을 준 것뿐만이 아니라, 새로운 방법으로 이 사회 구성원들에게 도움을 주고 기여를 할 것이라고 봅니다. 물론 오프라인의 출판물과 온라인을 통해서 기업의 연구자료와 지식을 공개하고 있는 곳이 있지만, 이런 인식이 일반화되어 활발하게 진행되었으면 합니다. 그리고 기업에서 이렇게 중요한 정책은 아마도 기업의 대표나 오너가 결정할 수 있는 문제이기도 하기 때문에, 그래서 기업 창업주의 이념과 경영 철학이 중요하며, 그 바탕 위에서 운영되는 기업 존재의 목적이며 생명력이라고 할 수 있습니다.

E. 인류로 확대된 관점에서 작성되는 블로그

개별 단체 대표의 뜻이라고 할 수 있는 이념이나 경영 철학은 쉽게 판단해서 결정된 것은 아닐 것입니다. 개인들의 삶도 자신만의 가치관과 철학과 이념을 만들어서, 그 뜻을 이 사회를 위해서 펼치고 기여하고자 하는데요, 단체를 움직이고 있는 원동력은 창업주가 심사숙고해서 만든 것이라고 할 수 있습니다. 창업주는 그 뜻을 바탕으로 기업을 운영하고 중요 정책을 결정하며 여러가지 경영 변수에, 그 이념을 바탕으로 선택을 하게 됩니다. 그리고 그 뜻으로 인해서 핵심 상품과 서비스가 결정이 되기도 하며, 직원들의 교육과 복지 문제도 결정을 하게 됩니다. 기업 문화는 그렇게 해서 만들어지는 것이며, 그 안에서 근무하는 직원들의 성향과 특성도 자연스럽게 닮아 가게 됩니다. 단순히 회사는 일을 해서 급여를 받는 곳이라고 생각을 할 수도 있겠지만, 직원들이 회사 생활을 통해서 얻는 것이 급여만 있다고 생각을 한다면 큰 오산이라고 봅니다. 앞에서도 언급을 했지만 단체에 소속되어 있다는 것은, 그곳에서 근무를 하면서 수많은 환경들을 만나게 되는 것이고, 그 모든 환경들을 내 것으로 흡수하고 익히는 것이 진정 나의 자산이 되는 것이라고 설명을 했습니다.

그렇기 때문에 어떤 기업 이념과 문화를 선택하는 것이 좋을지는 취업을 준비하는 사람들의 1차 검토 대상이 되어야 한다고 봅니다. 그래서 개별 단체의 활동의 영역의 폭은 결정되고, 그 단체의 일원도 그 단체의 시각으로 이 사회와 세상을 보려는 경향이 강하기 때문에, 단체의 역할과 인식의 범위는 중요하게 됩니다. 개별 단체의 인식의 범위가 확대되어 인류라는 국제 사회까지 넓어진다는 것은, 대체적으로 규모가 큰 단체가 그러한 인식이 있을 것이라고 봅니다. 규모가 커져서 국제 사회와 교류를 해야 하는 일들이 많아지게 되면 자연스럽게 국제 사회에 관심을 가지게 될 것이며, 그들과의 교류와 소통을 어떻게 하는 것이 바람직한 것인지를 검토하게 될 것입니다. 그렇다고 규모가 큰 단체들만 국제 사회와 인류로 확대된 관점에서 바라보지는 않습니다. 어떤 단체를 구성하는 사람들의 뜻이 국제 사회에 도움이 될 만한 일을 하겠다고 다짐했다면, 규모에 상관없이 국제 사회와 인류를 바라보는 관점에서 온라인 활동이나 블로그에 그러한 글을 작성해서 꾸준하게 올리고 자신들의 정체성이나 뜻을 알리려고 할 것입니다.

왜냐하면 지구촌에 살고 있는 모든 인류의 삶은 점점 가까워지고 있습니다. 예전처럼 거리가 멀어서 물리적으로 이동하는 시간이 많아서 관심을 가질 수도 없던 경우도 있었지만, 이제는 교통시스템의 발달로 지구촌을 오고 가는 물리적인 시간은 예전과는 비교도 되지 않을 정도로 줄었습니다. 거기에 인터넷이라는 온라인 환경의 급속한 발전은 지구 반대편의 누구도, 소통을 하고자 하면 가능한 시대가 되었기 때문입니다. 그래서 국제 사회 사람들의 삶을 자주 볼 수 있게 되었고 가치관이나 이념도 알게 되었고 문화도 알게 되니, 그곳에 필요한 것이 무엇인지도 알게 되는 것이 지금의 지구촌의 모습입니다. 그래서 인류를 위해서 무엇인가를 하고자 하는 큰 뜻을 가진 사람들도 늘어가고 있으며, 그러한 개별 단체들의 활동도 많아지고 있습니다. 그 개별 단체들이 운영하는 블로그나 온라인 공간을 방문하게 되면 국제 사회에 대한 수많은 정보들이 올라오고 있습니다. 그러한 정보와 지식들이 지금 현재 우리가 살고 있는 지역과는 전혀 상관없을 것 같이 보여도, 최근 코로나 19 전염병을 통해서 알 수 있듯이 밀접하게 관련되어 있음을 알 수 있습니다. 그래서 우리 인식의 확대가 중요해지고 있습니다.

F. 우주로 확대된 관점에서 작성되는 블로그

우주라는 개념은 우리들에게는 인류나 국제 사회보다도 더 친숙한 개념일 수 있습니다. 앞에서도 설명했듯이 우리가 매일 만나는 파란 하늘과 밤하늘에 만나는, 끝이 없는 검은 우주의 바다이기 때문입니다. 하늘이 우리들에게 더 친숙한 것은 살아가면서 힘이 들거나, 뭔가 소망하는 일이 있는 경우에는 나도 모르게 하늘에 무심코 빌기 때문입니다. 이렇게 우리 인간들에게는 다가설 수 없으며 동경의 대상이라고 생각했던 우주가, 이제는 과학적으로 탐구를 하고 연구를 해서 지구밖으로도 나갈 수 있다는 사실이 상식이 되었습니다. 예전에도 하늘의 존재는 우리들에게 무시무시한 경외심을 불러 일으켰고, 하늘이 화내는 것을 가장 두려워해서 그 영향력의 범위 안에 있다는 것으로 알고 있었습니다. 그러한 사실은 현재 과학적으로 우주를 탐험하고 연구하면서도 사실적으로 받아들이고 있는 있습니다. 그래서 우주와 관련되어서 업무를 하고 있는 단체들은 우주의 미세한 변화까지도 관심있게 살피고 있으며, 우주에 관한 수많은 정보들을 데이터로 잘 보존하고 있습니다. 이렇게 우리가 우주의 과학적인 정보들이나 지식을 쉽게 알게 된 것도 인터넷의 발달이 큰 영향을 주었습니다.

우주에 관심이 많은 사람들이나 관련 단체들이 우주와 관련된 수많은 정보들을 몇 소수의 사람들만 알고 있는 것이 부당하다고 여겨서, 일반에 공개되어도 무방한 우주에 관한 수많은 정보와 지식들을 자신들의 홈페이지나 블로그 및 SNS를 통해서 공유를 하고 있습니다. 그전에도 일반 미디어를 통해서 우주에 관한 정보들을 알기도 했지만, 정보 편성의 한계와 방영 시간의 한계로 인해서 많은 정보를 알리지는 못했습니다. 그러나 이제는 그러한 지식들에 목말라 하는 호기심 많은 수많은 사람들에 의해서, 자연스럽게 온라인을 통해서 알 수 있게 되었습니다. 그래서 우주의 탄생과 지구와의 관계, 은하계와 지구와 관계, 블랙홀이 우주에서 하는 역할, 이 우주의 나이는 어떻게 되는지 등에 관심이 많은 사람들을 자신들이 운영하는 온라인 계정에, 지속적으로 방문할 수 있도록 그런 내용들을 연구하고 탐구해서 올리고 있습니다. 한 개인이나 개별 단체들이 기껏해야 지구상에 존재하는 기간이 100년 안팎이 되지 않으면서도, 인간의 시간으로는 상상도 할 수 없는 100억 년이 넘는 우주를 연구한다는 것이 소소할 수 있어 보이지만, 인간 본질에 한 발 더 다가서는 중요한 것이라고 봅니다.

그래서 개별 단체들 중에서도 우주에 관해서는 직접 관련이 있는 곳에서만 집중적으로 관심과 연구를 하고 있을 겁니다. 또한 이런 곳의 블로그를 운영하는 입장에서는 그러한 정보와 지식도 일반인들이 쉽게 제공을 해 주면서, 우주와 지구와 인간과의 관계를 스토리로 연결 지어서 친숙하게 여기려고 합니다. 우리가 살고 있는 지구라는 별 하나도 아직 모든 것을 알기가 쉽지 않은데, 우주에는 우리 은하계에 있는 별의 숫자만큼 은하계의 숫자가 있다고 합니다. 그러한 우주를 어떻게 알아가고자 하는지 막막한 생각이 들기도 합니다. 하긴 지구에 살고 있는 우리도 이 우주의 일원이기에 동질감을 갖는 또 하나의 대상이 있다는 것은, 우리에게 크나큰 인식의 확대를 주게 됩니다. 이러한 인식의 확대는 개별 단체들이 이 사회 구성원으로서 활동하는 데, 지금 당장 도움이 되지는 않을 겁니다. 그리고 그들의 온라인이나 블로그에 이러한 내용들을 직접적으로 언급할 필요는 없을 겁니다. 그렇지만 개별 단체를 운영하는 대표들의 이념적 성향이, 인간의 본질과 개별 단체들의 사회 구성원으로서 존재 목적성을 더 큰 차원에서 스토리로 만들어 가고자 한다면, 더 풍성한 단체가 될 것이라고 봅니다.

G. 사후세계로 확대된 관점에서 작성되는 블로그

인간의 생명력도 한계가 있듯이 개별 단체들의 생명력도 한계가 있을 겁니다. 한계가 있다는 말도 단체들마다 특성에 따라서 다르게 생각할 수도 있을 겁니다. 하지만 현재 시점에서 보면 분명한 한계가 있으며, 그렇기 때문에 이념과 뜻을 모아서 더 절실하고 간절하게 살아가고자 합니다. 개별 단체의 종류와 특성에 따라서는 인간의 죽음과 관련해서 특별한 것으로 생각하지 않기도 합니다. 그리고 어떤 단체들은 오히려 현세상을 잠시 머물고 있는 것이라고 생각도 합니다. 그래서 이 부분은 쉽지 않은 영역이라고 할 수 있습니다. 개인들마다 가지고 있는 삶의 철학도 강력하게 작용을 하지만, 개별 단체들이 가지고 있는 신념이나 이념과 철학은 더 강력하게 작용을 하고 있습니다. 특히 죽음이라는 것과 관련해서 늘 주제로 삼고 있는 종교 조직 같은 경우에는, 그들의 교리를 최우선적으로 주장하는 경우가 많기 때문에, 다른 단체들의 구성원들과 쉽게 어울리지 못하는 경우도 있습니다. 그리고 종교 조직 같이 큰 틀이나 규모적인 면을 보았을 때, 사후세계로 확대된 관점을 가지고 있는 것으로 보이지만, 만약에 그 교리만을 주장하여 그 단체 운영에만 집중한다면 개별 단체의 관점을 벗어나지는 못할 것입니다.

이 책에서 블로그 운영을 위한 인식의 확대 과정을 표현하면서, 개인이나 개별 단체들이 나의 관점으로부터 이웃, 사회, 국가, 인류, 우주, 사후세계라는 관점으로 확대되어 가는 과정을 정의한 것은, 본인들이 그 틀을 벗어나 사회의 다른 구성원들의 틀을 이해하고 소통하면서, 관계를 형성해 가야 하는 차원에서 설명을 하고 있습니다. 그리고 나의 관점은 다른 사회 구성원들과, 이 사회와 밀접하게 관련이 있고, 국가적인 차원과도 관련이 있으며, 인류와 우주에까지도 동질감을 가지고 관련성이 있음을 인식하기 위한 것입니다. 그래서 블로그에 방문하는 사람들이나 주변의 이웃, 사회 구성원들과 업무적으로 관련되는 내용들을 지속적으로 포스팅하면서, 하나의 스토리로 만들어서 우리의 삶을 완성해 가는 모습으로 가고자 이렇게 정의를 한 것입니다. 내가 가지고 있는 틀이나 개별 단체들이 가지고 있는 틀의 블로그에 잠시 방문을 해서, 그 글을 읽고 도움을 받는 것은 1차적인 도움을 주고받은 것이지만, 그런 내용들을 작성하게 되면 관련된 사람들의 방문과 관계로 새로운 내용들이 만들어질 것입니다.

그렇게 기존의 나의 뜻과, 그로 인해서 만나거나 방문하는 사람들, 새로운 인연과의 관계 속에서 만들어지는 정보와 지식들이, 지금 현재까지의 완성된 삶의 스토리가 되는 것입니다. 그것이 지속적으로 성장을 하는 과정이며 블로그는 그러한 성장의 과정을 담아 내서, 지금 현재 나와 개별 단체들의 모습을 보여 주고 표현하는 공간이 되는 것입니다. 그래서 블로그에 상품이나 서비스 재화, 각종 교리와 원리만을 정의하는 카테고리가 있는 것이 아니라, 그것을 통해서 찾아오는 모든 인연들과 만나고 대화하고 교류하고 소통하는 내용들을 작성할 수 있는 카테고리를 만들어, 그런 내용들을 담아 가는 것이 성장이라는 과정이며, 현재 자신만의 지식과 철학이 되고, 원리와 교리가 되어야 한다는 것입니다. 그런 과정을 겪으면서 만들어진 현재의 스토리가, 나와 우리가 처음 가고자 했던 뜻에서 출발해서 만들어진 경험적 지식이 된 것입니다. 블로그와 SNS는 그렇게 만들어진 나만의 지식들을 나의 뜻과 이념에 따라서 이 사회 구성원들에게 바르게 펼치는 것을, 하나의 좋은 방편이 되어 줄 수 있는 것입니다. 왜냐하면 그 공간에는 그러한 과정을 고스란히 담고 있기 때문입니다.

그래서 어떤 단계에 있는 개별 주체와의 관점과도 소통할 수 있을 것입니다. 이런 과정이 지금 우리가 현재 살고 있는 역사 발전의 모습이기도 합니다. 현상이 지식이 되고 그 지식들이 사람들과 관계 속에 논리가 되고, 다시 그 논리는 누군가 의해서 이념이 되기도 하고 철학이 되기도 하며, 상식이 되어서 모든 사람들이 함께 공유하기도 합니다. 그래서 공감대를 만들어 새로운 교류를 할 수 있게 됩니다. 이런 과정이 블로그와 SNS의 컨셉을 잘 설정하고, 그 컨셉에 맞게 카테고리(목차)를 만들게 되면, 각자의 스토리텔링이 되어서 가고자 하는 길을 더 명확하게 볼 수 있을 겁니다.

3-5. 나의 지식과 뜻을 만들어서 사회에 기여하는 시대

대학교를 들어갈 때 전공을 선택했다면 전공과목은 내가 선택했던 원리가 되는 것이며, 그 전공을 선택했기 때문에 학교를 다니면서 만나는 수많은 환경들이 있습니다. 전공 수업, 교수님, 친구들, 연인, 시험, 학교

환경, MT, 동아리 활동, 집에서 학교를 다니면서 만나는 환경, 아르바이트 환경 등, 그 과정들 모두가 나의 지식이 되는 것입니다. 그래서 나는 취업을 하거나 인턴을 하거나 시험에 합격해서 일을 하더라도, 전공수업을 통해서만 얻은 지식으로 일을 하는 것은 아닙니다. 경험했던 모든 것이 나의 지식이 되어 현재 나의 업무에 도움을 주는 것입니다. 그렇게 취업을 해서 직장생활을 해도 마찬가지입니다. 취업을 하는 것이 기본적으로 생계를 위한 수단으로서 다니는 것은 맞습니다. 그렇지만 그로 인해서 만나는 환경들이 기존에 생활하던 환경들과는 많이 다를 것입니다. 이제 첫 직장이라면 이제 스스로 독립해서 살아가는 방법을 배우기도 할 것이며, 다른 지방으로 첫 직장을 가게 되었다면 사는 지역이 달라져서, 지역적인 환경과 생활하는 환경들 모두 달라지게 되는 것입니다.

환경들만이 아니라 만나는 사람들도 기존과는 많이 달라지게 됩니다. 편하게 지내던 친구들 위주의 학교 생활에서, 대부분이 나보다 나이가 많은 선배들과 관계가 형성이 됩니다. 마치 다시 어린애가 된 듯한 착각을 일으키기도 하며 그 선배들을 어떻게 대해야 하는지도 잘 모를 겁니다. 거기에 혹시라도 고객들을 만나야 하는 자리에 있다면, 모두 제각각 사람들을 대하는 것조차도 알기 힘들어서 그만두고 싶어지기도 할 겁니다. 한달이라는 시간이 그렇게 긴 시간이었음을 느끼기도 하며, 첫 월급이 그렇게 귀한 것인지도 알게 될 것입니다. 물론 월급의 소중함을 알기 위해서 직장 생활을 견디는 것이기도 하겠지만, 점점 자신도 모르게 자연스럽게 익숙해 가는 모든 환경들이 나중에는 큰 자산이 되고 있음을 알게 될 것입니다. 이런 상황에서 블로그를 운영하는 사람이라면 블로그에 작성할 수 있는 내용들이 무궁무진하게 될 것입니다. 단순히 자신의 블로그 게시판에 예전처럼 '일상' '사진' '화장품' '여행' '맛집 후기' '전공과목' 등과 같이 단편적으로 되어 있다면, 일상에서 만나는 수많은 정보들을 아직 제대로 담아가지 못하는 것이라고 할 수 있습니다.

즉 블로그의 최대 장점이라고 할 수 있는 주변 환경과의 관계를 지속적으로 작성하지 못하는 것이라고 할 수 있습니다. 블로그를 운영하는 사람들이 초기에 많이 걱정을 하는 것이, 어떤 것을 작성해야 하는지를 잘 모른다는 것입니다. 뭔가 특별하게 블로그를 만들어서 운영을 하고 싶은데, 처음에는 그냥 좋아하는 것 위주로 작성을 합니다. 그런데 여러 차례 작성을 하게 되면 매번 비슷한 패턴으로 작성을 하게 되고, 매번 맛집을 다녀서 맛집 후기만을 올리거나 '일상'이라는 카테고리에 그냥 소소한 내용들을 담기도 합니다. 아니면 패션이나 여행후기나 상품후기 등으로 블로그를 채우기도 합니다. 물론 안 하는 것보다는 괜찮겠지만 나를 표현하는 방법이나, 나와 관계된 주변의 모든 환경들을 그냥 지나치고 있는 것은 아닌지 생각을 해 봐야 합니다. 맛집을 포스팅 하는 데 있어서 음식 사진만 찍어서 포스팅을 하는 것 보다는, 이왕 음식점에 왔으면 음식점의 분위기도 살피고 종업원들이 일하는 것도 살피고, 식당을 운영하는 사람들의 모습도 살피고, 간판은 잘 달려 있는지 음식은 어떤 지방 음식인지, 교통편은 좋은지 그곳으로 가는 과정은 어떠했는지, 등등의 많은 환경들을 스토리로 만들어서 작성할 수도 있을 겁니다.

블로그를 오래 운영했던 분들의 특징 중에 하나가, 자신의 주제에 맞게 블로그를 운영하지만 자신의 일상 생활에서 벌어지는 여러가지 환경들을, 적절하게 잘 만들어서 작성을 한다는 것입니다. 예를 들어서 대학교를 다니는 학생이 블로그를 운영한다고 할 경우에, 카테고리(목차) 구성을 몇 가지 주제로 만들어서 운영을 할 수 있습니다. 큰 카테고리에 '전공과목', '친구들', '좋아하는 일들', '후기들', '취업준비' 등으로 만들 수 있을 겁니다. 그리고 다시 큰 카테고리별 세부 카테고리를 넣을 수 있습니다. 그렇게 하게 되면 시간이 되는 대로 카테고리별로 작성을 하고, 그것이 곧 자신의 학교 생활의 역사가 되기도 하며 주변 생활을 잘 살펴보는 능력이 생기기도 할 것입니다. 학교에서 수업시간에 책으로만 배우는 지식이 모든 것이 아닙니다. 집에서 학교로 가는 여러가지 방법을 아는 것도 지식이 될 수 있습니다. 버스나 지하철을 타고 갈 수도 있고 자동차를 타고 갈 수도 있으며 자전거나 걸어서 갈 수도 있습니다. 버스를 만든 것도 어떠한 사람들의 지식으로 만든 것이고, 지하철을 만든 것도 어떠한 사람들이 학교에서 배운 지식으로 만든 것입니다. 우리는 그렇게 다른 사람들의 지식 위에서 우리의 것을 만들어 가고 있는 것입니다. 그래서 나중에 우리가 나의 지식과 능력으로 심혈을 기울여서 재화나 서비스를 생산하면, 다른 사람들이 또 사용을 하게 됩니다.

A. 경험과 지식 정보의 활용 방법

우리는 아무리 작은 것도 내가 노력을 하고 정성을 들여서 만든 재화나 서비스를, 다른 사람이 잘 사용해 주고 감사하다는 말을 하면 기분이 좋아집니다. 서비스센터에서 인턴으로 일을 하는 사람들이 서비스센터에 방문하는 고객들에게, 물 한 잔을 정수기에서 정성스럽게 받아서 갖다 주었을 때도, 그 고객분이 잘 받아서 감사히 잘 마셨다고 하면 기분이 좋아집니다. 그래서 우리는 작은 부분이라도 내가 할 수 있는 일이 무엇인지 찾으려고 하며, 그 능력과 재주를 이 사회에 펼치고자 노력을 합니다. 요즘은 정년이 되어서 다니던 곳에서 퇴직을 하게 되면 예전과는 다르게, 새로운 일을 해야 할 만큼 앞으로의 인생이 많이 남아 있습니다. 그렇기 때문에 퇴직 전에 이미 많은 것을 준비하는 시대라고 할 수 있습니다. 이런 경우에 퇴직을 해서 그분들만 일을 하려고 할 경우에, 전문직종에 종사하셨던 분들이라면 그 분야로 계속 일을 하실 수 있겠지만, 그렇지 않을 경우에는 기존의 업무와는 다른 일을 찾아야 하는 경우도 있을 것입니다. 그런데 기존에 하던 일이나 새로운 일을 하더라도, 나의 관점에서 혼자서 준비를 해야 되는 것은 마찬가지입니다.

그래서 오프라인에서 새로운 일을 준비할 수도 있고 온라인에서 새로운 일을 준비할 수도 있습니다. 물론 새로운 일을 하기전에 2~3년 정도 더 자신이 독립적인 자연인의 관점에서, 이 사회와 세상을 살아가기 위한 공부를 하면서 확고한 이념과 철학을 가지는 것이 필요하다고 봅니다. 그렇게 준비를 하는 과정이 있으면 새로운 일을 하기 위해서 필요한 모든 것을 생각하게 됩니다. 어떠한 뜻으로 새로운 일을 할 것인지가 명확해지면, 그에 따라서 물질적인 것도 필요할 것이며 사람들도 필요할 것이며 정보와 지식도 필요하게 될 것입니다. 새로운 일을 하기 위한 정보와 지식 중에서는, 아무래도 이제까지 자신이 살아오면서 가지고 있던 분야의 지식이 있을 것이고요, 그에 따른 경험적인 지식들도 많을 것입니다. 보통 사람들은 지식이라고 생각을 하면 자신들이 주로 업무를 담당했던 분야의 지식만 생각하는 경우가 많습니다. 그래서 다른 분야의 지식들을 쉽게 받아들이지 못하는 경우들도 많습니다. 하지만 직장생활이나 어떤 단체에 소속이 되었을 때, 그 사람들 자신만이 만들 수 있는 지식은 엄청나다고 할 수 있습니다.

그 분야를 담당했던 지식들을 포함해 그 단체 안에서 일을 하면서 경험했던 수많은 일들이 있을 겁니다. 사람들간 관계에서 발생된 여러가지 문제들, 상사와 후배들간 교류를 어떻게 하는 것이 좋은지에 대한 방법들, 원청업체와 하청업체간 사람들과 관계, 업무의 특성상 변하는 갑과 을의 문제, 윗사람에게 보고를 해야 할 경우, 상사의 성향에 따라서 보고하는 방법이 다른 부분들, 인수인계를 할 경우에는 어떻게 하는 것이 좋은 것인지, 거래처와의 관계에서는 어떻게 인간관계를 잘 유지하고 있었는지, 그리고 단체 속에서는 인간관계를 잘 유지했는지 등, 말을 하기 시작하면 수많은 경우들이 생각이 날 것입니다. 만약에 그러한 일들이 발생했을 때마다 잘 기록해서 공부를 했다면, 나의 지식으로 남아 있어서 새로운 일을 할 때 많은 도움이 될 것이지만, 그렇지 않고 그러한 일들을 크게 염두해 두지 않았다면 다시금 정돈을 해서라도 나의 경험적 지식으로 정리를 해야 될 것이라고 봅니다. 왜냐하면 경우의 수가 많다는 것은 어떠한 뜻으로 일을 할 경우에 대처할 수 있는 방법이 다양해지고, 같은 물건을 판매하더라도 사람과 지역에 따라서도 판매하는 방법이 다르기 때문입니다. 즉 재화나 서비스를 잘 만드는 것은 기본적인 능력이라고 할 수 있지만, 그것을 누구에게 어떻게 판매를 할 것인지는 수많은 경우에서 나오는 것이기 때문입니다.

따라서 새로운 일을 하게 되는 경우에 혹시 블로그나 SNS를 활용하려고 한다면, 어떠한 뜻으로 사업체를 운영하는 것인지 블로그를 통해서도 명확하게 캐치프레이즈로 나타내는 것이 바람직할 것입니다. 그리고 기본적으로 사업체의 정보와 상품이나 서비스를 홍보하는 것도 필요하지만, 그 사업체를 시작하면서부터 일련의 과정들도 블로그에 공개할 내용 정도로 작성해 나간다면, 그것이 곧 새로운 역사가 될 것입니다. 그리고 카테고리(목차) 제목을 잘 설정해서 이제까지 가지고 있던 수많은 정보와 경험적 지식들이, 현재 사업체가 가고자 하는 방향으로 활용할 수 있는 컨셉으로 작성된다면 블로그를 방문하는 방문자나 고객들에게 더 많은 신뢰를 줄 것이라고 봅니다. 또한 사회 구성원으로서 이 사회와 세상을 바라보는 관점을 넓게 함으로써, 자신의 뜻을 담은 재화나 서비스 및 정보와 지식들이, 이 사회에 기여할 수 있고 그 지식을 다른 사람들이 받아서 도움이 된다면, 아마도 자신에게 큰 기쁨과 행복으로 돌아오는 스토리텔링이 될 것이라고 봅니다.

B. 물질적인 추구에서 가치 추구로 변화

스타벅스에 커피 한 잔을 마시러 가게 되면 그곳에서 만족하는 효용의 가치는 어느 정도일까요? 아마 다른 커피숍의 매장들 보다도, 상대적으로 더 높은 가격을 주고서라도 마실 만큼의 가치는 될 것입니다. 그렇다고 그곳에서 근무를 하는 종업원들이 특별하게 고객들에게 잘 해 주어서 그렇지는 않을 겁니다. 이미 스타벅스 본사에서 만들어 오고 있는 기업이미지가 고객들에게 작용을 하고 있기 때문이라고 봅니다. 스타벅스 본사에서는 공간 컨셉과 가치를 만들기 위해서 노력을 했을 것이며, 그러한 공간 컨셉과 가치를 선호하는 사람들을 통해서 점점 그 가치는 커져 갔을 겁니다. 처음에 스타벅스에서 만들었던 가치가 고객들을 통해서 재창조되고 있는 것이라고 봅니다. 그렇게 고객들에게서 그 가치가 재창조되고 있기 때문에 쉽게 스타벅스의 브랜드 이미지는 변하지 않을 것이고, 스타벅스와 경쟁하는 다른 커피숍의 이미지와 가치가 더 높아지지 않는다면, 스타벅스의 커피숍 시장 경쟁력은 계속 유지될 것이라고 봅니다. 동네 커피숍에서 커피를 마시러 갔는데, 그곳을 운영하는 운영자가 정성스럽게 반가운 미소를 지으면서 고객을 맞이했다면, 아마 그 커피 맛은 더 좋을 것이라고 봅니다. 커피에 그 운영자의 정성스러운 미소가 들어갔기 때문입니다. 어쩌면 그 고객은 그 동네 커피숍의 단골이 될 수도 있을 겁니다.

커피라는 물질을 마시러 갔지만 운영자의 정성스럽고 친절한 미소는 감정과 감성을 자극하게 됩니다. 거기에, 잠시지만 운영자와 좋은 대화를 나누어서 좋았다면, 그 고객은 커피라는 물질 보다는 이미 대화를 나눈 가치에 더 무게를 둘 것입니다. 물질적인 부분을 낮게 평가하는 것이 아니라, 사람들이 만들어 가는 가치가 우수해져야 관계의 지속성이 더 결속력이 있게 된다는 것입니다. 만약에 스타벅스보다 커피숍 매장의 공간 컨셉과 가치가 더 높아지는 브랜드가 생기거나, 커피숍 공간의 더 새로운 공간 컨셉과 가치를 찾고 있는 고객들의 욕구를 충족시켜 줄 만큼의 브랜드가 생긴다면, 커피숍 시장은 달라지게 될 것이라고 봅니다. 이러한 부분은 많은 사람들이 알고 있는 것입니다. 그리고 블로그를 운영하는 운영자의 입장이라면 커피숍과 같은 공간 컨셉과 가치 위주의 이런 업종의 스토리텔링을 잘 만드는 것도 중요할 것입니다. 뿐만 아니라 다른 블로그를 운영하는 데 있어서도 물질적인 부분들은 기본적으로 필요한 아이템이며, 그 기본적인 아이템을 통해서 발생하는 수많은 과정과 경험적 지식들을, 가치 있는 스토리로 만들어 가는 것이 필요합니다.

블로그 카테고리(목차)를 만드는 것도 경우에 따라서 물질적으로 나열할 수 있는 것도 필요하지만, 추상적이고 가치적인 요인들로 만드는 경우가 많습니다. 그런 표현들을 하는 것은 아무래도 방향성이나 목표성, 뜻을 표현하기에는 더 좋기 때문일 것입니다. 특히 큰 카테고리의 제목을 만들 때 그렇습니다. 예를 들어서 부동산과 관련된 블로그에서 큰 카테고리 제목을 '부동산', '상가', '건물', '주택', '토지'와 같은 경우에도 '대지의 꿈', '꿈꾸는 부동산', '대박 상가', '통 큰 건물', '따듯한 집' 이런 형태로 하게 된다면, 방문자들에게도 재미있고 특색 있게 인식이 되기도 할 겁니다. 이렇게 만들게 되면 부동산 블로그를 운영하는 운영자 입장에서도, 자신의 뜻을 담을 수도 있고 카테고리별로 연결을 해서 삶의 스토리를 만들어 갈 수도 있습니다. 예를 들어서 '이 부동산을 방문하는 모든 고객들은 통 큰 건물에서 대박 상가를 얻어서 꿈꾸는 부동산을 가지게 되어, 대지와 토지를 얻는 꿈을 꾸고 따듯한 집에서 살게 될 겁니다'라는 스토리텔링도 가능할 겁니다. 블로그 운영은 또다른 지식생산의 공간이기도 하고, 주변을 더 세밀하게 살펴보는 생활 속 공부의 장소이기도 합니다. 또한 가장 중요한 것은 자신의 가치를 더 높여 가는 생각을 하게 하고, 계속적으로 삶의 방향과 다른 사람들과 관계를 생각하게도 합니다.

4. 이념(정체성)을 나타낼 수 있는 컨셉과 타이틀 만들기

주체와 정체성을 명확히 해서 계정 아이디까지 자신이 원하는 형태로 만들었다면, 이제 전체를 대표하는 컨셉과 타이틀 제목을 만들면 좋습니다. 타이틀 제목은 좀 더 구체적으로 자신의 블로그를 표현할 수 있는 정체성이 되며, 혹시라도 나중에 블로그 검색에도 자신의 글이 검색되는 데 도움이 되기도 합니다. 굳이 검색의 부분이 아니라고 하더라도 자신이 만족할 만한 타이틀 제목을 작성하는 것이 바람직할 것입니다. 그것은 곧 타이틀 제목에 맞게 현재 자신의 정체성을 지속적으로 인지를 하게 되면서, 그 정체성에 맞게 방향성 있는 글을 작성하려고 할 것입니다. 이 부분에 있어서 제 나름대로 중요하다고 판단이 되는 것을 말씀드리면, 아이디나 타이틀 제목이 자신의 현재 상황에 맞지 않거나, 너무 이상적이거나 비현실적인 것은 그 무게를 감당할 수 없을 것이라고 봅니다. 예를 들어서 돈을 좋아한다고 해서, 그리고 벼락부자가 되고 싶어서 무조건 아이디에 money라든지 gold라든지 don이라든지 하는 단어들을 사용하게 되면, 오히려 도움이 안 될 수 있습니다.

그렇다고 사용해서 안 된다는 것이 아니라, 사용하는 아이디와 관련해서 또는 타이틀의 제목과 관련해서 충분한 지식과 경험이 있고, 그 경험과 지식으로 계속 나아갈 수 있다고 판단이 되면 사용을 해도 된다는 것입니다. 상당히 좋은 아이디와 타이틀 제목을 보고 어떤 사람들이 검색을 해서 블로그에 들어왔는데, 그 내용들이 약하거나 부족하게 되면 그 사람들은 욕을 하거나 불평을 하고 떠나갈 것입니다. 그렇기 때문에 이런 부분도 주의를 하는 것이 바람직합니다. 개인들에게도 있어서도 아이디나 블로그 타이틀이 중요하겠지만, 각종 단체나 회사 기타 조직들에게 있어서 아이디와 타이틀 제목은 더 중요하다고 봅니다. 왜냐하면 더 많은 사람들이 모여 있다는 것은 그만큼 정체성을 잡는 것이 중요하며, 가고자 하는 방향성이 명분을 가지고 명확해야 되기 때문에 더 이해되기 쉬운 아이디와 타이틀 제목을 정해야, 대내외적으로 긍정적인 영향을 줄 수 있기 때문입니다. 이렇게 아이디와 타이틀의 제목은 기본적으로 컨셉이 되기도 할 것입니다. 그래서 끊임없이 우리의 정체성에 대한 부분과 나아가려고 하는 방향성을 계속 고민하게 하여, 주제에 맞는 소재를 찾아서 내용을 만들어 가고자 해야 합니다.

타이틀 제목은 다른 사람들의 블로그에 방문을 했을 경우에, 상단에 대표하는 이미지와 함께 캐치프레이즈가 적혀 있는 것을 볼 수 있습니다. 캐치프레이즈가 타이틀 제목이 될 수도 있고 컨셉이 될 수도 있습니다. 그렇다고 컨셉이 캐치프레이즈나 타이틀이 되기는 힘듭니다. 컨셉은 블로그의 정체성을 명확하게 표현함과 동시에, 운영자나 방문자가 그 블로그가 가고자 하는 방향성을 지속적으로 파악하게 하는 요소입니다. 그래서 카테고리(목차)를 만들 때도 중요하지만, 수정이나 추가를 할 경우에도 전체적인 맥락을 컨셉에 적합한지 검토를 하고 진행을 하게 됩니다. 물론 카테고리(목차)별 작성하는 글의 내용도 전체적인 맥락의 범위 내에서 작성하는 것도, 운영자가 설정한 컨셉을 보면서 결정을 하게 됩니다. 참고로 제가 만들고 있는 이 책의 컨셉은 '생각이 꽃길이 되어 온 세상에 빛내다'입니다. 이 뜻은 모든 사람들이 가지고 있는 저마다의 지식과 경험과 연구적인 생각들을, 어떻게 잘 구성을 해야 하는데 그것이 좋은 컨셉이 되어서, 카테고리(목차)라는 것을 만들 수 있게 도움이 되고자 하는 마음에서 그렇게 작성을 한 것입니다. 즉 모든 사람들의 생각이 카테고리(목차)라는 꽃길이 되어서, 그 꽃길들이 멋지게 연결이 되어 하나의 좋은 작품이 만들어져서, 온라인 세상을 빛낼 수 있기를 바라는 마음입니다.

컨셉을 설정하는 것은 어떠한 곳에서도 중요한 지표가 됩니다. 상품을 개발할 경우에도 그렇고, 회사를 만들어서 어떠한 목표를 가지고서 운영할 것인지를 결정할 경우에도 중요합니다. 또는 어떠한 프로젝트를 만들 경우에도 그 프로젝트에 적합한 컨셉을 정하는 것은, 모두에게 명확한 의견제시와 방향성을 찾을 수 있도록 하기 위해서 그렇습니다. 그래서 때로는 컨셉을 구상하기 위해서 많은 시간을 보내기도 하며, 또는 한두 개의 컨셉이 만들어졌다고 하더라도 또 다시 전체적인 맥락과 연결을 했을 경우에 연결이 안 되는 경우에는, 다시 검토를 하기도 합니다. 그러다가 적합한 컨셉이 구상이 되면 일의 흐름이 명확하게 빨라지기도 합니다. 하지만 처음부터 너무 컨셉을 만들어야 한다는 부담을 가지지는 말아야 합니다. 조금씩 내용을 작성하다가 컨셉이 잡히게 되면, 그에 맞는 내용들을 필요한 곳으로 이동을 하면서 블로그를 재정비해도 됩니다. 블로그를 운영하는 많은 분들이 처음부터 명확하게 정리를 한 후에 글을 작성하기 보다는, 차츰 자신이 운영하는 블로그를 자신의 뜻과 맞춰 가는 형태를 보이기도 합니다. 다만 이러한 내용들을 알고 있다면 좀 더 시간을 줄일 수 있으며, 단체나 기업에서는 더 빠른 접근성으로 운영을 할 수 있을 것이라고 봅니다.

5. 방향성과 스토리텔링 가능한 카테고리(목차) 만들기와 샘플 10가지

5-1. 방향성에 따라서 발생하는 새로운 경험적 지식들

방향성에 따라서 우리가 경험하는 것이 달라진다는 것은 당연히 아실 겁니다. 아침에 일어나서 무엇을 할 것인지 결정을 하게 되면 그렇게 경험을 하게 됩니다. 만약에 제주도 여행을 간다고 하면 우리의 방향성은 제주도 여행을 갔다 오는 것입니다. 그리고 초심은 제주도 여행을 다녀오는 그 생각과 마음이 될 겁니다. 그리고 이제 준비를 하게 됩니다. 제주도를 처음 가는 사람이라면 기본적으로 제주도에 관한 정보를 익히게 될 겁니다. 여행기간은 어느 정도로 할 것인지. 어느 곳으로 갈 것인지? 숙박은 어떻게 할 것인지? 경비는 어느 정도로 책정을 할 것인지? 교통편은 어떻게 할 것인지? 등등을 준비합니다. 그리고 출발을 합니다. 출발을 하게 되면 공항으로 이동하면서 볼 수 있는 환경이 있고, 비행기를 처음 타면 그에 따른 걱정이 있을 겁니다. 그런 과정을 겪어서 이제 제주도에 도착을 합니다. 그런데 최근 코로나 19 사태로 인해서 제주도 입국이 더 까다로워졌습니다. 정신이 없습니다. 공항에서 짐도 찾아야 합니다. 그렇게 해서 겨우 숙소에 도착을 합니다. 이제 여행 시작을 해야 하는데 벌써 여행 다 한 것 같은 기분이 들기도 할 것입니다. 잠시 쉬었다가 이제 본격적으로 제주도 여행을 하기 시작합니다. 제주도에서는 렌터카를 빌려서 다니는 것이 일반적인 것이라서, 렌터카도 빌리러 갑니다. 그리고 여행코스로 준비했던 곳을 다니기 시작합니다.

그런데 계획했던 시간보다 훨씬 더 많은 시간이 더 소요됩니다. 그래서 식사 시간도 놓치게 되고 엉뚱한 곳에서 시간을 보내기도 합니다. 맛집이라고 준비했던 식당에 찾아갔는데 맛을 보니 맛집이라는 것은 소문에 불과하다는 생각을 합니다. 화가 나기 시작하지만 그럴 여유도 없이, 빨리 숙소에 가서 쉬고 싶은 생각만 듭니다. 평상시와는 다른 많은 경험을 했던 시간이었습니다. 하루의 소중한 일상을 기록으로 남기려고 했지만, 피곤해서 그냥 잠이 들어버립니다. 그리고 다음날, 늦잠을 자는 바람에 준비했던 일정을 변경하고 다시 숙소를 나갑니다. 화창해서 좋은 날씨 속에서 여행을 할 수 있을 것이라고 생각했는데, 비 오는 제주도 해안도로를 무심코 달립니다. 그리고 그 다음날은 생각보다 훨씬 좋은 경험을 하기도 했습니다. 이렇게 다시 집으로 돌아왔습니다. 이런 과정을 겪었다면 제주도를 다녀오고자 했던 방향성의 초심에서, 제주도를 다녀오기 위해서 겪었던 수많은 경험들은 나만의 지식이 된 것입니다. 그 과정을 꼼꼼히 잘 기록했다면 생각했던 것 보다 제주도에 관한 부분만이 아니라, 비행기를 탔던 것, 공항에 가고자 했던 것, 코로나 19 사태로 힘들었던 것 등의 사회적인 정보도 알게 되었을 겁니다. 그리고 제주도여행에 관해서 누군가에게 스토리텔링이 되게끔 나의 지식으로서 설명할 수 있을 겁니다.

어떤 사람이 상가를 얻어서 새로운 사업을 시작하려고 합니다. 하고 싶은 업종이 여러가지가 있어서 많은 고민을 하는데요, 그중에 커피숍을 하고자 결정을 했습니다. 그렇다면 이 사람의 방향성은 이미 커피숍이 된 것입니다. 그러면 그런 환경들을 만나게 되겠죠. 커피숍을 하고자 결정을 하고 나서 다시 고민을 합니다. 어느 지역에 커피숍을 할 것인지? 목표고객층은 어떻게 할 것인지? 좋은 상권으로 들어갈 것인지? 핵심 상권에서는 거리가 있지만 자신만의 특성을 살려서 단골을 만들 것인지? 뿐만 아니라 인테리어 컨셉은 어떻게 할 것인지? 매장 규모는 어느 정도로 할 것인지? 등 많은 고민을 합니다. 그리고는 요즘 일반적으로 창업하는 매장 인테리어에 저가 커피값으로 운영하려고 하는 대신, 커피 맛과 20~30대 여성들의 감성은 어떤 관계가 있는가를 알고 싶어서 그러한 컨셉의 커피숍을 창업을 하고자 합니다. 그래서 그러한 컨셉에 포커스를 맞춰서 커피숍 브랜드를 결정하고 인테리어도 그렇게 맞춰서 합니다. 그냥 커피숍을 창업하는 것이 방향성이 아니라, 매장 오픈을 하고 처음 자신이 하고자 마음먹었던 것이 방향성이 되게 초점을 둡니다. 그리고 3년 정도 커피숍을 운영하였다면 그 사람은 초심으로 가졌던 방향성에, 커피숍 운영 및 커피 맛과 감성이라는, 자신이 알고자 했던 경험적 지식을 어느 정도 알게 되었을 겁니다.

점포를 얻어서 장사를 하거나 사업을 하게 되면 기본적으로 목표 고객층이 생기게 됩니다. 식당을 하더라도 어떤 식당을 하는지에 따라서 자주 찾는 고객들이 만들어 지며, 인테리어가 좋고 대궐같은 식당이라면 사용하는 재료들도 비싸서 음식값도 높게 책정이 되겠죠. 이런 곳은 당연히 찾아오는 고객들의 계층이 그런 곳에서 식사를 해도, 경제적으로 부담이 없는 사람들일 것입니다. 그러면 그런 곳을 운영하는 대표도 그런 사람들과 자연스럽게 어울릴 수 있는 정도의 지식과 경제력이 있어야 할 것입니다. 커피숍을 하더라도 매장 분위기에 따라서 들어오는 손님들이 달라지는 것은 커피숍을 운영하는 분들이라면 이해를 하실 겁니다. 운영을 하려는 사람이 특정 목표고객층에 더 적합한 인테리어나 매장 운영을 한다면, 그러한 것을 좋아하는 사람들이 단골이 되어서 고객 행동방식을 알아가는 데 많은 도움이 될 것입니다. 그래서 3년 정도 방향성을 가지고 매장을 운영하게 되었다면, 많은 고객들과 관계한 자료들이 생길 것이고, 상가의 매장을 운영하면서도 겪을 수 있는 부동산 문제와 사회적인 문제들도 있었을 겁니다. 코로나 19 사태로 인한 사회적인 문제도 매장 운영에 영향이 있었을 것입니다. 그러면 커피숍 운영에 관해서 그냥 창업을 해서 커피 맛에 신경을 쓴 사람과, 방향성에 맞게 경험적 지식을 얻은 사람과는 많은 차이가 발생하게 될 겁니다. 상가를 얻어서 창업하고자 한 방향성, 커피숍을 하고자 한 방향성, 목표고객층을 설정해 얻고자 했던 자신만의 지식에 관한 방향성 등이 있을 겁니다.

최근 전세계적으로 인류에게 위협이 되고 있는 코로나 19에 관해서 언급을 해 보겠습니다. 생각하지 않았던 문제가 우리에게 밀려오고 국제사회에 엄청난 피해를 주고 있습니다. 이번 사태와 관련해서도 방향성을 어떻게 설정했느냐 따라서 발생하는 경험적인 지식들은 다르게 나타나고 있습니다. 국내에서도 지역별 코로나 19 사태에 대비하는 방향성이 시도지사의 성향에 따라서 다르게 나타나기도 했습니다. 그래서 어떤 지역에서는 확진자가 많이 나타나기도 했으며, 어떤 지역에서는 상대적으로 적게 나타나기도 했습니다. 또한 발생 초기에 급속하게 확진이 되면서, 그것에 대처하기 위한 새로운 방법들이 생기기도 했고, 확진을 막기 위한 사회적인 노력도 많았습니다. 그뿐만이 아니라 앞으로도 이러한 사태를 대비하기 위한 프로그램도 준비가 되고 있습니다. 국제 사회 차원에서도 나라마다 코로나 19의 발생과 확진에 대처하는 방향성이 다르게 나타났습니다. 현재까지의 상황을 놓고 보았을 경우에 코로나 19 사태로 인한 경험적인 지식들은 아직도 진행형이지만, 이로 인해서 앞으로 인류 사회의 생활방식의 많은 변화를 예견하고도 있습니다.

5-2. 방향성과 관계성을 통한 나만의 경험적 지식

앞에서 언급했듯이 어떤 결정을 하고 방향성을 설정하느냐에 따라서, 우리가 얻게 되는 경험적 지식들이 달라진다는 것은 모두들 아실 겁니다. 그 방향성을 표면적으로 나타낼 수 있는 것이 컨셉이 될 수 있습니다. 명확한 컨셉이 중요한 것은 컨셉이 설정이 되면, 카테고리(목차)를 만들기 때문입니다. 이 목차도 많이 만드는 것도 좋지만 감당할 수 있는 내용이 들어가게 만드는 것이 좋습니다. 그래서 보통 큰 카테고리를 5개 정도 만듭니다. 그렇게 만든 카테고리는 그냥 만들어지기 보다는, 하나의 과정으로서 연결이 되는 스토리로 만들게 되면 바람직합니다. 즉 도입부-서론-본론-결론-마무리의 과정으로 만들게 되면 자연스럽게 흘러가는 구성이 됩니다. 그리고 그러한 도입부-서론-본론-결론-마무리를 각각의 이름과 스토리가 연결되게끔 만들어 주는 것입니다. 앞에서도 언급을 했지만 블로그도 자신만의 책을 만드는 과정이라고 개념을 넓히게 되면, 어떠한 책을 만들 것인지 결정이 되어서, 그곳에는 스토리가 있을 것이고 각각의 스토리는 또 전체적인 맥락과도 연결이 되고 관련성이 있게 될 것입니다. 다만 책을 만드는 것이 과거나 이미 했던 연구를 통해서 만들어 간 결과 중심이라면, 블로그는 이미 일어난 것을 주제로 만들 수도 있고, 현재와 앞으로 하고 싶은 수많은 일들을 연관 지어서 주제별로, 가치 중심별로 만들어 갈 수도 있는 과정과 결과를 모두 볼 수 있는 장점이 있습니다.

지금 당장 누군가가 운영하는 블로그를 방문해 보고 그 블로그의 카테고리(목차)가 어떻게 만들어져 있는지를 살펴보시기 바랍니다. 우선은 다른 사람들이 만들어 놓은 카테고리(목차)를 많이 보는 것도 도움이 될 것입니다. 그리고 그 사람들은 왜 이렇게 만들었는지를 생각해 보는 것도 좋습니다. 그렇게 만들었다면 그렇게 만든 이유가 있을 겁니다. 그러다 보면 자신이 마음에 드는 형태로 블로그 카테고리(목차)를 만든 경우도 볼 수 있을 겁니다. 그리고 그렇게 만든 곳에는 어떤 글들이 작성되어 있는지도 살펴 보십시오. 그 주제와 맞는 글들이 작성되어 있는지를 유심히 보게 된다면, 내가 만들고자 하는 것과 비교했을 때 도움이 될 것입니다. 그리고 방문자들이 많은 블로그를 살펴보게 되면, 카테고리(목차)를 잘 만든 경우들이 많습니다. 그런 경우는 하루이틀 만에 만들어진 것이 아니라, 오랫동안 블로그를 운영하면서 상황에 맞게 여러 번 수정을 한 결과 자신의 정체성이 들어갈 수 있게 만들었을 겁니다. 그런 곳은 정보를 찾기에도 편리하게 되어 있을 것이며, 운영자의 운영 철학과 컨셉을 알 수도 있을 겁니다. 저도 개인적으로 블로그를 처음 운영할 때는 게시판도 몇 개 없었으며, 작성하는 글의 내용도 극히 개인적인 차원에서 작성을 했습니다.

그러다가 상품을 취급할 경우에는 상품을 기본 카테고리에 배치를 하고, 상품 위주로 운영을 하기도 했습니다. 그러다가 또 하는 일이 변경이 되면 그에 맞게 카테고리를 수정하고, 기존의 작성된 내용들은 카테고리 제목을 더 큰 분류로 만들어, 그곳에 하위 카테고리를 생성해 배치하는 형태로 점점 키워 나갔습니다. 그러다가 완전히 새로운 업무를 할 경우에는 별도로 블로그를 하나 더 만들어서, 그와 관련된 내용으로만 블로그를 운영하기도 했습니다. 하지만 지속적으로 사용을 하는 블로그는 꾸준하게 방향성을 새로 설정하는 과정이 있었으며, 그에 맞게 카테고리 분류를 확장하는 방식으로 변경해서 전체 구성에 맞게끔 만들어 가기도 했습니다. 그런 과정을 경험하면서 새로운 블로그를 만들 경우에는 좀 더 짜임새 있고, 목적성에 적합하게 블로그를 만들기도 했습니다. 그래서 블로그 구성에 개인적으로 많은 연구를 하고 사용했던 방법들이, 블로그를 시작하려는 분들이나 카테고리(목차) 구성을 검토하는 분들께 조금이라도 도움이 되고자 방법을 제시합니다. 아래에는 큰 카테고리 5개를 만드는 것을 기준으로 각각 어떤 내용들이 들어가는지를 설명하겠습니다. 첫 번째는 나의 관점, 두 번째는 이웃이나 지역적인 관점, 세 번째는 이 사회와 국가, 인류, 우주 등의 관점, 네 번째는 그런 과정을 통한 나의 경험적 지식발생과 활용, 다섯 번째는 피드백 순서입니다.

큰 카테고리별 여러 관점을 넣는 것은, 우리는 어떤 일을 하든 모든 것과 관계성을 가지고 있다고 봅니다. 그중 내가 활동하는 분야에서 관심이 있거나, 좋아하거나, 지속적으로 관계성을 가지고 만나게 되는 단체나 사람, 법규나 환경, 경험과 지식 등이 있을 것입니다. 그렇게 지속적으로 유대관계를 가지게 되면 방향성에 따른 정보와 지식들이 발생하게 됩니다. 오늘 하루 새로 들어온 상품을 작성하는 카테고리가 있을 것이고, 거래처와의 어떠한 문제로 인해서 발생한 일들을 작성하는 개별 카테고리가 있을 것이고, 상품 화물배송이 지연되면서 발생할 수 있는 문제들을 작성하는 개별 카테고리가 있을 것이며, 부동산 정책을 할 경우에 변경되면서 아파트가격이 급락하게 되는 원인을 작성하게 되는 카테고리가 있을 것이며, 배추 값 폭등으로 음식가격을 올려야 할 내용을 작성하는 카테고리가 있을 겁니다. 즉 나의 관점에서 발생하는 여러가지 일들을 작성하는 큰 카테고리, 이웃이나 지역사회와 관련이 되어서 작성되는 큰 카테고리, 이 사회와 국가 국제 사회와 우주와 관련되어서 작성되는 큰 카테고리가 있게 됩니다. 그래서 그런 과정을 통해서 나의 일을 통해서 나만의 경험적 지식들이 발생되어, 그런 지식을 공개적으로 작성해도 될 정도로 가공해서 작성되는 카테고리가 있습니다.

그리고 그런 내용에 대한 피드백을 작성하는 카테고리도 있습니다. 그런 부분을 아래에 카테고리별로 자세하게 작성하겠습니다. 참고로 이 방법은 제가 오랫동안 블로그 카테고리(목차)를 만드는 방법을 연구하고 적용하면서, 목적성과 방향성을 위한 블로그 운영에 가장 적합하다고 판단해서 제안하는 방법입니다. 다시 말씀드리지만 아래의 카테고리는 큰 카테고리를 만드는 기준이며, 큰 카테고리별 세부 카테고리는 그 카테고리에 맞춰서 만들어 가면 됩니다. 그리고 큰 카테고리별로 작성되는 글 내용의 양은 업무나 사업의 진행과정에 따라서 달라질 겁니다. 첫 번째 큰 카테고리 나의 기준점에서 출발을 하게 되면, 두 번째 카테고리에 작성되는 내용이 많아지게 되고, 세 번째 큰 카테고리와 연계되어서 작성되는 내용도 많아지게 될 겁니다. 그런 과정들이 지속적으로 순환하고 발생하다 보면 그 분야에서, 나 자신만이 아는 지식이 생겨서 내가 하고자 하는 일이 생기기 시작할 겁니다. 그리고 그렇게 나만이 아는 지식과 하고자 하는 일이 많아지게 되면, 네 번째 큰 카테고리에 작성하게 되며 그곳에도 작성되는 글이 많아지면, 관련 분야에서 대외적으로 인지도가 높아질 수 있게 됩니다. 그러면 주변이나 사회 구성원들로부터 피드백이 오게 되는데, 그런 피드백의 내용들을 정리하는 큰 카테고리가 다섯 번째 카테고리가 됩니다.

5-3. 큰 카테고리 만드는 5가지 단계와 기준

A. 첫 번째 큰 카테고리(나의 연관성)

사업을 시작하든 어떤 분야의 업무를 시작하든 그 업무가 이 사회 전체의 시스템에서, 어떤 분야들과 직간접적으로 연관되어 있는지 알게 됩니다. 학교를 다니는 학생도 현재 지식의 수준이 높지 않아서 이 사회나 국가와 어떤 관련이 있는지 고민하지 않을 수 있지만, 교육정책이라는 국가정책에 따라서 대학교 입시가 변경되면 바로 영향을 받기 때문에, 그 분야와 직간접으로 연관성이 있습니다. 취업해서 직장을 다니더라도 장사를 하더라도 사업을 하더라도, 이 모든 사회 시스템에서 연관되지 않는 것은 없습니다. 그래서 블로그를 운영하기로 해서 방향성과 컨셉과 타이틀을 정하게 되면, 그에 맞게 큰 카테고리를 먼저 만들게 되는데요. 첫 번째는 나에 관한 정보를 담을 수 있는 곳이 이곳이 됩니다. 나에 관한 정보라면, 개인 블로그에서는 취미나 특기 좋아하는 것들 게임이나 공부 등 내가 일상생활을 하면서 블로그애 공개해도 되는 부분들을 담을 수 있는 카테고리를 만드는 것입니다. 자신을 표현할 수 있는 테마가 들어간 카테고리 제목이면 더 좋겠죠. 그리고 그 안에 작은 카테고리별로, '취미', '사진', '패션', '게임', '전공과목' 등을 배치하게 됩니다.

이제 장사를 시작하는 분들이라면 이 첫 번째 카테고리에 자신이 주로 취급하는 상품들을 기본적으로 배치를 하면 됩니다. 그리고 상품과 관련해서 추가적으로 장사를 하게 되면 업체의 정보 및 브랜드 네임과 상표의 정체성이나, 매일매일 장사를 하면서 발생하는 일들 중에서 특이한 일을 작성하거나 공개해도 되는 내용들을 작성할 수 있습니다. 사업을 하는 업체라면 첫 번째 카테고리를 사업체와 관련된 기본 정보들과, 사업체가 추구하는 이념이나 뜻을 넣을 수 있고, 상품이나 재화 및 서비스의 내용들도 포함할 수 있을 겁니다. 그리고 이 카테고리 안에 사업체 내에서 일어나는 여러가지 일들 중, 공개적으로 작성을 해도 좋은 내용들을 적을 수 있는 세부 카테고리가 있으면 좋습니다. 그래서 이곳 첫 번째 카테고리에서 작성되는 내용들이 블로그를 운영하는 이곳에서 제공하는 1차 정보와 지식이 될 겁니다. 블로그를 방문하는 사람들이 보통 기본 정보들을 많이 살펴보는 것은 형식적인 내용들을 살피는 것이 아니라, 꾸준하게 회사의 재화나 서비스의 향상을 위해서 노력하고 있는 모습들을 살피는 곳이기도 합니다.

첫 번째 카테고리는 나에 관해서 작성하는 곳이기 때문에, 나와 우리

회사와 관련해서 일어나는 일들 중에서 중요하다고 판단되는 것들을 지속적으로 작성할 수 있습니다. 유통회사라면 지속적으로 들어오고 나가는 상품에 관한 정보에 대해서도 작성할 수 있고요. 전문직종에 종사하는 분이라면 이 코너를 통해서, 전문직종에서 생활에 도움이 되는 내용들을 쉽게 풀이해서 작성을 할 수 있고요. 사진을 전문적으로 취급하는 사람이면 자신의 사진들 중에서 테마별로 공개적으로 작성하는 방법도 있을 겁니다. 사업체라면 상품이나 서비스뿐 아니라, 직원들과 관계 및 복지적인 문제, 업무적인 부분에 목표로 하고 있는 내용들도 정리를 해서 작성하는 방법도 있을 겁니다. 물론 오프라인에서는 좋은 이념과 방향성으로 운영에 많은 시간을 보내겠지만, 블로그를 운영한다면, 이 첫 번째 카테고리는 앞으로의 방향성의 초심과 준비의 단계라고 할 수 있습니다. 나 자신을 계속해서 튼튼하고 내실 있게 만들어 가고 있는 모습은 나 스스로도 필요하며 외부적으로도 중요한 평가의 대상이 될 수 있기 때문에, 잘 만들어 가는 것이 중요할 겁니다.

B. 두 번째 큰 카테고리(이웃과 지역의 연관성)

이곳 두 번째 큰 카테고리는 블로그 운영자가 관계하고 있는 이웃이나 지역과 연관성을 작성하는 곳이라고 할 수 있습니다. 우리는 누구라도 어떠한 개별 단체들도, 이웃이나 살고 있는 지역과 연관성을 가지고 살아갑니다. 기본적인 삶의 생활 터전이 되는 것입니다. 학교를 오고 가는 속에서 만나는 환경이 있고, 버스나 지하철을 타고 다니면서 보는 사람들도 있고, 애견들도 볼 수 있을 겁니다. 오늘은 기분이 좋아서 길거리를 걸어가는데, 우울하게 보였던 어떠한 곳이 상당히 밝은 장소로 보이기도 할 겁니다. 평소에 지하철을 타고 다니는데, 오늘은 늦어서 택시를 타고 갈 수도 있습니다. 부모님과 싸우고 나와서 하루 종일 기분이 안 좋을 수도 있고, 그런데 친구들을 만나서 많은 대화를 하면서 기분이 다시 좋아질 수도 있습니다. 점심 때 배가 고파서 식당에 들어갔는데 식당 사장님이 기분이 좋아서, 음식의 양을 좀 더 많이 주어서 저녁을 먹지 않아도 되기도 합니다. 그럴 때마다 우리는 기분이 달라지고 느낌도 달라지고 받아들이는 감정과 이성도 달라집니다. 모두 내게 직간접적으로 영향을 주고 있습니다. 블로그를 운영하는 사람이라면 이러한 부분들도 좋은 블로그 소재가 되기도 할 겁니다.

매장에서 장사를 하는 사람이라면 기본적으로 매장 운영을 위해서 준비를 하게 되면 손님들이 방문을 합니다. 매장 오픈 준비와 관련해서는 첫 번째 카테고리에 작성을 하면 되고, 이곳 두 번째 카테고리에는 매장 운영을 하면서 발생하는 여러가지들을 작성할 수 있습니다. 음식 재료와 관련해서 거래처와의 관계를 작성할 수 있고, 상가 건물주와 임대료 부분에 관해서도 논쟁이 있기도 합니다. 상가에는 여러 업체들이 있기 때문에 그 업체들과 공용화장실을 사용하는 문제로 실랑이를 할 수 있습니다. 그리고 매장을 방문하는 고객들과 많은 일들이 발생을 합니다. 친절한 고객들도 있지만, 불필요하게 친절을 요구하는 고객들도 있고 별일 아닌데 트집을 잡아서 민원을 넣을 수도 있습니다. 직장을 다니는 사람이라면 생각하지도 않았던 분야의 일로 망신을 당할 수도 있습니다. 그리고 갑작스럽게 생각하지도 않았던 지역으로 인사발령이 내려와서 난처할 수도 있습니다. 반면에 잊었던 프로젝트가 어느 날 회사의 필요로 중요하게 사용되어, 승진이 될 수도 있습니다.

사업을 운영하거나 영업을 하거나 많은 지역을 다녀야 하는 사람들도 마찬가지입니다. 어떤 일을 하고 있다는 것은 만나야 할 사람과 환경이 있다는 것을 말합니다. 특히 영업을 해야 하는 일이라면 사람을 만나지 않고서는 안 되기 때문에, 하루에도 수많은 사람들을 만날 수도 있고 업무적으로 중요한 사람 몇 명만 만날 수도 있습니다. 만약에 영업실적이라도 내야 하는 상황이라면 상대방에게, 지금 내가 하고 있는 사업이나 상품이나 서비스의 필요성을 적극적으로 알리는 작업이 필요하며, 그렇게 여러 번을 만나야 가능할 수도 있습니다. 즉 방향성을 잡고 준비하게 되면 이렇게 어떠한 환경이나 사람과 관계성을 가지게 되는데, 그런 관계는 내게도 상대방에게도 어떤 영향을 주고받게 됩니다. 물론 만나는 사람들의 관계가 항상 동일한 선상에서 이뤄지지 않고, 상대적으로 갑과 을이라는 관계의 지속이라는 것도 배워 가기도 합니다. 블로그를 운영하는 사람들이라면 이렇게 내게 직간접적으로 영향을 주고 있는 이웃이나 지역의 연관성을, 공개적으로 작성될 만큼 가공해서 지속적으로 포스팅을 하는 것이 성장과 표현의 과정이라고 봅니다. 그리고 그런 내용을 작성하는 곳이기도 합니다.

C. 세 번째 큰 카테고리(사회와 국가 인류의 연관성)

이곳 세 번째 큰 카테고리는 우리를 둘러싸고 있는 더 큰 환경들과 직간접적으로 연결되어 있는 스토리를 작성하는 곳입니다. 우리가 거주하고 있고 장사를 하고 있고, 영업을 하고 있는 기본 생활 터전이 있습니다. 그 생활터전에서 생활을 하고 있지만 우리는 더 큰 사회 속에서 살고 있기도 합니다. 대한민국이라는 테두리 안에서 살고 있으며, 지구라는 별에서 수많은 나라들과 연관되어서 살아가기도 합니다. 물론 1조 개나 넘는 별이 있는 우리 지구가 속해 있는 은하계가 있으며, 어떤 과학자들은 은하계의 1조 개나 되는 별의 숫자만큼 이 우주에는 은하계가 있다고도 합니다. 우리는 그러한 우주 속에서 살고 있습니다. 하나같이 모두 직간접적으로 연관성을 가지고 있으며, 그 관점의 인식이 이 우주까지 확대된다면 우리는 더 많은 일들을 할 수 있을 것이라고 봅니다. 우리가 각자 하고 있는 일을 하다 보면 사회적으로 국가적으로, 국제사회적으로 직간접적으로 연관이 있어서 그러한 문제들 때문에 내가 하는 일에 영향을 받습니다. 그런 영향을 받는 요인들은 상당히 많습니다.

가정에서 요리와 관련해서 블로그를 운영하는 주부라고 하더라도 요리하는데 무슨 이 사회와 국가적으로 연결되어 있을까 생각할 수도 있습니다. 그런데 음식을 만들기 위한 기본적인 재료는 농사를 짓고 고기를 잡고 물고기를 잡은 재료가, 도시로 마트로 동네 사장으로 오는 것입니다. 그런데 환경적으로 흉년이 들어서 농산물 가격이 폭등을 하게 되면, 시장에서 거래되는 농산물 가격은 상승할 것입니다. 그러면 당장에 내일 먹어야 하는 음식재료비가 올라가기 때문에 계획했던 요리를 만들 수 없을 수도 있습니다. 뿐만 아니라 요리를 하려면 필요한 것이 가스가 있어야 하거나 물이 있어야 합니다. 그런데 국가에서 가스 공급이 원활하지 않거나, 동네에서 상수도 공사를 하기 때문에 며칠간 물이 나오지를 않는다면 당장에 집에서는 요리를 하기 힘들 수도 있습니다. 영업을 하러 사람들을 만나러 다녀야 하는데, 코로나 19로 인해서 만나려고 했던 사람들이 만나는 것을 연기하거나 취소할 수도 있습니다. 외제차를 구입하려고 하는데 국가간 분쟁으로 외제차 이미지가 좋지 않게 되거나, 수입이 되지 않을 수도 있습니다.

나와는 상관없을 것 같던 분야가, 내가 하는 일이 변경되면 나와 직접적으로 관계할 수 있기도 합니다. 그래서 자신이 좋아하는 분야나 호기심이 많은 분야, 그리고 업무적으로 직접적으로 관련이 있는 분야는 지속적으로 살피고 공부를 하고 있습니다. 그리고 시대는 점점 지식산업의 시대로 변하고 있습니다. 특히 대한민국의 발전과정을 보면 노동을 제공해서 산업 전반이 발전하던 시대에서, 정보통신과 금융 서비스 및 연구 중심의 지식 산업으로 성장을 하고 있습니다. 그만큼 나의 업무를, 전문가만큼 지식 수준으로 능력을 키워야 하고 그것을 많은 사람들이 알고 있기에, 블로그를 운영하는 사람들도 자신의 분야에서는 어떤 것이라도 설명할 수 있게 경험적 지식을 많이 키워 가고 있습니다. 자신이 하는 분야에서 인식의 확대를 더 넓혀서 알려고 하는 사람들의 시각은, 다른 분야를 파악하는 데도 훨씬 쉽게 파악을 할 수 있습니다. 장사나 사업을 하면서 사회적으로나 국가적으로 영향을 줄 수 있는, 법규나 환경적인 부분들 세무나 노동과 같은 분야들은 다른 업무를 하는 데 있어서도 비슷하게 적용이 되는 경우가 많기 때문입니다.

D. 네 번째 큰 카테고리(나의 지식발생과 활용)

'사람은 태어나서 자신의 뜻을 펼치기 위해서 살아간다' 이 말은 앞에서도 언급을 했습니다. 자신의 뜻을 펼치기 위해서 우리가 해야 하는 일이, 자신만의 지식을 만드는 것입니다. 국가 고시에 합격을 하려고 하는 사람들은 그 어려운 시험을 붙어야 나의 뜻을 펼칠 수 있는 길이 열리기 때문입니다. 그래야 비로소 나의 지식을 다른 사람들을 위해서 활용하게 되며, 그 과정을 통해서 또다시 나의 새로운 경험적 지식을 만들게 됩니다. 그래서 나중에는 자신이 이 사회와 세상을 보고 하고 싶은 말이나 뜻을 책을 통해 전달하기도 하며, 정치를 통해서 뜻을 표출하기도 합니다. 국가 고시를 통해서 자신의 지식을 만들지는 않더라도, 앞에서도 설명을 했듯이 우리는 자신의 일을 통해서 점차적으로 익히고 경험했던 수많은 지식들이 쌓이게 되면, 자신도 모르게 어느 순간 그 분야에 관해서는 국가 정책을 비롯해서 사회적인 문제와 사람들과 관계 및 거래처와의 관계나, 다양한 부분을 말할 수 있게 됩니다. 그 상태가 되면 자신만의 지식들이 만들어지게 된 것입니다. 이 카테고리는 앞의 카테고리별로 지속적으로 작성된 정보와 지식들이 종합적으로 분석되어 나의 지식으로 작성되는 곳입니다.

'서당개 삼 년이면 풍월을 읊는다'라는 우리나라 속담이 있듯이, 자신의 분야에서 오랫동안 일을 하게 되면 지식의 양이 상당할 것입니다. 그런데 방향성을 가지고서 자신의 과정들을 기록하면서 왔다면, 좀 더 체계적으로 작성하는 방법도 알게 될 것이고, 이념과 논리도 사용할 줄 알게 됩니다. 그래서 알고 있는 지식들 중에서 활용하고자 하는 부분이 있으면, 같은 내용을 가지고서도 용도에 맞게 그 지식과 재능을 활용할 수 있게 됩니다. 그렇게 하다 보면 사회적으로 어떤 문제가 발생을 했을 때,

자신과 관련 있는 분야라고 하면 자신만의 방법을 제시할 수도 있게 됩니다. 이 카테고리는 그러한 내용들을 작성하는 코너입니다. 자신이 이 사회 구성원의 일부로서 하고 있는 업무와는 직접적으로 관련이 없어도, 관심이 있던 내용들을 자신만의 논리와 철학과 지식으로 풀어가면서 작성할 수도 있고, 직접적으로 관련 있는 업무에 대해서 비판을 하는 것이 아니라, 새로운 대안을 제시하는 글을 자신의 블로그를 통해서도 제시할 수 있을 겁니다. 같은 문제를 놓고서도 불평 불만을 하는 사람이 있고 대안을 제시하는 사람이 있는 것은, 평소에 어떤 인식과 관점을 가지고 살았는지 알 수 있는 부분이기도 합니다.

그래서 부동산 블로그를 오랫동안 운영하신 분들 중에서 잘 운영하시는 분들은, 부동산 정책이 나올 때마다 자신의 의견을 논리 있게 시장현황의 통계적인 부분도 첨가를 해서 작성하는 글이 올라옵니다. 여기서도 중요한 것이 비슷한 지식이 있다고 할 경우, 블로그 운영하시는 분들이 가지고 있는 철학과 뜻에 따라서 설명은 비슷하지만, 다른 선택을 하기도 합니다. 그건 어느 누구의 잘못이 아니라, 그분들이 가지고 있는 뜻에 따라서 결정되는 부분이기 때문에 달라지는 것입니다. 모르는 것이 아니라 신념에 따른 선택이 되는 것이겠죠. 앞에서도 언급했듯이 커피숍을 창업하려고 할 때, 그냥 오픈을 하는 것과, 커피 맛과 20~30대 여성들의 감성이 어떻게 변하는지를 알고자 했던 사람, 그리고 '손님들의 커피에 미소 한잔 추가'라는 컨셉을 가지고 가치를 추가했던 사람들의 방향성이, 특정 시간이 경과를 했을 경우에는 분명한 차이가 있을 수 있습니다. 그래서 이 코너에 어떠한 글을 작성해서 목표고객층이나 이 사회 구성원들에게, 커피와 관련해서 자신만의 어떤 지식을 작성할 수도 있고, 아무것도 작성할 수 없기도 할 겁니다.

E. 다섯 번째 큰 카테고리(피드백)

위의 카테고리들은 서로 유기적인 연결이 되어 있어서 방향성을 향해서 스토리가 되고 있습니다. 제주도 여행을 다녀온 과정이 모두 하나의 스토리텔링 되듯이, 어떤 업무나 장사나 사업의 과정이 하나의 방향성으로 연결이 되고 있기 때문에, 특정 기간까지의 스토리텔링으로 만들 수 있습니다. 그리고 다섯 번째 큰 카테고리인 이곳에는 위의 네 번째 큰 카테고리를 통해서 자신만의 지식을 자신의 업무분야에, 방문자들이나 이 사회 구성원들에게 공개적으로 작성을 했을 경우, 그 내용을 보고 여러 가지 반응들이 있을 겁니다. 누구에게는 좋았을 수도 있고 도움이 되었을 수도 있으며, 너무 우수해서 국가정책에 반영이 될 수도 있을 겁니다. 요즘 같이 다양한 시대에는 지식들이 활용되는 것이 세분화되기 때문에, 어떤 지식은 한정된 사람들에게는 너무 중요한 지식이 되기도 하며, 어떤 지식은 이 사회 전체 구성원들에게 도움이 되기도 합니다. 그리고 그에 대한 피드백은 자신에게 올 것입니다. 글의 내용에 따라서 피드백의 내용이 달라지기도 하겠지만, 정성 들여서 작성된 내용은 반드시 누군가에게 도움이 될 것이라고 봅니다.

사람은 누구나 자신이 공개적으로 표현하는 것에는 반응을 보이는 것을 기대합니다. 그래서 블로그를 처음 시작하는 사람이 어떤 글을 작성했을 경우, 그 글에 '좋아요'라는 하트 표시를 남기게 되면 의욕이 충만

해서 블로그 운영을 위해서 힘을 받게 됩니다. 그 상태에서는 그 사람에게는 공개적으로 작성한 첫 번째 지식이 되기도 합니다. 그걸 누군가 하트 표시를 했다면 기분이 좋아지겠죠. 그리고 블로그 운영을 하면서 지속적으로 정보와 지식을 쌓아 갑니다. 처음에는 정보와 간단한 지식이라고 생각할 수 있겠지만, 운영을 하다 보면 자신의 모든 뜻을 그곳에 펼치는 사람들도 있습니다. 그래서 마치 블로그가 살아 있는 것처럼 보이기도 합니다. 그리고 그렇게 해야 한다면, 그렇게 한 만큼 심혈을 기울여서 자신의 성장과 그 성장을 표현할 수 있는 방법을 찾기도 해야 합니다. 왜냐하면 그게 지금 자신의 정체성이기 때문입니다. 그래서 어떤 글을 작성하느냐 따라서, 글의 내용에 더 신뢰감을 주기도 하며 심혈을 기울이고 정성을 들여서 작성을 했다는 인상을 줄 수 있습니다. 블로그는 온라인의 집이고 사무실이기 때문입니다.

위에서 설명을 했던 카테고리별 모두 운영자의 입장에서는 방문자들에게 제공하는 정보와 지식입니다. 첫 번째 카테고리의 정보는 1차적인 기본 정보와 지식이며, 두 번째 카테고리의 내용들은 관계를 만들어 가는 2차적인 정보와 지식입니다. 그리고 세 번째 카테고리의 내용들은 업무의 영역이 확대되어, 알아야 하고 파악해야 하고 사회 구성원들과 더 넓은 세상과는 어떤 유대관계를 만들어 가야 하는지에 대한 3차 정보와 지식입니다. 그리고 네 번째는 그러한 과정을 겪으면서 차츰차츰 쌓여 가고 있던, 자신만의 지식을 만들어서 작성을 하는 자신만의 지식창고가 됩니다. 그리고 지속적으로 알고 있는 자신만의 지식을 자신의 이념과 뜻에 맞춰서 작성을 하는 곳이기도 합니다. 그리고 자신만의 지식을 만들어서 공개적으로 작성한 내용들이 다른 사람들에게 도움이 된다면, 그게 자신의 뜻을 펼치고 있는 것이라고 봅니다. 즉 자신의 지식이 필요한 곳을 알아 간다는 것이며, 어떻게 활용해야 되는지도 알게 되는 것입니다. 자신만의 힘이 생기기도 한 것입니다. 그리고 그 지식을 오프라인에서도 사용할 수 있는 기회가 생기기도 할 겁니다.

5-4. 블로그 카테고리(목차) 만들기 샘플 기준

아래는 블로그 카테고리(목차)를 만들기 위한 기준을 샘플을 통해서 만들어 보겠습니다. 4강에서 별도로 제공되는 블로그 카테고리(목차) 샘플에서 자세하게 소개를 하겠지만, 간단하게 이곳에서 샘플을 통한 블로그 카테고리 만드는 방법을 설명하겠습니다. 아래 샘플로 사용하게 될 사업장은 한옥호텔을 운영한다고 할 경우이며, 한옥호텔의 방향성은 가족들이 주로 찾는 호텔을 추구하고 있으며, 현대 시대에 가족들간 소통 부재에서 오는 부분들을 조금이라도 해소하고 더 많은 이해를 바라는 차원에서, 호텔 대표님의 뜻을 바탕으로 '가족들의 성장'을 목표로 잡았습니다. 가족들의 성장이라고 방향성을 잡은 것은 가족들이란 육체적으로도 성장을 하지만, 서로를 더 알아 감으로써 진심으로 하나되어 성장하는 것을 의미합니다. 가족들간 선입견이 더 무서울 수 있기에, 그러한 부분도 해소하고 가족들간 잠재능력도 더 찾아서 진정 소통 잘 되는 가족이 성장을 한다는 뜻을 바탕으로 하며, 그와 관련 고객들에게 그러한 프로그램을 무상으로 제공하는 서비스를 실시하는 이벤트도 준비를 하고 있습니다. 한옥호텔의 컨셉은 '설날아침'이며 브랜드 네임도 '설날아침'

을 설정했습니다. 그리고 방향성에 맞게 각 카테고리별로 연결되어 스토리텔링이 되게 했으며, 한옥호텔만이 찾고자 하는 방향성의 목표와 지식도 3년 정도의 목표기간을 두고 갖춰갈 수 있게 노력합니다.

4강에서 자세하게 설명을 하겠지만, 이렇게 방향성을 잡고 3년이라는 기간 동안 운영을 한다고 했을 경우에는 호텔이 의도한 방향대로, 어떤 경험적 지식이 만들어졌을 것입니다. 그 경험적 지식이 만족할 만한 수준인지 아닌지는 잘 모르겠지만, 최소한 그들 고유의 경험적 지식은 만들어졌을 것이라고 봅니다. 그리고 그러한 지식을 새로운 고객들을 위해서 활용할 수도 있고, 이 사회 구성원들에게 가족에 대한 자료가 필요할 때 제공해 줄 수도 있습니다. 그리고 많은 빅데이터는 분야별로도 다양하게 활용할 수 있기 때문에, 어디에 어떻게 활용할 수 있는지도 알게 될 것입니다. 그리고 그러한 자료를 통해서 다양한 피드백이 올 수 있으며, 그러한 내용들도 다시 새로운 지식을 만들어 가는 과정이기에 소중한 반응이라고 할 수 있습니다. 즉 한옥호텔만의 새로운 경험적 지식은 호텔이라는 개별단체 대표의 뜻에 의해서, 이 사회 구성원들에게 제공됨으로써 호텔측의 사회적 역할은 좋은 스토리텔링이 될 수 있습니다. 한옥 호텔측의 초기 방향성의 생각에, 카테고리(목차)는 호텔이 가야 하는 꽃길이 되었고, 또 한번 성장을 할 수 있을 겁니다.

- 방향성: 가족들의 성장. / 컨셉 및 브랜드 네임: '설날아침'.
- 특징: 대한민국에서 설날 아침은 모두가 기대하고 있는 날, 매년 가족들이 나이를 먹고 성장함.

<table>
<tr><th>카테고리별
특징</th><th>큰 카테고리 제목
작은 카테고리 제목</th><th>카테고리별 세부적인 설명과 작성 내용들</th></tr>
<tr><td>첫 번째
큰 카테고리</td><td>아침을 열면서</td><td>한옥호텔을 안내하고 소개하는 카테고리를 구성했으며 포스팅 작업을 진행할 수 있음</td></tr>
<tr><td rowspan="5">호텔의 관점</td><td>한옥호텔 소개</td><td>한옥호텔의 정보와 함께 호텔 대표의 다짐을 작성</td></tr>
<tr><td>호텔 곳곳 안내</td><td>한옥호텔 전체의 곳곳을 다양하게 안내하고 그런 내용을 작성</td></tr>
<tr><td>브랜드 스토리</td><td>브랜드 스토리와 앞으로 가고자 하는 스토리텔링의 목표 및 그러한 의도를 지속적으로 작성</td></tr>
<tr><td>제공하는 서비스</td><td>매일 제공되는 서비스의 옵션들을 소개</td></tr>
<tr><td>한옥호텔 일상</td><td>한옥호텔이 일상과 매일매일의 일들을 기록하는 형태로 작성하면서, 한옥호텔의 역사가 됩니다.</td></tr>
<tr><td colspan="3">첫 번째 큰 카테고리 설명: 한옥호텔의 기본적인 정보와 호텔 안내를 지속적으로 홍보 작성하는 카테고리입니다. 한옥호텔의 컨셉 및 브랜드스토리와 호텔의 특성들과 방향성을 꾸준하게 업데이트하고 포스팅을 하게 됩니다.</td></tr>
<tr><td>두 번째
큰 카테고리</td><td>가족성장 놀이마당</td><td>이 카테고리는 가족 고객들의 이벤트 놀이를 통해서 서로를 좀 더 알아가고 소통할 수 있는 방법과, 평소에는 하지 못했던 부분을 한옥호텔에서 제공하는 서비스를 통해서 알게 되는 프로그램입니다.</td></tr>
<tr><td rowspan="2">고객과
지역적관점</td><td>더 많은 대화</td><td>누구 하나가 일방적으로 흐를 수 있는 것을 잠시 막고, 편하고 자연스럽게 듣는 위주의 대화를 시도하는 프로그램입니다. 호텔측은 이러한 프로그램을 지속적으로 기록 빅데이터화합니다.</td></tr>
<tr><td>더 많은 공감대</td><td>공감대는 누구에게나 중요합니다. 가족들에게 공감대 형성은 말 그대로 생활의 활력소가 됩니다. 평소 가정에서 찾지 못했던 공감대를 찾을 수 있도록 제공하는 프로그램입니다.</td></tr>
</table>

	잠재 능력 찾기	선입견은 참 무섭습니다. 그래서 잠재능력을 찾으려고 노력을 하지도 않습니다. 프로그램을 통해서 가족간 잠재능력 찾기를 시도합니다.
	고정관념 깨기	가족 간의 고정관념은 일반인보다 더 강합니다. 그래서 가족이 원하는 고정관념대로 해 주려는 성향이 나타납니다. 이 부분을 깨기 위한 노력을 하고 있는 그대로 봐주는 프로그램을 합니다.
	하고 싶은 말	평소에 하지 못했던 말을 통해서 서로 알아가기
	뜻 모으기	가족간 공동의 뜻을 모아 볼 수 있는 게임 해 보기
	고객의 소리	고객들의 다양한 소리를 직접 작성할 수 있게 오픈

두 번째 큰 카테고리 설명: 호텔이 고객들에게 제공하는 서비스인 고객성장 프로그램의 과정과 흐름 결과들을, 공개해도 될 내용들 위주로 지속적으로 작성을 하게 됩니다. 고객들과 유대관계가 많아지고 깊어지는 카테고리입니다.

세 번째 큰 카테고리	설날세상풍경	설날 아침에서 보는 세상의 다양한 모습을 작성
사회적관점	관광명소 소개	지역의 관광명소와 주요 관광지에 대한 정보 직접 작성
	지역의 맛집	지역의 맛집과 테마별로 맛집을 직접 제작해서 작성
	여행 지식들	한옥호텔과 연관될 수 있는 정보를 직접 제작해 작성
	실시간여행정보	여행에 필요한 다양한 정보를 실시간 제공
	가족 스토리들	가족들의 성장 프로그램에서 공개부분 작성

세 번째 큰 카테고리 설명: 위의 과정을 겪게 되면 수많은 데이터가 생기게 되고, 한옥호텔의 컨셉에서 의도한 대로 가족들의 성장을 위한 다양한 노력과, 실제 경험의 데이터들도 많아지게 되면 한옥호텔만의 지식이 만들어지게 됩니다. 그것을 정리해서 사회에 필요한 용도에 맞게 작성합니다.

네 번째 큰 카테고리	가족들의 성장	한옥호텔만의 빅데이터를 바탕으로 새로운 지식과 정보를 만들어서, 사회에 다시 내어놓는 카테고리입니다. 한옥호텔만의 지식이 되는 것입니다. 사회에 기여도 하게 됩니다.

<table>
<tr><td rowspan="5">나의지식
활용관점</td><td>가족의 신개념</td><td>가족 개념의 변화 과정 작성</td></tr>
<tr><td>가족의 생존</td><td>가족의 생존에 대한 전통과 현대를 비교 평가 작성</td></tr>
<tr><td>가족의 성장</td><td>가족 성장은 생존과 존재에 대해서 함께 발전해야 함.</td></tr>
<tr><td>뜻 맞춰 가기</td><td>가족간 뜻을 맞추어 단결력과 응집력을 키워 보기</td></tr>
<tr><td>사회적 역할</td><td>가족은 최소 조직으로 사회적 역할의 기본</td></tr>
</table>

네 번째 큰 카테고리 설명: 위의 단계를 거치게 되면서 사회적으로도 크게 이바지를 하게 됨과 동시에, 그런 빅데이터로 고객들에게도 새로운 서비스를 제공할 수 있는 계기가 됩니다. 그렇게 해서 사회나 고객들이 만족하는 지수가 높아지게 되면 호텔측도 새로운 만족을 하게 됩니다.

<table>
<tr><td>다섯 번째
큰 카테고리</td><td>기다려지는 설날</td><td>위의 네 번째 카테고리의 역할을 통해서 만족하는 사람들의 반응과 즐거움과 관련해서 피드백의 관점을 작성하는 카테고리입니다.</td></tr>
<tr><td rowspan="3">피드백
관점</td><td>성장의 이해</td><td>가족들 성장을 사회적인 차원에서도 이해 작성</td></tr>
<tr><td>성장의 감사</td><td>가족들이 성장에 대한 감사함 작성</td></tr>
<tr><td>새로운 성장</td><td>그래서 다시 새로운 성장을 위한 도전 준비</td></tr>
</table>

다섯 번째 큰 카테고리 설명: 호텔에서 제공한 가족성장에 대한 지식을 피드백을 통한 정리하는 곳입니다. (피드백)

5-5. 분야별 블로그 카테고리 변화 과정 샘플 10가지

A. 교통관련 개인용 블로그 운영자(인식의 확대 3단계 과정)

블로그 카테고리(목차)를 만드는 방법은 개인들마다 업체들마다 모두 다를 것입니다. 그건 블로그를 어떤 용도로 활용하느냐 따라서 달라지기도 하고, 어느 정도의 시간을 투자해서 관리하느냐 따라서도 달라질 것입니다. 그래서 제가 이 책에서 제안하는 방법을 기준으로, 블로그 카테고리를 용도별로 샘플로 만들어 설명을 드리겠습니다. 먼저 아래에 있는 블로그 카테고리 샘플은 어떤 사람이, 교통관련 블로그를 운영한다고 가정할 경우에 만든 것입니다. 처음에 단순히 큰 카테고리 몇개만 만들어서 그곳에 개인적인 관점에서 자기중심적으로 글을 작성을 하다가, 점점 블로그에 작성되는 내용들이 많아지면서 자기 중심적인 블로그 운영에서, 자신이 알고 있고 경험하고 있는 정보와 지식을 이웃이나 사회 구성원들에게, 공유하는 개념으로 확대된 모습으로 블로그 카테고리를 만들었습니다. 그러면서 블로그 운영의 노하우가 많아지고 작성하고 하는 내용도 많아지고, 경험이 많아지면서 자신의 가치관과 철학이 확고해지면서 자신의 뜻을 바탕으로, 자신이 가지고 있는 경험적 지식을 이 사회의 구성원들에게 도움이 되는 방향으로, 글을 만들어서 포스팅을 하게끔 카테고리 구성을 만들었습니다.

아래 교통관련 블로그 운영자의 뜻은 교통은 길과 관련된 연관성이 있기 때문에, 길을 통해서 새로운 만남의 기쁨을 컨셉을 잡고 카테고리를 구성했습니다. 그리고 그 뜻을 바탕으로 자신이 이제까지 경험한 경험적 지식과 정보를, 사회 구성원들에게 도움이 되는 블로그를 운영하는 형태입니다.

인식의 출발	
나의 관점에서 작성	
큰 카테고리	**작은 카테고리**
게시판	
취미	
일상	
여행 등	
블로그 시작하는 단계에서는 카테고리 만드는 개념이 크지 않기 때문에, 큰 카테고리 몇개를 만들고 그곳에 작성하고 싶은 내용들을 작성하는 단계입니다. 내용의 인식이 **자기 중심적인 차원**에서 작성을 하는 경향이 강합니다.	

인식의 확대	
나의 관점에서 사회적인 관점으로 성장	
큰 카테고리	**작은 카테고리**
나의 일상에 눈뜨다	취미 여행 게임 맛집 자동차
업무와 인연공부	업무적인 것 사람공부 사랑이란 기타 업무관련
내가 사는 사회는	교통이 편리했으면 자전거길 찾기 절세하는 방법 주식공부 등 사회 관심사
취미를 특기로	사진찍기 레벨업 목적 있는 여행 자전거전국도전 기타
블로그 운영을 장기적으로 하면서 카테고리 분류하는 것도 요령이 생기면서, 큰 틀을 나누게 됩니다. 그리고 경험적 지식이 많아지면서 카테고리도 많아지게 됩니다. 인식이 확대되면 자기 중심적인 부분에서 다른 사람에게 **정보와 지식을 함께 공유하는 개념**이 더 많이 생기게 됩니다.	

인식의 확대	
사회적인 관점에서 뜻을 세우고 세상에 펼침	
큰 카테고리	**작은 카테고리**
길의 동반자	여행 게임 맛집의 발견 친구같은 자동차 기타
길을 찾아 주는 교통	지역별교통 대중교통현황 고속도로현황 자전거길 알림 기타 대중교통관련 운영자에 묻기
누구든지 연결	길을 찾는 사람들 도로 위의 사람들 피곤한 도로상태 자동차와 사람들 기타 사회적인 것
새로운 만 남의 기쁨	길 위에서 행복 길도 길이다 차를 보면 사람을 안다 기타
길 위에서 길을 찾다	끝이 없는 길 오늘도 길행 기타
블로그 운영을 하면서 자신의 업무를 자신의 뜻과 연관시켰다고 할 수 있음. 그래서 **자신만의 지식을 만들어서 사회 구성원들에게 제공**할 수 있게 되었다. 방향성은 길을 찾아 주는 사람이 되어서 그 역할을 하고 있는 것임.	

B. 사진 찍는 사람들(인식의 3단계 확장 과정)

요즘은 스마트폰에 카메라가 기본적으로 장착이 되어 나오면서, 저마다 사진 찍는 솜씨들이 많이 좋아진 것 같습니다. 굳이 비싼 카메라를 구입하지 않아도 찍고 싶은 장면이나, 구상하고 있는 이미지를 찍기에는 큰 불편함은 없는 것 같습니다. 물론 전문가들이 심혈을 들여서 찍은 작품사진을 보면 분명히 차이가 있다는 것은 알고 있습니다. 그리고 블로그 운영을 위해서는 기본적으로 이미지가 들어가는 것이 일반적이기 때문에, 블로그 운영자들은 대부분 클라우드에 자신들이 찍은 사진들을 저장해 두었다고 봅니다. 그리고 사진을 전문적으로 작업하시는 분들의 블로그를 보면 그냥 사진으로 모든 것을 표현해 버립니다. 말이나 글이 필요가 없을 정도로 자신들이 표현하고자 하는 이미지나, 무엇을 말하고자 하는 뜻이 있음을 알게 됩니다. 그래서 카테고리 구성도 심플하게 구성된 곳이 많습니다. 그리고 굳이 카테고리 제목을 신경을 쓰지 않고 방문자들이 알아서 좋은 작품들을 찾아 다니는 것 같습니다. 그래서 사진 찍는 사람들의 블로그 카테고리 구상을 어떻게 하면, 좀 더 미래지향적으로 방향성을 나타낼 수 있을까 많이 생각을 했습니다.

그래서 아래와 같이 제가 이 책에서 제안하는 방법대로 블로그 카테고리의 발전과정을 샘플로 만들어 보았습니다. 사진을 전문적으로 찍는 사람들은 어떤 마음과 생각으로 사진을 찍을까 검토를 했습니다. 사진 속에는 정말 멋진 이 세상이 담겨 있지만, 그 카메라는 분명 이 세상 안에 있는 것이지요. 그리고 사진 찍으러 다니는 사람들만큼 전국 방방곡곡, 이 세상 곳곳을 다니지 않는 사람은 없는 것 같습니다. 그래서 덕분에 가

만히 앉아서 좋은 곳들을 너무 많이 감상하고 있기도 합니다. 물론 그 장면을 찍기 위해서 노력하시는 분들은 사진에 담기지 않은 곳은 더 많이 보았을 겁니다. 그래서 사진과 함께 그 주변도 함께 말을 하고, 그 현상들도 설명을 해 주는 글을 작성하면 좋을 것 같다는 생각을 했습니다. 그리고 사진을 오래 작업을 하시는 분들을 보면 나름대로 가치관들이 확립이 되는 것 같더라고요. 그래서 사진을 찍기 위해서 다니는 세상 풍경의 모습들을 자신의 블로그를 통해서, 자신의 뜻을 바탕으로 글을 작성해 보면 좋겠다는 생각에서 샘플로 아래처럼 만들어 보았습니다. 현재의 사진과 미래의 모습을 이야기를 할 수 있는 사진작가 컨셉을 만들어 보았습니다.

인식의 출발	
나의 관점에서 작성	
큰 카테고리	**작은 카테고리**
카메라 종류	
인물사진	
풍경사진	
산, 바다	

사진을 찍고 블로그 운영을 시작할 경우의 카테고리 구성입니다. 큰 목록에 모든 것을 작성하려고 할 것입니다. **자기중심적으로 구성**을 하고 자신의 작품을 알리고 홍보하는 데 주력할 겁니다.

인식의 확대	
나의 관점에서 사회적인 관점으로 성장	
큰 카테고리	**작은 카테고리**
나의 사진관	카메라 종류 촬영기법들 작품 가는 날 오늘의 작품 기타
나의 사진 속 세상들	인물사진 풍경사진 산, 바다 야경 여행사진들
사진 동호회 활동	전시회 사진 배우기 컨셉 있는 사진 사진 수상작들

블로그 운영을 장기적으로 하게 되면 작성하게 되는 내용도 많아지게 되고, 사진 찍기 위해서 많은 곳을 다니고 많이 봤기 때문에 이 사회에 대해서도 관심이 있을 겁니다. 그래서 카테고리 구성도 자기중심적에서 자신의 **정보와 지식을 다른 사람들과 공유**하는 즐거움을 알고 운영하게 됩니다.

인식의 확대	
사회적인 관점에서 뜻을 세우고 세상에 펼침	
큰 카테고리	**작은 카테고리**
무지개 나의 사진	카메라 알아가기 다양한 기법들 나의 사진역사 오늘의 무지개 나의 공간은
사진 함께하기	풍경, 인물, 사회 산, 바다, 강 해외, 기타 생각을 찍어 보다 오늘 사회를 담다 언제든지 문의 사진 찍은 후기
사진 밖 세상은	작품 밖 세상 읽기 풍경 밖 자연과 대화 보는 만큼 알아야 사진 속의 지금은
미래도 사진 속에	사진과 사람을 말함 사진과 사회를 말함 사진과 풍경을 말함 사진에 담을 수 없는 것
표현과 성장 이미지	사진의 깊이 생각의 깊이 사람의 깊이

모든 분야에서 그렇듯이 한 분야를 오래 하게 되면 철학이 생기기 시작합니다. 그래서 그러한 자신의 뜻에 맞춰서 블로그 운영이 되고 일도 그렇게 진행하는 경우가 많습니다. 그래서 카테고리 구성도 뜻에 따른 방향성 위주가 되며, **자신의 지식을 사회에 도움**이 되는 차원에서 글이 작성이 됩니다.

C. 제주도 여행을 스토리텔링 할 수 있는 블로그(인식의 3단계 확장 과정)

어떤 곳에 여행을 다녀오겠다고 결심을 하게 되면 이미 우리의 방향성은 그곳에 있지 않을까 생각합니다. 블로그 운영자라면 여행을 다니면서 여행지에서의 장면들을 담아서 블로그에 포스팅을 할 겁니다. 만약에 서울에서 제주도 여행을 1주일간 다녀온다고 가정을 할 경우에, 결심을 하고부터 다녀오기까지는 수많은 경험과 생각들과 결과들이 있을 겁니다. 그리고 여행을 어떤 목적으로 가느냐 따라서 경험하는 지식이 또 달라질 수 있습니다. 그냥 가서 보고 오자고 생각할 수도 있고, 이별한 마음이 아파서 그냥 힐링을 하면서 마음을 달래려고 할 수도 있을 겁니다. 그리고 또 어떤 사람은 제주도 여행지가 요즘 난개발이라고 하는데, 그러한 것을 위주로 한번 살펴보고자 한다. 이렇게 마음을 먹었을 수도 있습니다. 같은 1주일을 가더라도 어떤 자세로 가느냐 따라서, 볼 수 있는 환경은 엄청난 차이가 발생할 수 있습니다. 그리고 서울에서 여행 준비를 하고 공항을 통해서 이동을 하고 오는 그 시간동안 모든 상황을, 블로그에 작성할 수 있는 시간이 충분하다고 하면, 아마도 그 블로그는 엄청난 양의 정보와 지식을 담을 수 있을 겁니다. 아래는 그러한 뜻으로 제주도 여행에 관련해서 블로그 카테고리를 구성한다고 했을 경우에 샘플로 만든 것입니다. 주제는 제주도 난개발공부라고 할 수 있습니다.

인식의 출발	
나의 관점에서 작성	
큰 카테고리	**작은 카테고리**
제주도 여행	
제주도 맛집	
여행후기	
제주도여행을 1주일 다녀온다고 했을 경우 제주도여행전용 블로그를 만든다고 할 경우, 블로그 시작하는 사람들은 큰 카테고리 몇개에 위와 같이 작성할 가능성이 많음. **자기 중심적인 차원**에서 단순한 구성	

인식의 확대	
나의 관점에서 사회적인 관점으로 성장	
큰 카테고리	**작은 카테고리**
여행준비 과정	사야 할 것 알아야 할 것 교통편 알기 여행경비
제주 관광지	제주도 주의할 점 관광지를 누비다 제주오름 집중 탐방 해변도로의 낭만
제주도 맛집소개	맛집은 다 갔다 토속음식 소개 전통시장들 해변카페들
인식을 확대해서 블로그 운영을 해 본 사람이 제주도여행전용 블로그를 만든다고 하고 1주일 다녀온다고 할 경우. 시간이 충분하다고 모든 가능성을 다 적을 수 있다고 할 경우. 제주도 여행의 **정보와 지식을 함께 공유할 수 있는 방안으로** 작성할 가능성이 큼. 좀 더 세밀한 여행이 됨.	

인식의 확대	
사회적인 관점에서 뜻을 세우고 세상에 펼침	
큰 카테고리	**작은 카테고리**
여행 준비는 이렇게	사야 할 것들 아끼는 방법들 가고오고 교통편 사전정보 확인 기타
관광지와 맛집	관광지의 스토리 제주오름과 한라산 해변도로와 섬 제주맛집 가 보기 전통시장과 카페
제주도 이모저모	제주 사람들은? 관광지 사람들 제주사투리 배우기 제주도말 배우기
제주도 진단	넘쳐나는 숙박시설 좁아터진 시내 난개발 몸살 장삿속 관광지 개인적인 제안
제주도를 아낀다면	관광지의체질변화 수준을 높일때 기타
제주도 여행을 가더라도 목적성을 가지고 1주일간 가는 사람이 있을 겁니다. 제주도 난개발을 알아보고 싶다. 그래도 제주도에서 볼 것 다 보고 먹을 것 다 먹습니다. 그리고 자신만의 목적성 있는 경험적 지식을 찾을 겁니다. 이럴 경우는 **자신만의 경험적 지식을 다른 사람들에게 도움**이 되게끔 글을 작성할 것입니다.	

D. 부동산 자영업자용(인식의 3단계 확장 과정)

공인중개사 사무실을 운영하시는 분들 중에서 블로그를 운영하시는 분들이 많습니다. 요즘은 직접 그 지역을 찾아가서 살피기 전에, 인터넷으로 특정 지역의 부동산 종류를 먼저 살피는 경우가 많습니다. 그렇다 보니 공인중개사 사무실을 운영하게 되면 자연스럽게 블로그를 운영하고자 하시는 분들이 많습니다. 그리고 블로그에 기본적으로 자신들이 중개할 수 있는 물건들을 올리고, 그것을 보고 연락하는 사람들과 계약을 하기도 합니다. 부동산 앱도 발달을 해서 그곳에 등록을 하는 중개사무실도 많은데요, 공인중개사를 오래 하시는 분들은 단순히 부동산 중개물건만 올리지 않습니다. 아래 표에 있는 것처럼 부동산과 관련된 다양한 정보들을 함께 공부해서 블로그를 찾아오는 방문자들에게 정보와 지식을 공유하는 사람들이 많습니다. 그리고 좀 더 오래 운영하시는 분들은 그분들만의 철학이 확립이 되면 그 뜻에 맞게 블로그 구성을 하기도 하는데요, 그래서 제가 뜻을 가진 부동산 사무실에서 만들 수 있는 블로그 카테고리 샘플을 만들어 보았습니다. 사람들이 이동과 이사를 하는 본질이 한 단계 높은 삶이라고, 자신의 경험적 지식으로 사회를 위해서 도움되게끔 샘플을 만들어 보았습니다.

인식의 출발	
나의 관점에서 작성	
큰 카테고리	**작은 카테고리**
아파트	
상가	
토지	
건물	
기타	
공인중개사 사무실을 운영하면서 블로그도 처음 운영을 하게 되면, 큰 카테고리에 중개물건을 작성하고 그곳에 내용들을 채워 나갑니다. 작성하는 내용이 **자기 중심적인 차원**에서 글이 만들어지는 경우가 많습니다.	

인식의 확대	
나의 관점에서 사회적인 관점으로 성장	
큰 카테고리	**작은 카테고리**
사무실 소개	위치와 중개사 사무실 다짐 전문분야 문의하기
중개물건 소개	아파트 및 주택 상가 및 원룸 토지 꼬마빌딩 건물
부동산 정보	계약시주의할점 이사하기 좋은 날 집볼때주의할점 상권 보는 방법
블로그를 좀 더 오래 운영하게 되면, 운영방법도 많이 알게 되면서 내용도 많아지게 됩니다. 그래서 자기 중심적인 내용 위주에서 **정보와 지식을 공유하는 개념**으로 바뀌면서 내용들이 더 추가가 됩니다.	

인식의 확대	
사회적인 관점에서 뜻을 세우고 세상에 펼침	
큰 카테고리	**작은 카테고리**
연결 마법사 안내	찾아오는 길 중개사의 다짐 전문분야 소개 오늘의 좋은 물건 부동산 기본 정보
중개물건 정보	아파트 및 주택 상가 및 원룸 토지 및 건물 꼬마빌딩 분양 및 임대물건 경매물건 정보 거래내용들 중개소 문의하기
부동산과 사회구조	지역별 상권정보 입주 시 주의할 점 정책과 부동산 도시풍수정보 부동산 공부하기
이동과 이사의 관계	부동산 정책 이해하기 정권에 따른 부동산 세금과 부동산 이사 후 알아야할 것
한 단계 높은 삶으로	이사는 계층이동 이동에 따른 책임 주변과 인연 만들기
내용들도 많아지게 되면서, 점점 자신이 하고 싶은 뜻을 찾게 되고 카테고리 제목도 변하게 됩니다. 그래서 그러한 뜻으로 만들어지 자신만의 **경험적 지식을 다른 사람들과 사회에 도움**이 되는 차원으로 글을 작성하게 됩니다.	

E. 연예인용(인식의 3단계 확장 과정)

국민들에게 희로애락을 주는 연예인들은 많은 인기를 얻으면서 성장을 합니다. 연예인들 같은 경우 무명생활을 오래 하다가 어느 날 갑자기 좋은 작품을 통해서 인기를 얻게 되면, 그때부터 승승장구 오랫동안 인기 연예인으로서 삶을 살아갑니다. 어떤 연예인 같은 경우는 데뷔하면서 바로 인기를 얻어서 스타 연예인의 길을 가기도 합니다. 이 사회와 사람들에게 늘 관심을 받고 생활하면 좋은 점도 있지만 불편한 점도 많을 것 같습니다. 그래서 스타 연예인들은 일정을 소화하기도 바빠서 블로그를 직접 운영할 여유가 되는지는 잘 모르겠습니다. 현재 잘 운영되고 있는 스타연예인들의 블로그는 엄청 화려한 것도 있고, 다른 일반인 블로그의 초보자가 만든 것처럼 큰 카테고리 몇 개 안되어서 작성된 경우도 있습니다. 구성은 비슷해서 거의 대부분 홍보를 위한 용도로 보였습니다. 요즘은 유튜브가 큰 흐름이기 때문에 유튜브에서 자신들의 끼와 재능을 많이 보여주고 있는데요. 아래 블로그 샘플은 국민들에게 인기를 받은 분들이 다시 이 사회를 위해서 자신들의 경험적 지식을 만들어, 뜻을 펼칠 수 있는 형태의 카테고리 구성이며, 블로그 성장의 주제는 함께 하는 사람들에 대한 인식이 확고해져서 주변과 함께 성장해 나가는 스토리텔링이 되게끔 만들어 보았습니다.

인식의 출발	
나의 관점에서 작성	
큰 카테고리	**작은 카테고리**
나는 이런 사람	
사진	
일상과 취미	
동영상	

연예인들의 블로그는 게시판이 몇 개 없거나 화려한 경우가 많은데요. 당사자가 직접 작성하는 경우는 많지 않은 것 같습니다. 그리고 보통의 경우 큰 카테고리가 몇 개 안되며 그곳에 작성을 합니다. **자기 중심적인 차원**에서 글이 작성이 됩니다.

➡

인식의 확대	
나의 관점에서 사회적인 관점으로 성장	
큰 카테고리	**작은 카테고리**
나에 대해서	나의 기본 정보 취미와 즐거움 일상의 기쁨 사진과 동영상 소속사 소개
나의 작품기록	드라마 영화 예능 광고 유튜브 기사내용들
팬들과의 만남	팬클럽 소개 주고받는 편지 팬들과의 만남 기타

인식이 확대가 된다면 자기 중심적인 차원에서 블로그를 운영하기보다는, 자신을 중심으로 주변에 많은 환경을 인식하게 됩니다. 그래서 그러한 환경과 **정보와 지식을 공유**하고 싶은 단계로 확장이 됩니다.

➡

인식의 확대	
사회적인 관점에서 뜻을 세우고 세상에 펼침	
큰 카테고리	**작은 카테고리**
나는 이런 사람	기본프로필 나의 신념과 뜻은 일상에서 만남 소속사 소개 일정 소개하기
작품 속 나의 모습	드라마 속 역할 영화에서 역할 예능과 광고, 유튜브 기사내용들 소개 배우와 소통하기
함께하는 사람들	소중한 팬들 동료들과 스탭 무대와 촬영장 인기를 주는 사람들 관심을 주는 사회
받은 인기 함께 나눔	열정을 나눔 사회를 위한 활동 흥을 돋구는 공연 기타
함께 성장하기	인기를 배로 드림 바른 삶의 본보기 꾸준한 노력

연예인들도 오래 하신 분들은 주변과 이 사회의 일원으로서 본인을 많이 생각하시는 것 같습니다. 그래서 인기를 받은 만큼 그 인기를 통해서 이 사회에 뭔가 도움되는 활동을 하고자 합니다. 그래서 **경험적 지식을 활용해서 이 사회에 도움되는 방향**으로 작성하길 바랍니다.

F. 유통회사 기업용(인식의 3단계 확장 과정)

기업은 수익을 극대화하기 위해서 영리목적이 최우선인 개별 단체입니다. 이런 기업의 블로그 운영도 기본적으로 영리목적을 위해서 자신들이 취급하는 상품이나 재화나 서비스가 주를 이룹니다. 그리고 그러한 것을 뒷받침할 수 있는 정보와 관련 지식들도 제공을 하고 있습니다. 이러한 운영의 기본 틀에서 경험이 많아지고 작성되는 내용이 많아지고 그들이 생존해야 하는 곳이, 이 사회라는 것을 인식하게 된다면, 아무래도 카테고리 구성에도 변화가 있게 되어 사회적인 역할과 고객들이 등장을 하게 됩니다. 또한 여기서 좀 더 발전을 하게 되면 기업의 이념과 철학이 나오게 되고, 그러한 이념과 철학의 바탕 위에서 기업을 운영해 가는 방식도 달라지는 것을 경험할 수 있습니다. 수익을 최우선적으로 하는 기업이지만 경영자의 운영철학과 이념에 따라서 방향성도 달라지게 되는 것이죠. 그건 곧 경험적인 지식도 달라지게 되는 것을 의미하며, 고객이나 소비자는 기업가치에 따라서 기업을 평가하기도 하며, 물론 그 기업가치를 바탕으로 행동도 그렇게 해야 할 경우에 국민들로부터 좋은 이미지를 받을 수 있게 됩니다. 아래 블로그 카테고리 샘플은 그렇게 기업에서 기업의 뜻에 따른 경험적 지식으로 이 사회 구성원들에게 도움이 되는 형태로 샘플을 만든 것입니다.

인식의 출발

나의 관점에서 작성

큰 카테고리	작은 카테고리
상품 A	
상품 B	
상품 C	
상품 D	

중소 유통회사의 경우 블로그를 거의 홍보용으로 활용하기 때문에, 큰 카테고리에 상품을 올리는 경우가 많습니다. **자기중심적 차원**에서 글을 작성하는 경우가 대부분입니다.

인식의 확대

나의 관점에서
사회적인 관점으로 성장

큰 카테고리	작은 카테고리
업체 소개	업체정보 온라인정보 서비스규정 오늘의 히트상품
상품 소개정보	상품A 상품B 상품C 상품D 상품E
유통 상품 문의	상품정보 문의 도소매 문의 입점업체 소개 상품 비교

장기간 운영을 하다 보면 운영 노하우가 발전하고 작성되는 내용들도 주변환경들을 많이 인식하게 됩니다. 함께 중요하다는 것을 알게 되죠. 그래서 자기중심적에서 **상품과 주변환경을 함께 공유**하는 방향으로 많이 진행됩니다.

인식의 확대

사회적인 관점에서
뜻을 세우고 세상에 펼침

큰 카테고리	작은 카테고리
업체 소개	기본정보 안내 브랜드 소개 상품입점 업체 오늘의 업체 소식 고객문의코너
고객이 찾는 상품	상품 A 상품 B 상품 C 고객사용 후기 고객상품 문의
유통환경	물류환경정보 온라인유통정보 오프라인유통정보 전통시장 소개 해외대형유통단지
고객 속의 유통	사람마다 다른 점 지역마다 다른 점 아이쇼핑의 필요성 상품과 친절의 격
마음속에 채운다	손길이 채워진다 눈빛이 채워진다 정성이 채워진다

사업을 하는 것이 고객들과 사회환경들과 함께 하는 것임을 기본적으로 알고 있을 겁니다. 그래서 자신의 뜻을 세워서 오랫동안 사업을 한 **경험적 지식을 바탕으로, 이 사회 구성원들에게 도움**이 될 방향으로 블로그 운영도 변할 수 있습니다.

G. 시민사회단체용(인식의 3단계 확장 과정)

시민사회단체들은 특별한 목적성이 있어서 시민들이 자발적으로 만드는 개별 단체들입니다. 국가나 정부 차원에서 국민들을 위해서 행정을 펼치지만, 그 손길이 제대로 영향을 주지 못하는 부분이 있습니다. 그러한 부분들을 시민들이 자발적으로 의견을 내어 사회 단체를 만들게 됩니다. 사회 시민 단체라고 하더라도 반드시 사회 구성원들 전부에게 필요한 것은 아닐 겁니다. 사회적 약자나 시대적 흐름에서 아직 정부 기관에서 신경 쓸 엄두를 내지 못하는 것을, 관련 분야에 관심이 있는 사람들이 미리 단체를 구성하기도 합니다. 아래의 블로그 카테고리 샘플도 시민사회단체용으로 만든 것입니다. 거리 곳곳을 다니다 보면 쉽게 볼 수 있는 것이 이정표입니다. 공원에도 있고 길을 찾을 때도 있고 도심 속 곳곳에 그 주변을 안내하기 위해서 거리에 설치되어 있습니다. 그런데 이정표를 설치해 준 것은 감사한데, 이정표의 위치로 인해서 길을 잘못 찾는 경우도 있습니다. 즉 현재 위치를 중심으로 주변 지형도가 표시되어 있어야 하는데, 그냥 어떤 지도를 확대해서 그 주변에 설치한 경우가 상당히 많습니다. 그래서 그런 불편함을 없애고자 가상으로 이정표 바로 세우기 위한 시민단체를 설정하고, 그에 맞는 블로그 카테고리 샘플을 만들어 보았습니다. 주제의 방향성은 바르게 가는 길입니다. 그리고 그 경험적 지식을 이 사회에 도움되게끔 작성하게 됩니다.

인식의 출발	
나의 관점에서 작성	
큰 카테고리	**작은 카테고리**
시민사회 단체 소개	
하는 일	
틀린 이정표 찾기	
시민사회단체라고 하더라도 소수의 인원의 생각으로 만들어진 개별 단체이며, 블로그 운영 초기에는 **자기 중심적이며 홍보** 위주로 작성이 될 것입니다.	

인식의 확대	
나의 관점에서 사회적인 관점으로 성장	
큰 카테고리	**작은 카테고리**
이정표 바로	시민단체 소개 이정표 종류 우리의 사명 문의하기
지역마다 불편	잘못된 이정표 찾아서 접수 기관마다 통보 지역별 찾기
도심 곳곳 탁상행정	현장중심 이정표 탁상행정 근절 불편한 사람들
블로그를 운영하면서 노하우도 늘게 되고, 자기 중심적인 것에서 **정보와 지식을 공유**하는 형태로 발전합니다.	

인식의 확대	
사회적인 관점에서 뜻을 세우고 세상에 펼침	
큰 카테고리	**작은 카테고리**
이정표 바로 세우기	우리가 하는 일 바른 길 가는 사람들 확실한 도움 이정표 종류 문의하기
지역별 이정표 바로	지역별 틀린 곳 도심 속 틀린 곳 공공기관 인식 교체비용 검토 틀린 이정표 신고
어디라도 찾아가길	이정표 관련 법규 이정표 제작소 공공기관 담당 전국이정표 현황 직접 교체 가능 지원 교체 가능
우리들의 방향성은	작지만 큰 오류 마음속 이정표는 혼돈의 시대 마감 작은 배려심의 철학
오늘 우리의 이정표	시간절약 가는 길 확실히 불편하면 고치길
업무가 익숙해지고 하는 일도 많아지면서, 처음에 의도한 대로 뜻을 펼치려는 방향으로 행동을 합니다. 그래서 방향성에 따른 경험적 지식이 만들어지게 되고, 그것을 이 **사회에 도움이 되는 내용으로 블로그 운영**이 됩니다.	

H. 리조트 회사의 기업목표와 부서별 및 개인별 목표 연관성 블로그 샘플

아래는 리조트 회사의 기업에서 추구하는 뜻을 '고객들에게 바른 미소로 친절하게 대하자'라는 방향성을 잡고서 컨셉을 '날개 달린 미소'로 설정을 하고 기업목표와 부서별 및 담당자별 블로그를 운영한다고 가정할 경우 샘플을 만들어 보았습니다. 현재 블로그로 이렇게 기업의 목표를 놓고 세부적으로 운영하는 곳이 있는지는 모르겠지만, 기업운영에 있어서도 블로그를 활용해 볼 수 있음을 샘플로 작성을 한 것입니다. 기업이 추구하는 것이 반드시 매출의 극대화는 아닐 겁니다. 우선 기업의 대표가 추구하는 뜻이 있어야 하며, 그러한 방향성에는 기업 대표 혼자서 가지는 못할 겁니다. 기업에서 함께 일을 하고 있는 가족같은 직원들이 있어야 기업의 뜻을 이룰 수 있을 겁니다. 함께 일을 하는 직원들에 대한 인식이 많이 좋아지고 있기 때문에, 직원들의 개별적인 성장을 지원하는 곳도 많습니다. 회사의 성장에는 반드시 직원들도 개별적인 성장이 있어야 하며, 그런 성장이 또 있어야 기업도 더 많은 것을 생각할 수 있으리라고 봅니다. 그리고 기업대표가 좋은 뜻으로 이 사회 구성원들에게 좋은 기업이 되고자 한다면, 직원들도 그런 기업대표의 뜻을 배우고 존경해서 함께 성장을 하리라고 봅니다.

아래에 제시하는 기업관련 블로그 카테고리 샘플은, 그렇게 기업목표에 모든 부서와 직원들이 함께 뜻을 모아 갈 수 있는 방향성으로 샘플을 만들어 보았습니다. 이 부분은 지극히 개인적인 차원에서 샘플로 만들어 본 것이라는 것을 참고해 주시기 바랍니다.

리조트 기업 소속의 일원으로서 기업목표와 부서목표와 연관성을 주어서 만들어 가는, 개인 블로그 운영의 샘플	
큰 카테고리	**작은 카테고리**
신입짱 미소	담당 프로필 미소가 무기 특기와 취미 관심분야 문의하기
부서원들 관계	부서원들 정보 힘들어도 웃자 부서에서 담당 고객과의미소대화
얼굴을 배우다	언제나 미소 날림 모르면 웃어라 민망하면 웃어라 혼자서도 웃어라
입모양으로 대화	입모양을 알게 됨 입모양 대화 모든게 신기함
눈을 배우다	눈모양 배우기 눈웃음 배우기
리조트 회사의 사원 블로그 카테고리 샘플입니다. 기업 전체의 목표와 부서 목표가 연관되어서 운영되며, 사원도 별도로 그러한 차원에서 해야 할 일과 목표성을 가지고 성장하게끔 구성을 했습니다.	

리조트 기업 소속의 개별 부서로서 기업목표와 뜻을 같게 해서, 부서 목표와 방향성을 설정해서 운영할 수 있는, 부서별 블로그 운영 샘플	
큰 카테고리	**작은 카테고리**
악동미소	악동미소팀 소개 부서원들 역할 부서원들 소통 악동미소팀 목표 문의사항
부서별 미소 탐구	타부서와의 관계 거래처 미소 연결 부서 고객 미소 대응 각자의 관심 알기 서로간 관계 알기
본사 미소와 연결	본사 목표와 공유 우리가 하는 역할 알아야 하는 지식 지친 사람 얼굴 관찰
악동 미소는 천진	천진한 얼굴로 개인별 다른 반응 얼굴 근육 보기
사람 얼굴을 이해	얼굴로 기분 찾기 힘들지만 웃자
리조트 회사의 여러 부서 중에서 특정부서의 블로그 카테고리 샘플입니다. 기업목표와 함께 부서에도 부서별 악동미소가 들어갔습니다. 그래서 부서별 역할과 목표를 기업전체와 공조해서 갈 수 있게 했습니다.	

개별 기업 리조트의 목표와 방향성을 "날개 달린 미소"로 나타내며, 이를 표현하고 기록하는 블로그 카테고리 샘플	
큰 카테고리	**작은 카테고리**
미소의 날개	미소리조트 소개 날개 달린 미소 부서별 미소 종류 국민얼굴 미소 달기 미소클럽 가입 안내
고객에게 미소 활짝	미소대전 참가 오늘 리조트 미소 지역에 미소 보냄 고객들 얼굴 탐구 상황별 얼굴 연구
국민에게 미소 활짝	미소를 전국 전파 미소가 필요한 곳 얼굴인상 다 받기 얼굴 희노애락 리조트는 고객 얼굴
얼굴의 무게감	주는 대로 온다 천근을 드는 미소 진정성을 담아야 상황별 웃는 얼굴
날개 달린 미소	따듯한 말 이어짐 무게감을 녹이다 격이 있는 미소로
리조트 회사이기 때문에 컨셉을 미소와 친절로 잡고 그러한 방향성으로 갔을 경우, 미소가 고객들에 주는 경험적 지식을 만들 수 있을 것이라고 봅니다. 그 경험적 지식을 이 사회구성원들에 도움이 될 수 있게 활용할 수 있습니다.	

I. 정치인 가치 중심(인식의 3단계 확장 과정)

정치인들은 국민들에게 가치와 희망을 줄 수 있어야 한다고 합니다. 현실적으로 먹고 사는 문제를 풀어 주는 것도 필요하지만, 사람이라는 존재가 이상을 추구하고 이념을 추구하면서 살아가기 때문에, 조금이라도 더 좋은 뜻이 있는 사람들이 있다면 그곳으로 가는 것이 어쩌면 당연할 겁니다. 정치를 하는 국회의원들이 자신들의 사리사욕만을 위해서 의정활동을 한다면, 좋아하는 국민들은 그렇게 많지 않을 겁니다. 그 자리에 있다는 것 자체가 더 많은 사람들을 위해서 일을 하라고 그 자리에 있는 것이기 때문에, 많은 사람들을 만나면서 그 사람들의 의견을 듣고 많은 곳을 보면서 문제점을 알아야 하고, 많은 공부를 해야 문제를 풀 수 있는 해법을 많이 찾을 것이라고 봅니다. 그래서 정치인들이 블로그를 만들어 운영할 경우 어떻게 하면 가치 중심적으로 만들 수 있는지 연구를 했습니다. 현재 국회의원들의 블로그 1/3 정도를 살펴보았을 때, 카테고리 구성이 대체적으로 비슷했습니다. '의원프로필', '의정활동', '보도자료', '지역구활동'처럼 큰 카테고리에 모든 내용을 작성하고 있었습니다. 따라서 어떠한 특정 정책이나 정보를 찾아야 할 경우에는 찾기가 쉽지 않았습니다.

어떤 신념이 있는지, 어떤 정책에 관심이 있는지, 어떤 정치철학이 있는지도 알기가 쉽지 않았습니다. 그래서 이곳에 그러한 가치 중심적인 차원에서 정치인들의 블로그 카테고리 구성을 샘플로 만들어 보았습니다. 방향성의 주제는 해법입니다. 어떤 문제와 길의 해법을 찾아 주는 컨셉으로 접근을 한 경우입니다. 물론 이렇게 컨셉을 만들면 앞으로 이런 방향성으로 가고자 하는 모습을 보여야 할 것입니다.

인식의 출발	
나의 관점에서 작성	
큰 카테고리	작은 카테고리
의원 프로필	
의원일정	
보도자료	
지역구 활동	
국회의원들의 블로그 운영을 보게 되면 대체적으로 이런 형태의 모습이 많습니다. 몇 개 안되는 카테고리에 작성된 글의 양은 상대적으로 많습니다. 자기 중심적인 관점에서 작성되는 블로그 운영이라고 볼 수 있습니다.	

인식의 확대	
나의 관점에서 사회적인 관점으로 성장	
큰 카테고리	작은 카테고리
의원 프로필	기본정보 캐치프레이즈 소속정당 의원사무실 지역구소개
지역구 활동	지역구소개 지역활동사진 지역현안 듣기 공약내용 지역발전내용
국회활동	상임위활동 주요정책 국감활동 국회연설내용
언론에서 본 의원	기사내용 언론인터뷰 보도자료
국회의원들은 언론에 홍보되는 것을 매우 중요하게 여기기 때문에, 그 카테고리가 반드시 있습니다. 그러나 인식이 확장 되어서 글의 작성내용도 자기 중심적인 것에서 실질적인 정보와 지식이 공유되는 방향으로 발전하고 있는 것 같습니다.	

인식의 확대	
사회적인 관점에서 뜻을 세우고 세상에 펼침	
큰 카테고리	작은 카테고리
해법 찾는 의원	의원프로필 캐치프레이즈 (해법 찾아 삼만리) 소속 정당 사무실의 하루 언제든지 문의
해법 찾아 삼만리	발전하는 지역구 문제 찾아 걸어 보기 간섭 않고 지켜보기 지역현안 해법 찾기 지역민들의 의견
국회에서 해법 찾기	상임위활동 주요정책연구 동료들과의 관계 국감에서 만난 사람 언론과 유대관계
해법 찾는 노력	해법기초듣기 해법기본보기 해법실력연구 해법고급융합 해법최고이념
가치를 주는 의원실	가치와 희망 주기 문제로 능력 키움 국민의 미소가 행복
정치인들은 기본적으로 국민들에게 가치와 행복을 주는 사람들이 되어야 한다고 봅니다. 현실과는 다를 수 있겠지만, 그러한 부분에 초점을 맞춰서 샘플로 작성을 했습니다. 의원활동을 통한 경험적 지식과 의원 개인의 뜻이 합쳐져서 국민들에게 도움이 되는 활동의 샘플로 작성을 했습니다.	

J. 종교단체와 코로나 19 및 대통령 임기 내 정권의 블로그 운영 샘플

블로그 운영과 관련해서 모든 사람들이 운영하는 것은 아닌 것처럼, 모든 개별 단체들이 운영하고 있는 것은 아닙니다. 앞에서도 언급을 했지만 개별 단체들의 원리나 교리가 이 사회를 향하고 있다고 하더라도, 현재 그 원리와 교리를 받아서 운영하고 있는 개별단체들이 그들 교리와 원리만을 위해서 활동을 한다면, 나의 관점에 머무르고 있다고 할 수 있습니다. 원리와 교리를 바탕으로 지역 사회와 국가 사회의 구성원들과 소통하면서 발생하는 새로운 경험적 지식들을 시대에 맞게 만들어 가야 한다고 봅니다. 그리고 개별 단체들은 그러한 원리 위에서 만나는 수많은 사람들과 교류, 그 교류를 통해서 새롭게 형성된 경험적 지식들이 그들 만의 새로운 지식이 될 것입니다. 그렇게 시대에 맞는 지식으로서 이 사회에 도움이 되는 역할을 해야 된다고 봅니다. 그래서 그러한 뜻으로 카테고리 샘플을 만들어 보았습니다. 또한 최근 코로나 19와 관련해서 하나의 커다란 현상에 대해서, 풀어가는 방향성으로 블로그를 활용한 사회 현상에 관한 실험적 방법을 제시해 만들어 보았습니다. 개인적인 차원에서 사회 문제 해결에 조금이라도 도움이 되고자 샘플을 만들어 보았습니다.

그리고 우리나라는 5년마다 대통령이 새롭게 선출이 되는데, 그렇게 정권이 바뀌면 국정철학이나 핵심 목표가 있을 겁니다. 그래서 새로운 정권이 선출될 경우 정권의 핵심 과제를 방향성으로 잡고 국정운영을 하는 과정을 블로그 카테고리 샘플로 만들었습니다. 이러한 샘플을 만들어서 설명을 드리는 것은, 블로그 카테고리를 어떻게 기획하느냐 따라서 다양하게 활용할 수 있음을 설명 드리는 것이며, 어떠한 정치적인 의도가 있어서 만드는 것이 아님을 알려 드립니다.

종교기관이 블로그 운영할 경우 카테고리 샘플

큰 카테고리	작은 카테고리
종교단체 소개	이곳에 대해서 이곳의 일상 기본 교리 핵심사상 문의사항
지역민들과 함께	지역민들과 교류 원리에 대한 이해 지역의 현안들 사람공부하기 묻고 답하기
사회속의 종교	종교의 사회적 역할 시대에 적합한가 종교와 지식연구 역할과 책임
종교가치 재조명	고정된 틀을 벗지 시대를 함께하기 사회가치존중 타인과 소통하기
새로운 역할은	지금 우리 수준은 종교에 의지 말라 원리와 현실폭 종교의 미래는

코로나 19에 대처하고 방향성에 따른 경험적 지식으로 앞으로 대비하기 위해서 블로그를 운영할 경우 샘플

큰 카테고리	작은 카테고리
코로나 19 본질	코로나 19란 전염병의 종류 인류 영향 주는 요인 대응시스템 현황
대한민국 현황	도시별 현황 사회적인 대응 국민들의 반응 언론들의 반응 사망자 분석 이후 예측
국제사회 현황	미국과 이태리 유럽의 현황 아시아의 현황 아프리카의 현황 남미와 북미
변화되는 사회 현상	온라인활동 강화 환경에 대한 겸허 사망자 분석하기 국가별 피해 분석 방향성에 따른 현재
지속적인 준비	언제든지 발생 가능 역할만큼의 책임 진정한 소통과 교류 교육이 최선

정권의 임기기간 핵심 정책과 철학 및 가치를 담아서 블로그를 운영할 경우 샘플. 정권차원의 역사가 될 수도 있습니다.

큰 카테고리	작은 카테고리
평화통일 노력	정권의 철학과 이념 평화통일의 기조 시대의 요구 통일 경제적 가치 민족의 한 해결
남북한 의견통일	세계평화의 시작 한국민의견 통일 분야별 의견 수립 북한 의견 듣기 남북체제 인정기간 통일핵심가치 논의
국제사회 의견통일	국제사회명분 외교노력 과정 국제사회동조국 앞으로의 역할 의견수렴 과정 정리
통일한국 미래	소통과 교류는 공동개발은어디까지 국제사회 기여는 강대국과 유대관계 분야별 교류는
새로 만드는 통일	인식의 차이 극복 교육의 차이 극복 통일 후 차별 줄이기 완전통일까지 노력

이 블로그 카테고리는 종교단체들이 블로그를 만들 경우, 방향성을 잡고 카테고리를 만들어 보았습니다. 종교단체들도 이 사회 구성원으로서 개별적 단체입니다. 어떤 목적성으로 개별 단체들이 이 사회에서 활동하는지, 내부자들의 목적성일 것입니다. 그래서 사회를 위해서 활동하기에 필요한 샘플로 만들어 보았습니다.

이 블로그 카테고리 샘플은 코로나 19 관련해서 우리나라가 풀어가야 하는 방향성을 블로그를 통해서 방향성을 설정한 경우입니다. 강력한 전염병이 발생할 경우 국가차원에서 방향성을 어떻게 설정할지 연부는 정권의 철학과도 깊은 관계가 있을 겁니다. 그리고 완치도 중요한 방향성이지만, 이로 인한 사회현상을 국민들에게 제시를 잘 하는 것도 중요하다고 봅니다.

이 블로그 카테고리 샘플은 새로운 정권이 들어섰을 경우, 정권의 핵심 정책을 평화통일이라고 가정할 경우입니다. 방향성은 통일한국 미래이며 그 방향성을 잡고 정권을 운영해 가는 과정을 블로그로 만든다고 할 경우, 샘플로 만들어 보았습니다.

4강.

분야별 구체적 컨셉의 블로그 카테고리 실험적 샘플 7가지

블로그를 활용하는 방법은 매우 다양합니다. 개인이 취미로 사용할 수도 있고, 전문적으로 활용할 수도 있습니다. 기업이 상품의 홍보용으로만 활용할 수도 있으며, 그것을 통해서 기업이 추구하고자 하는 뜻을 실현하는 방편으로 과정을 기록하며 연구할 수도 있습니다. 앞에서도 언급을 했지만 온라인에 작성된 내용들은 특별한 문제가 없을 경우 삭제되지 않기 때문에, 후대에게 그대로 전달이 됩니다. 미래 어떤 누구라도 검색을 통해서 우리의 글을 볼 수 있습니다. 그리고 그 내용이 그들에게 절대적으로 필요한 내용이 된다면, 가치 있는 유산이 될 수 있습니다. 그래서 저는 블로그나 SNS를 활용하시려는 분들이 좀 더 체계적이며 구체적으로 내용을 찾아볼 수 있도록 카테고리 구성을 해서, 블로그 운영을 할 수 있기를 바라는 마음입니다. 저도 그러한 뜻으로 이 글을 작성하고 있습니다. 그래서 이번에는 블로그를 활용해서 방향성의 뜻을 설정하고, 실험적인 블로그 카테고리 샘플을 만들어 보았습니다. 어떤 연구를 하게 되면 실험을 통한 결과를 도출하게 됩니다. 과학 연구실에서도 다양한 실험을 통해서 결과를 도출해 내는 실험을 하게 되듯이, 사회 문제나 통계적인 이슈도 결과치를 만들기 위한 과정을 잡고 실험적인 방법을 사용해서, 연구를 하고 결과를 만들어 내기도 합니다.

저는 블로그라는 온라인 플랫폼을 활용해서 사회적으로나 기업운영에 있어서, 어떠한 경험적 지식을 만들어 낼 수 있는 실험적 샘플을 만들어 보았습니다. 이러한 방법은 굳이 실험적 방법이라고 하지 않더라도 목표를 세우고 일을 해야 되는 것은 당연한 것이라고 봅니다. 그리고 지금 현재 어떤 사회 문제에 대해서 답을 찾기 어려운 것이 있다면, 가상의 목표를 만들고 풀어가는 논리와 원리를 만들어서 그것을 해결해 가는 방법을 제시하는 것도 필요하다고 봅니다. 그것을 저는 앞에서도 언급했듯이 우리들의 관점에 따라서 인식이 확대될 수 있음을 말씀드렸습니다. 인식이 확대된다면 지금 우리가 볼 수 없는 것을 상상하면서 풀 수 있는 답을 찾을 수도 있기 때문입니다. 또한 지금 당장은 아니라고 하더라도 인식의 확대는 내게 들어오는 정보에 대해서 선입견을 가지지 않고 바라볼 수 있는 힘을 주기도 합니다. 우리가 어릴 때부터 성장하는 과정이 그랬었고, 앞으로도 성장하는 과정이 그럴 것입니다. 그건 당장 우리가 오늘 어떤 정보와 지식을 접하더라도 내게 들어온 것이라면 받아들이고 가야 한다는 것입니다. 그런 것을 미리 인지하고 있는 것만으로도 우리는 좀 더 쉽게 받아들일 수 있을 것입니다. 다음은 그 자료들입니다.

1. 개인 요리의 삶을 사회에 기여할 수 있는 컨셉 샘플
   - i cooking for you
2. 자유라는 가치를 새롭게 만드는 펜션 샘플
   - 프리워킹(free-walking)
3. 가족 소통과 성장의 컨셉이 들어간 한옥호텔의 블로그 샘플
   - 설날아침
4. 감성과 감정, 마음을 행복하게 요리하게 만드는 커피숍 컨셉
   - 하트쿡(heartcook)
5. 농촌과 농업인이 '사회성' 이라는 키워드의 중심에 설 수 있게 하는 실험적 농업법인의 제안
   - 바디 앤 소사이어티(Body n Society)
6. 정치인이 자신만의 사회적인 가치를 만들어 갈 수 있는 실험적 모델 제안
   - 주민의 융합민주주의(국회의원 박주민 블로그 컨셉 제안)
7. 기존 조직(보험회사)의 개념과 정체성 변화에 대한 실험적 제안
   - 보험의 시간을 정산하다

1. 개인 요리의 삶을 사회에 기여할 수 있는 컨셉 샘플 - i cooking for you

1-1. 가정주부의 주제 선택의 과정

가정주부가 블로그를 시작할 경우에 어떤 주제를 가지고 자신을 표현할지 많은 고민을 할 겁니다. 특히 전업주부라고 한다면 지금 당장 하는 일이 없기 때문에, 결혼하기 전 직장이나 내 직업이라는 주제를 가지고 블로그를 만들기는 어려울 것입니다. 그러면 현재 자신이 처한 환경에서 최대한 자신이 표현할 수 있는 주제로 블로그를 만들어서 확대시켜 갈 수 있습니다. 현재 자신이 처한 환경적인 요인은 무척 많을 겁니다. 그리고 꾸준하게 자신이 관심을 가지고 있던 주제들도 있을 겁니다. 요리를 좋아했을 수도 있고 전문적인 지식도 있을 수 있으며, 옷을 좋아했고 색상에 대한 감각도 뛰어났을 수 있을 겁니다. 아니면 주부이기 때문에 결혼이라는 과정을 겪으면서 결혼에 대한 것을 포커스로 만들 수도 있을 겁니다. 자신이 그래도 좀 더 자신 있는 분야, 그 분야에서는 그래도 나 자신도 만족하고 다른 사람을 위해서도 뭔가 해 줄 수 있는 것도 많다고 생각이 든다면, 그것을 택하는 것이 좋을 겁니다. 사실 가정주부라면 주변에 너무 많은 환경을 접하고 있기 때문에 소재도 많은 것이 사실입니다.

1-2. 계정(ID)도 컨셉에 맞추어서 만들면 차별성이 생깁니다

그렇다면 요즘은 맛에 대한 부분이 사람들에게 홍미를 많이 주고 있으니, 요리라는 부분의 주제를 가지고 자신의 블로그를 만들어 가는 과정을 작성해 보겠습니다. 그럼 먼저 네이버 id를 먼저 만들어 보겠습니다. 요리와 관련해서도 fresh, food, cook, cooking 등의 단어가 많이 사용되고 있기 때문에 문장으로 만드는 방법들도 있습니다. 2020년 10월 3일 네이버에서 사용 가능한 아이디로 예를 들어 보겠습니다. 먼저 fresh-cooking이라는 아이디를 만들 수 있습니다. 그대로 해석을 하면 신선한 요리라는 뜻이 되겠죠. 그럼 기본적으로 요리와 관련된 블로그라는 인식을 줄 수 있을 겁니다. 거기에 신선한 요리라는 뜻이 이미 들어가 있기 때문에 쉽게 다가갈 수 있을 겁니다. 그리고 fun-cooking이라는 아이디를 만들 수 있습니다. 마찬가지로 요리라는 뜻이 단어에 들어가 있기 때문에 요리와 관련된 블로그라는 것을 쉽게 인지할 수 있으며, 거기에 fun이라는 단어에서 '즐거운' 이라는 뜻이 있기 때문에 즐겁게 요리하는 모습의 이미지를 줄 수 있습니다. 그리고 조금 더 길게 i-cooking-for-you라는 아이디로 만들 수 있고 icookingforyou라고 만들 수도 있습니다. 여기에는 "나는 여러분들을 위해서 요리를 한다"는 뜻이 들어가 있기 때문에 많은 사람들을 위해서 요리를 한다는 이미지를 줄 수 있습니다.

이 중에 하나를 선택해서 i-cooking-for you라는 아이디를 만들어, 블로그 타이틀과 카테고리 소제목들을 만들어 보기로 하겠습니다. 가정주부이니까 you를 가족들로 지칭할 수도 있으며, 나중에는 더 많은 사람들을 위한 늦으로도 지칭할 수 있을 겁니다. 그러니까 가정의 가족이나 많은 사람들을 위해서 요리를 한다고 인식을 주기 때문에 다른 사람들과 함께 살아가는 이미지도 줄 수 있겠죠. 그렇기 때문에 블로그 타이틀을

'당신들과 함께 하는 요리' 라든지, '여행하는 요리사' 라든지 '당신과 함께 즐거운 요리'라든지 '요리로 만나는 세상' 등으로 만들어 갈 수 있을 것입니다. 예를 들어서 '당신들과 함께 하는 요리는 삶의 행복'이라는 타이틀로 블로그 카테고리를 만들어 보겠습니다. '당신들과 함께 하는 요리는 삶의 행복'이라는 타이틀에는 블로그를 만드는 사람의 뜻이 이미 들어가 있습니다. 그렇기에 블로그를 운영하는 사람도 이제 삶의 일부를 이렇게 타이틀에 맞게 진행하면 되고, 이 사이트를 찾는 사람도 이미 이 사람의 삶의 뜻을 어느 정도 파악을 하고 있는 것입니다. 그럼 이렇게 타이틀에 맞춰서 큰 카테고리의 제목을 설정해 보도록 하겠습니다. 예를 들어서 만드는 것이기 때문에 보는 사람들의 성향에 따라서 다르게 표현할 수 있습니다. 특정 주제에 대한 블로그라고 해서 다른 내용들을 작성하지 않는 것은 아닙니다. 자신들의 일상과 다양한 내용을 작성할 수 있습니다. 단지 주제에 대한 블로그의 특징을 주는 것이며, 그런 시각으로 작성을 하고 세상과 소통하려는 의도가 있는 것입니다.

1-3. i cooking for you 블로그 카테고리 샘플

방향성: 요리를 통한 사회참여와 기여 / 컨셉: COOKING FOR YOU
미션: 요리를 통한 사회참여 / 비전: 나의 요리에 감동하는 사람들이 많아져서 행복함

카테고리별 특징	큰 카테고리 작은 카테고리	카테고리별 세부적인 설명과 작성 내용들
첫 번째 큰 카테고리	I - 나에 대해서	주체로서 나 자신에 관한 내용을 작성하는 카테고리
나의 관점	일상	자신의 일상적인 부분들을 작성하는 내용들로 포스팅
	취미	자신이 좋아하는 취미나 특기들에 대해서 포스팅
	뷰티	뷰티에 대해서 포스팅
	패션	자신이 좋아하는 패션에 관련된 포스팅
	여행	여행에 관련된 포스팅
첫 번째 큰 카테고리 설명: 나의 기본적인 정보와 좋아하는 내용 위주로 작은 카테고리를 만들고, 그러한 내용들을 지속적으로 포스팅을 하게 됩니다.		
두 번째 큰 카테고리	COOKING - 요리	블로그 핵심 주제인 cooking에 관련된 큰 카테고리
요리와 지역적 관점	한식	직접 만드는 요리 중 한식 종류들을 레시피와 함께 포스팅
	양식	직접 만드는 요리 중 양식 종류들을 포스팅하는 곳
	기타요리	기타 분식이나 과일 등을 포스팅
	맛집체험	외식이나 괜찮은 맛집들을 다니면서 그곳과 관련 정보를 포스팅
	해외요리	국내 요리 외에 다른 곳의 맛집 체험 등을 포스팅
두 번째 큰 카테고리 설명: 블로그 핵심 주제인 운영자의 요리와 관련한 내용들을 지속적으로 작성을 하며, 자신의 요리가 아닌 다른 요리와 관련해서도 정보와 지식을 지속적으로 작성을 하며, 요리 인식의 폭을 주변과 지역으로 넓혀 나갑니다.		

세 번째 큰 카테고리	FOR - 정보	요리를 하고 좋아하는 이유나 요리 정보 재료 정보 등을 포스팅
사회적 관점	주방정보	요리에 필요한 주방 재료에 관한 정보를 포스팅
	조미료 정보	요리에 필요한 조미료의 특징과 원료 등을 포스팅
	농수산물 정보	요리 원재료인 농산물과 관련된 내용을 포스팅
	시장 정보	요리에 관한 시장정보 등 포스팅
	가격 및 정책	농수산물 가격, 자치단체나 정부의 정책들을 포스팅

세 번째 큰 카테고리 설명: 요리와 관련해서는 요리를 만든 결과물도 중요하지만, 그 과정에서 필요한 다양한 환경들이 있습니다. 그러한 부분에 관심을 가짐으로써 인식의 폭을 넓히고 관계성도 넓혀갑니다. 이러한 자료들이 많아질수록 사회를 보는 인식도 커진다고 할 수 있겠습니다.

네 번째 큰 카테고리	YOU - 여러분들과	이 카테고리는 나의 재능과 뜻으로 사회와 소통을 하고 제공하며 펼치는 것을 나타냄.
나의 지식 펼치는 관점	요리강좌	요리에 많은 노하우가 생긴 블로그의 주인이 사람들을 위한 강좌를 하는 곳입니다.
	체질별 음식	음식도 사람에 따라서 더 적합한 것이 있는데 그런 구분을 통한 정보를 제공합니다.
	음식봉사	이 카테고리는 운영자의 뜻에 따라서 음식의 사회봉사를 하기 위한 활동으로 작성하는 곳
	음식예절	이 카테고리는 음식과 관련된 예절을 포스팅
	음식연구	음식의 영양분이나 맛을 긍정적으로 제공할 수 있는 본인의 자료를 작성하는 곳

네 번째 큰 카테고리 설명: 운영자의 다양한 사회활동과 참여, 그리고 많은 봉사를 하면서 뜻을 이루어 가는 과정이 되며, 본인 및 주변이나 사회적으로 만족감과 보람을 찾아가는 결과들로 이어질 것입니다. 그러면 그런 결과들에 대한 내용들을 채울 카테고리가 또 필요하게 될 것입니다.

다섯 번째 큰 카테고리	BE HAPPY - 함께하는 행복	이런 과정을 겪으면서 행복한 삶을 살아가는 내용을 포스팅

<table>
<tr><td rowspan="3">피드백 관점</td><td>요리하는 행복</td><td>요리를 통한 즐거움과 그런 주제로 사람들을 만나서 소통하는 내용을 작성</td></tr>
<tr><td>함께하는 행복</td><td>즐겁고 행복했던 순간들을 정리하고 피드백 하는 곳</td></tr>
<tr><td>나누는 행복</td><td>기타 운영자의 뜻에 적합한 내용이나 의미를 담을 수 있는 카테고리.</td></tr>
</table>

다섯 번째 큰 카테고리 설명: 요리라는 자신만의 특성을 가지고서. 주변과 지역 및 사회적인 관심을 가지면서, 나중에는 그 요리를 통해서 다양한 사회 참여를 함으로써 보람과 만족을 하게 될 것이라고 봅니다. 그리고 그런 사회 참여를 통해서 다른 사람들에게 많은 도움을 주게 됨으로써 다양한 피드백이 오고, 그러한 과정을 또 기록하고 새로운 계획을 중비하는 카테고리입니다.

<전복가재요리>

1-4. i cooking for you 스토리텔링

위의 내용과 같이 블로그의 아이디를 만들고 타이틀을 만들고 카테고리의 소제목들을 만들면서 스토리가 있는 블로그의 샘플을 만들어 보았습니다. I cooking for you에서 be happy가 되는 과정으로서 스토리가 된 것입니다. 이렇게 만든다고 하더라도, 처음부터 이런 내용들로 채울 수는 없을 겁니다. 처음부터 카테고리를 다 만들고 위에서부터 하나씩 채워 갈 수도 있을 것이며, 처음에는 1단계로 나에 대한 부분과 cooking에 대한 카테고리만을 만들어서 운영자의 정보와 지식으로 블로그를 채워 나갈 수 있습니다. 그런 다음 정보와 지식이 축적이 되면, 다음 과정으로서 진행이 가능하며 카테고리를 위와 같이 추가해서 지속적으로 블로그를 운영해도 됩니다. 위에서도 말씀을 드렸지만 이 부분은 블로그 시작하는 단계에서 중요하기 때문에 충분한 검토를 하셔서 해야 됩니다. 그래서 이렇게 샘플을 만드는 과정을 작성했습니다. 말 그대로 샘플이기 때문에 이런 부분을 참고해서 개개인별 성향에 따라서 만들어 가시면 될 것이라고 봅니다. 그리고 블로그에 이렇게 주제별 컨셉을 만드는 것을 중요하게 생각하는 이유는, 이렇게 나름대로 정성을 들여서 블로그를 만들게 되면, 자신만의 정보와 지식을 다른 곳으로 언제든지 공유할 수가 있기 때문입니다.

1-5. 콘텐츠의 다양한 활용

그리고 작성된 자료의 콘텐츠로 다른 부분과 연계시켜 지식으로 만들어 갈 수 있으며, 유튜브를 제작하는 기초 자료로서 활용을 할 수도 있습니다. 나아가서 나중에 블로그 내용이 본인이 생각하기에 매우 좋다고 판단이 되면, 책으로 만들 수 있기도 합니다. 이렇게 작성을 하는 것도 이왕이면 블로그 시작을 검토하시거나 운영 중이라면, 좀 더 알찬 내용으로 삶의 일부분으로서 중요하게 활용을 하면 괜찮을 것 같아서 작성을 하는 것입니다. 그리고 이렇게 많은 검토를 하고 운영한다고 하더라도, 많은 부분들을 인지를 해야 할 것입니다. 글을 작성할 때 주의할 점이든지, 어느 정도 운영을 하게 되면, 메일이나 쪽지 카톡으로 광고성 글을 게재하거나 블로그 임대나 매매를 제안하는 내용들이 상당히 많이 올 겁니다. 이런 부분들도 충분히 검토를 하시고 대처하는 방법을 배우는 것도 과정이라고 보시면 될 것 같습니다.

2. 자유라는 가치를 새롭게 만드는 실험적 펜션 샘플
- 프리워킹(free-walking)

2-1. 특색 있고 차별적인 펜션 컨셉을 위한 연구

블로그 카테고리 컨셉 샘플 펜션을 운영한다고 가정을 하고 만들어 보겠습니다. 네이버 지도에서 2020년 5월 6일자로 펜션을 입력하니 전국적으로 검색되는 업소의 수가 34,603건이 되었습니다. 이렇게 많은 펜션들도 모두 홈페이지가 있을 것이고 블로그도 운영을 하고 있을 것이라고 짐작을 합니다. 또한 그들마다 특색 있게 운영을 할 것이고, 지역별 주제별 인기 있는 펜션들도 많을 것이라고 짐작을 합니다. 펜션도 언제부터인지 조금씩 생겨 나기 시작하더니 급격하게 증가를 한 것 같습니다. 우리나라 사람들이 여유를 찾아서 자유를 찾아서 힐링의 장소를 찾아서, 휴가철이나 주말마다 많이 다니는 것 같습니다. 요즘에는 평일에도 다니는 사람들이 많아, 저도 이곳저곳 다니다 보면 설마 이런 곳에도 펜션이 있을까 생각을 하고 찾아보면 펜션이 있는 곳이 많습니다. 숙박업계에서는 이미 펜션도 우리나라에서는 포화상태가 되었다고 말하기도 합니다. 전국적으로 호텔에 리조트에 모텔에 민박에 펜션까지 다양한 숙박업소들이 경쟁 아닌 경쟁을 하고 있는 것 같습니다.

그리고 언론을 통해서도 알 수 있지만, 지난겨울에 몇 달 동안 제주도에 있으면서 어느 정도 경험을 해서 알 수 있었는데, 제주도의 숙박업소는 지금 과포화 상태여서, 게스트하우스의 경쟁력은 거의 사라졌고 펜션도 정상적인 운영을 하는 곳이 많지 않은 것으로 알고 있습니다. 호텔의 하루 숙박요금이 5만 원이 안 되기 때문에, 웬만한 숙박업소의 경쟁력이 좋지 않을 것이라고 봅니다. 그래서 기존의 시내권에서 오랫동안 모텔급으로 운영을 하던 곳들은 가격을 내려서 숙박비를 2만 원 수준에서 받고, 펜션들도 가격을 내리고 게스트하우스는 나름 특색이 있거나 운영을 잘 하는 곳 위주로 운영이 되고 있습니다. 혹시라도 네이버 지도 앱에서 무심결에 게스트하우스나 펜션이 있다고 해서 무조건 그곳에 갔는데, 운영을 하지 않을 수도 있으니 반드시 가야 할 곳에 미리 전화를 해서 운영을 하는지 확인을 하고 가셔야 할 겁니다. 물론 휴가 시즌이 다가오면 상황이 달라지겠지만 아무튼 참고를 하시면 좋겠습니다. 전국적으로도 경기가 좋지 않아서 펜션을 이용하는 고객의 수요가 어떨지는 모르겠으나, 펜션들마다 조금이라도 특색 있는 펜션의 컨셉을 잡아서 고객들과 공감하는 업소가 많아지기를 바랍니다.

펜션도 숙박업소이기 때문에 사람들을 대하는 사업입니다. 호텔급은 아니라고 하더라도 소규모 자본으로 움직여서 지역적으로 관광효과가 좋은 곳에 위치할 수 있으며, 테마가 있는 형태로도 만들어서 그런 고객들에게 만족을 줄 수도 있는 사업입니다. 예전에 시골에서 민박을 하던 숙박업소의 형태에서 조금 더 발전을 해서, 여관이나 모텔 급보다도 외형적으로나 내부의 인테리어 측면에서도 훨씬 진화된 숙박업소의 형태가 되어 보입니다. 작은 시설에 수영장이나 스파 취사 가능 또한 애견 펜션 등 테마를 보이며, 펜션을 운영하시는 분들의 독특한 사업 의욕으로 인해서 생각지도 않는 고객들의 만족도를 만들어 가는 곳이 또한 펜션업계의 특징이라고 볼 수 있습니다. 그래서 펜션을 이용하고자 하는 사람들의 기대에는 뭔가 펜션에는 색다른 무엇이 있을 것이라는 생각이 들어 있습니다. 또한 검색을 통해서 가성비 좋으면서도 좀 더 특색 있는 곳을 찾기도 하고 있습니다. 펜션을 운영하시는 분들의 특색 중에 하나가 기업이나 공직에서 퇴직을 하시던 분들이 그 퇴직금으로 펜션을 짓고 운영을 하시는 분들이 많았습니다.

2-2. 여행의 발걸음은 자유롭고 가벼워야 한다

그래서 그분들의 지식적인 수준이 높아서 처음에 펜션을 만들 때나 펜션의 인테리어나 운영을 하는 측면에서, 또한 고객들을 대하는 측면에서도 좀 더 고급스럽고 지적으로 대하는 것으로 인식이 되기도 했습니다. 또한 예술이나 문학을 하는 사람들이 조용한 곳에 펜션을 짓고서 본업이든 부업이든 잘 꾸며서, 또한 고객들에게 만족을 주기도 했습니다. 그런 의미에서 오늘은 블로그 카테고리 컨셉 샘플로 펜션의 블로그를 만들어 보도록 하겠습니다. 'free-walking(프리워킹)' 기준으로 만들어 보았습니다. 블로그 컨셉 및 타이틀 제목으로는 프리워킹에 맞추어서 '자유로운 발걸음'으로 정했습니다. 펜션의 컨셉이기 때문에 free-walking으로 하게 되면 자유로운 발걸음을 걷고 싶은 여행객들이 머물 수 있는, 관심을 끌 수 있는 컨셉이라고 봅니다. 발걸음이라고 해서 도보로 여행하는 사람들이 아니라, 발걸음이라는 이동하는 형태를 나타내는 것이라고 할 수 있습니다. 자유로운 발길, 자유롭게 이동하는 여행 등으로도 생각할 수 있을 겁니다.

여행을 떠나고자 하는 사람들이나 현재 여행을 하고 있는 사람들은, 가슴속 깊은 곳에 항상 자유로운 발걸음을 가고 싶어 하는 마음이 있을 것이라고 봅니다. 어딘가 얽매이지 않고 구속되지 않으며 푸른 창공을 훨훨 날아서 항상 어디로든지 가고 싶어 하기도 합니다. 그래서 그런 분들의 마음을 이해하고 그런 분들이 여행길에 숙박을 해서, 새로운 곳에서의 자유와 힐링을 할 수 있도록 도와주는 역할을 합니다. 또한 마음속에 있는 자유에 대한 갈망은 뭔가 해소되지 않는 자신만의 답답한 부분이 있어서 그렇기도 하기 때문에, 그런 부분들에 대해서 공감할 수 있는 펜션 분위기와 서비스를 제공하고, 함께 이해할 수 있는 넉넉한 마음의 준비도 하도록 합니다. 컨셉에 대한 스토리텔링은 다음과 같습니다. 자유로운 발걸음을 추구하는 여행객들, 즉 자유로운 이동과 여행, 어딘가를 이동하면서 자유를 만끽하고 싶어하는 사람들이 잠시 머물 수 있는 곳, 그러면서도 그곳에서 얽매이지 않고 그 지역을 이해하고, 또 어디로 가고자 하는 욕구를 흐뭇하게 지켜봐 주는 역할을 하는 곳으로서 펜션의 역할을 출발합니다. 그래서 많은 고객들을 만나고 여행객들을 만나고, 그들 삶의 일부를 보고 그들의 이야기와 사연과 사상 철학들을 또 접하며, 그분들의 자유에 대해서도 자연스럽게 이해하고자 합니다. 그리고 펜션 운영자는 그런 부분들의 스토리를 블로그에 하나 하나씩 정보를 축적해 나갑니다.

그러면서 추가적으로 주변과 지역적인 정보를 블로그에 축적하며, 또한 펜션이 추구하는 컨셉에 맞는 고객들이 많아진다면 다른 곳에 직영점을 오픈해서, 프리워킹 펜션만의 서비스를 확대해 나가서 고객들에게 지속적인 서비스를 만들어 나갈 수도 있을 것입니다. 그렇게 펜션이 추구하는 컨셉에 그 컨셉을 좋아하는 고객들이 많아지고, 그들의 정보가 축적이 되면서 사업의 관심을 지역사회와 더 넓은 사회로 확대할 수 있을 것입니다. 그래서 자유라는 개념에 대해서 다양한 고객들과 소통으로 만들어 갈 수 있습니다. 그래서 자유는 방종이 아니라 자유는 책임지는 것이라는 것을 컨셉을 추구하고 수많은 고객들의 사연과 정보들을 통해서 프리워킹 펜션만의 정보와 지식을 만들어 가게 됩니다. 그리고 그렇게 펜션만의 정보와 지식으로 펜션을 찾는 고객들에게 더 좋은 서비스와 정보를 제공함과 동시에, 블로그를 통해서 그런 정보와 지식들을 포스팅함으로써 사회적으로도 제공할 수 있게 됩니다.

2-3. 자유로운 발걸음에는 책임이 따른다

그리고 자신의 위치와 상황에 따라서 더 큰 책임이 왔을 때, 그 책임을 다하게 되면 그 이후에 누릴 수 있는 자유에 대한 느낌과 기분은 더 커지게 되는 것입니다. 그러니까 자유는 책임을 지고 다했을 때, 더 큰 자유를 누리게 되는 것임을 알게 되는 것을, 수많은 고객들을 만나면서 알게 되는 것입니다. 물론 다른 결과를 만들어 갈 수도 있을 것입니다. 예를 들어서 자신 앞에 놓인 기본적인 일을 했을 때 홀가분한 느낌이 들고 그 일에서 자유로울 수 있는 것처럼, 회사에서 자신 앞에 놓인 업무를 확실하게 하고 났을 때, 비로소 자유로운 기분이 더 커짐을 알 수 있습니다. 그리고 사람들은 자신이 보는 것이 더 많고 경험하는 것이 더 많아질수록 해야 할 일이 더 많아지는 것도 알게 됩니다. 여행을 다님으로써 할 수 있는 일이 더 많아지게 되고 책임이 더 많아지게 되는 것이지요. 그렇다고 그런 생각에 얽매일 필요는 없을 것입니다. 그것을 통해서 더 큰 자유를 경험하게 되기 때문입니다. 그리고 우리는 다시 그런 과정을 통해서 또 더 큰 꿈과 자유를 추구하게 될 것입니다. 프리워킹 펜션은 그런 꿈을 고객들이 꿀 수 있도록 함께 더 큰 자유를 꿈꾸게 됩니다.

2-4. free-walking 펜션의 스토리텔링과 경험적 지식 축적 과정

사람들이나 조직들은 사회생활을 하면서 자신들만의 경험과 지식을 만들어 내게 됩니다. 그리고 그런 지식을 바탕으로 지식의 질을 높여서 다시 이 사회에 그들만의 지식을 내어 놓으려고 하며, 또한 그렇게 다양한 지식을 내어 놓음으로써 사회는 지속적으로 발전이 됩니다. 블로그는 그런 면에서 상당히 중요한 역할을 하고 있다고 봅니다. 따라서 최대한 그런 부분의 장점을 살려서 블로그를 활용하셨으면 합니다. 그러기 위해서는 좀 더 세밀하게 자신의 컨셉을 설정할 필요가 있으며, 단기적이 아닌 중장기적으로 많은 생각과 검토를 하면서 작성을 할 필요가 있습니다. 그러다 보면 수많은 경험으로 인한 새로운 지식들이 만들어지게 될 것입니다. 위의 블로그 카테고리 컨셉 샘플에서도 펜션의 운영하는 과정에서 3단계로 구성을 했습니다. Free-walking 프리워킹 즉 1단계, 자유로운 발걸음을 추구하는 펜션의 컨셉을 만들어서, 그런 컨셉을 좋아하는 고객들이 방문을 하고 지속적인 정보들이 쌓이고, 2단계로 나아가서 주변의 관점에서 많은 정보들을 축적하게 되고 쌓여 가며, 3단계 그러한 축적된 정보들로 인해서 처음에 가지고 있는 컨셉에서 추구하는 방향성에 관한 정보와 지식을 만들어서 펜션만의 독특한 경험적 지식들이 만들어지게 됩니다. 그런 정보와 지식을 다시 고객들에게 질 높은 서비스를 함과 동시에, 이 사회에 제공함으로써 사회적인 관점으로 인식이 확대되어 가는 것으로 만들었습니다. 그래서 결국은 많은 만족과 공감을 했고, 새로운 목표를 세우게 됩니다.

2-5. free-walking 펜션 블로그 카테고리 샘플

방향성: 자유로운 발걸음의 주제에서 생기는 경험적 지식 / 컨셉: 자유로운 발걸음
미션: 자유라는 가치를 찾기 / 비전: 스스로 통제하는 자유 만들기

카테고리별 특징	큰 카테고리 작은 카테고리	카테고리별 세부적인 설명과 작성 내용들
첫 번째 큰 카테고리	Free-walking 소개	펜션을 안내하고 펜션에 관한 기본적인 정보와 함께 일상을 포스팅
펜션의 관점	펜션안내	펜션의 위치나 사업자 예약 시스템 등 기본적인 안내를 포스팅
	브랜드 스토리	펜션의 브랜드 스토리나 컨셉이 추구하는 가치를 작성
	객실안내	펜션 객실에 대한 정보를 지속적으로 포스팅
	지역소개	펜션이 위치한 지역의 기본적인 정보를 포스팅
	펜션의 일상	펜션의 일상들에 관한 내용을 포스팅

첫 번째 큰 카테고리 설명: 펜션의 기본적인 정보와 함께 운영자의 컨셉 및 브랜드 스토리를 지속적으로 작성하는 카테고리입니다. 또한 펜션에서의 다양한 특성과 일상을 작성하게 됩니다.

카테고리별 특징	큰 카테고리 작은 카테고리	카테고리별 세부적인 설명과 작성 내용들
두 번째 큰 카테고리	자유로운 고객들	펜션을 방문하는 고객들에 관한 내용들을 지속적으로 포스팅
고객의 관점	즐거운 식사	기본적으로 취사가 가능하기 때문에 즐거워하는 모습들을 지속적으로 포스팅
	즐거운 놀이	펜션에서 고객들이 놀이를 많이 한다. 그런 놀이를 포스팅
	고객 스토리	펜션을 방문한 고객들의 다양한 모습들과 스토리도 포스팅
	고객과 함께	혹시라도 고객들과 함께하는 모습이나 스토리가 있으면 포스팅
	고객의 소리	고객들이 직접 글을 올릴 수 있는 코너

두 번째 큰 카테고리 설명: 펜션이 컨셉과 특성에 맞게 준비를 해 놓게 되면, 그러한 컨셉을 선호하는 고객들이 방문하게 될 것입니다. 그러한 고객들의 다양한 모습들을 작성하는 카테고리입니다. 고객을 알아가는 중요한 요소가 됩니다.

세 번째 큰 카테고리	자유로운 발걸음	펜션 고객들이 다른 곳으로 이동을 하게 되면 필요한 정보들을 포스팅
사회적 관점	좋은 펜션들	주변의 지역과 전국적으로 좋은 펜션을 탐색해서 포스팅
	좋은 숙박업소들	주변의 지역과 전국적으로 좋은 숙박업소들을 탐색 후 포스팅
	관광 명소들	주변 지역 관광 명소와 전국적인 명소를 시간 날 때 직접 탐방 후 포스팅
	여행 지식들	여행에 관한 다양한 지식들을 포스팅
	실시간여행정보	실시간 여행정보를 공유를 통해서 포스팅

세 번째 큰 카테고리 설명: 펜션은 여행 관련 서비스업이기 때문에 여행과 관련해서, 사회적으로 연관되어 있는 다양한 정보와 지식들을 자체적인 조사와 연구로서 작성을 하게 됩니다. 그래서 펜션 고객들에게도 제공을 하고 일반에도 공개해서 필요한 사람에게 도움을 주기도 합니다.

네 번째 큰 카테고리	책임지는 자유	여행은 자유이면서 책임이다. 펜션 운영자의 컨셉이며 지속적인 철학으로 발전시킨다.
펜션만의 지식활용 관점	여행의 자유	펜션이 추구하는 컨셉과, 고객들의 지속적인 정보 축적으로 펜션만의 개념을 정리 포스팅
	방황이 아닌 자유	자유를 방황과 혼동하는 사람들, 그들에게 여행의 참 모습을 그동안의 지식으로 포스팅
	펜션의 역할과 자유	펜션의 역할과 자유에 대한 내용을 그동안의 경험적 지식으로서 포스팅
	인간관계의 자유	오랫동안 펜션 고객들을 통해서 본 인간관계 속의 자유를 경험적 지식으로 포스팅
	상호존중의 자유	자유는 상호 존중을 해 주어야 한다. 그래야만 자유를 논할 수 있다. 이런 부분을 포스팅

네 번째 큰 카테고리 설명: 펜션이 처음에 추구한 방향성은 여행을 통한 자유에 대한 가치를 찾는 것이었습니다. 그래서 그렇게 컨셉을 했으며, 자유를 좋아하는 다양한 고객들의 방문과 어울림 교류를 통해서 자유라는 것에 대해 펜션만의 지식을 만들었을 것이며, 그것을 통해서 펜션만의 자유에 관한 내용들을 포스팅해서 사회에 내어 놓는 카테고리입니다.

다섯 번째 큰 카테고리	더 큰 자유	오랫동안 펜션을 운영하면서 쌓인 만족을 통해서 더 큰 자유를 꿈꾼다.
피드백 관점	공감대 형성의 만족	고객들의 만족이 많아지고 공감대를 많이 형성하게 되면 마음의 풍요로워지며 그러한 내용들을 작성
	추구한 이후의 자유	그렇게 되면 더 많은 사람들에게 더 좋은 서비스와 자유를 제공
	또 새로운 미래	미션의 완성과 새로운 비전의 설정

다섯 번째 큰 카테고리 설명: 펜션만의 자유에 대한 지식을 지속적으로 작성을 하고 블로그에 포스팅을 함으로써, 그러한 내용들을 보고 도움이 되는 사람이 있다면 다양한 피드백이 올 겁니다. 그러면 그러한 피드백을 통해서 보람을 찾을 것이고, 그런 보람을 통해서 새로운 가치를 만들어 보는 데 도움이 될 것이라고 봅니다.

<가평 그라티아>

3. 가족 소통과 성장의 컨셉이 들어간 한옥호텔의 블로그 샘플 - 설날아침

3-1. 한국인들이 가장 좋아하는 아침을 떠올리며

이번에 만드는 한옥호텔 브랜드 네임은 '설날아침'입니다. 그리고 '설날아침'의 컨셉은 '가족들의 성장'으로 정했습니다. 브랜드 네임을 네이버 아이디로 만들어서 사용을 하게 되면 아무래도 브랜드를 홍보하는 데 더 효과적일 텐데요, 2020년 5월 6일 현재 네이버 아이디로 'selnalachim'은 사용 가능합니다. 컨셉이 '가족들의 성장'이기 때문에 블로그 타이틀은 그대로 사용을 해도 되고요, 약간 변형해서 '가족들의 성장을 기원하는 설날아침' 이렇게 해도 되고요, '설날아침이 여러분 가족의 성장을 응원합니다.' 이렇게 해도 가능할 것입니다. 그리고 브랜드 네임에서 볼 수 있듯이 공간은 현대식 한옥으로 짓는다면 어울릴 것이라고 봅니다. 컨셉이 '가족들의 성장'인 것은 다음과 같은 이유 때문입니다. 우리나라의 전통 명절인 설날 아침은 모두가 나이 한 살을 새롭게 먹는 날입니다. 그리고 나이가 한 살이 더 많아진다는 것은 작년과는 다른 성장을 하고 있다는 것을 의미하기도 합니다. 아이들 같은 경우는 학년이 올라가는 기분을 만끽하게 될 것이며, 동시에 작년보다 키가 조금 더 커져서 이제 어엿한 성인이 되어 가기도 할 것입니다.

또한 성년이 된 사람들은 대학교를 졸업하고 취업을 준비하든지 취업을 해서 직장생활을 할 수도 있을 겁니다. 중년이 된 사람들은 설날을 맞이하면서 승진을 하든지, 아니면 새로운 사업을 준비하거나 시작하기도 할 것입니다. 이렇듯 설날은 성장에 대한 새로운 기대에 가득 찬 날로 기다려지는 것이죠. 그리고 설날 아침은 가족들의 그런 모든 기대감을 가지고서 새 옷을 곱게 차려 입고, 조상들에게 제사를 지내고 어른들에게 세배를 하게 됩니다. 그리고 맛있는 떡국을 먹으면서 가족들의 친목과 화기애애한 모습을 발견하게 됩니다. 가족들 모두가 보이지 않게 성장을 하고 있다는 것을 눈으로 보고 있는 것입니다. 그리고 이러한 가족 간에 모여서 설날 아침과 같이 풍성한 기분과 기운을 느끼고, 뭔가 들떠 있어서 가족들 간의 화기애애한 모습으로 대화를 나누고, 소통으로 풍부한 공감대를 형성하여 가족들의 진정한 모습을 찾으려고 할 겁니다. 이렇듯 한옥호텔을 찾는 가족단위의 고객들을 위하여 가족들의 화합과 단합과 소통을 위한 공간으로서, 조금이라도 더 도움이 되게 하기 위해서 만들게 되었습니다.

3-2. 설날아침의 성장 스토리텔링

설날 아침은 위에서도 언급했듯이 대한민국에서는 온 가족들이 모여서 나이 한 살을 더 먹기도 하며, 옷을 곱게 차려 입고 조상들에게 제사를 지내고 어른들에게 세배를 드리고 떡국을 먹으면서 가족애를 더 뜨겁게 하는 날입니다. 그렇게 소통과 공감대를 만들면서 성장을 하는 과정이라고 볼 수 있습니다. 그런데 최근 들어서 이러한 가족들의 모임과 전통적인 가족관의 개념이 변화되고 있는 것을 사회적으로 많이 볼 수 있습니다. 명절이라고 해서 가족들이 모이게 되면 기쁨도 잠시이며, 시간이 조금만 지나면 각자의 방에 들어가서 스마트폰을 보는 것이 당연한 듯 변해 가고 있습니다. 각자의 방에서 스마트폰을 보는 것은 아이들만이 아니라, 어른들도 마찬가지이고 할머니나 할아버지는 스마트폰 대신에 텔레비전 앞에 앉아서 다시 명절을 보내야 하는 그런 모습이 이어지고 있습니다. 이런 것은 저도 예외는 아닌 것 같습니다. 많은 사람들이 이러한 원인에 대해서 많이들 이야기를 하고는 있는데, 아직도 가족들 서로의 얼굴을 보면서 더 많은 시간을 붙잡기에는 많이 부족해 보이는 것이 현실인 것 같습니다.

이런 아쉬움 속에서 전통적인 가족의 개념을 다르게 보는 시각들이 많아지고 있습니다. 가장 큰 특징 중에 하나는 전통적인 가족관계가 먹고 살기 위한 생존을 위한 관계였다면, 현대의 가족관계는 생존만이 아닌 가족간 서로의 뜻을 맞추어 더 많은 부분을 소통하기 위한 공감대 형성 즉 존재의 이유를 찾는 것입니다. 이러한 것을 빨리 인정을 해야만 전통적인 가족의 개념에서 새로운 가족의 개념으로 발전된다고 봅니다. 전통적인 사상이 지배하고 있던 시기가 현대 사회로 급변하면서, 부부관계의 가치관과 부모 자식 간의 가치관의 큰 변화에서 오는 가족간 유대관계의 약화와 해결 방안을, 상호 지식 수준을 높이는 성장을 해야 가능하다고 생각합니다. 그리고 혈연적인 가족구성원에서 서로 간의 뜻이 비슷한 집단들로 재편성되는 현상이 있기도 하기 때문에, 이런 부분들을 감안해서 서로 간의 뜻을 맞추려면 기본적으로 비슷한 지식 수준에서의 소통과 공감대 형성, 더 많은 대화와 가족들 간에 가지고 있는 강한 고정관념과 집착을 먼저 하나씩 해소해 나가는 것이 중요하다고 여깁니다. 그래서 한옥호텔 '설날아침'에서는 가족들의 성장을 위한 기본적인 유대관계를 만들기 위한 콘텐츠 있는 공간으로 만들어서, 운영할 수 있도록 컨셉을 만들어 보았습니다.

3-3. 미션과 비전 경험적 지식 축적 과정

이 한옥호텔사업의 미션은 '신패러다임으로 가족 구성원의 성장 드라마를 만들어 간다' 비전은 '뜻을 맞춰 살아가는 진정한 가족 구성원들의 성장이 많아지는 것. 그래서 사회의 건전한 발전에 기여한다'입니다. 그리고 블로그 카테고리의 발전 과정은 1단계 '설날아침'이라는 브랜드 네임을 만들고, 거기에 따른 가족들의 성장이라는 컨셉을 만들어서 한옥호텔의 공간구성을 설정해서 한옥호텔을 건축하고 개업하게 되면, 운영자의 뜻에 맞게 고객들이 손님으로 찾아오게 될 것입니다. 그래서 손님들에게 컨셉과 콘텐츠가 있는 호텔임을 제시하고, 가족들 간의 친목 도모와 성장을 위한 이벤트도 제시를 합니다. 한옥호텔의 공간구성이 현대식 한옥이라는 특징을 갖추고 있기 때문에, 고객들도 그러한 형태를 좋아하는 고객들이 주류를 이룰 것으로 예상을 합니다. 따라서 그러한 고객들은 20~30대의 젊은 사람들처럼 유흥이나 놀이만을 위한 시간을 보내지 않을 것입니다. 한옥호텔의 공간적인 분위기와 운영자의 컨셉과 테마에 따른 운영 방침에, 고객들이 어느 정도 이해를 하게 된다면 집을 떠나서 새로운 공간에서 가족들의 친목을 이벤트의 기분을 느끼면서 시도해 보려고 할 것입니다. 그렇게 함으로써 다양한 형태의 스토리들이 또 만들어지게 될 것이며, 만족하는 고객들도 있겠지만 그렇지 않은 고객들도 분명히 있을 것입니다.

그러면 운영자는 이런 모든 것을 스스로 피드백하면서 가고자 하는 방향으로 새롭게 수정을 하고, 고객 서비스를 지속적으로 펼쳐 나가게 됩니다. 그렇게 2~3년을 운영하게 되면 점차적으로 한옥호텔만의 새로운 경험적 지식이 만들어질 것입니다. 그렇게 만들어지면서 2단계로 발전을 하는데, 한옥호텔만의 풍성한 지식과 정보가 호텔 고객들의 지식과 정보와 통합이 되면서, 한옥호텔만의 완전히 새로운 지식과 정보로 만들어지게 될 것입니다. 그럼 3단계로 이렇게 한옥호텔만의 새로운 지식을 정리하고 가공해서 이 사회에 필요한 부분을 점차적으로 내어 놓을 수 있게 됩니다. 그러면 펜션의 역할이 새롭게 시작되는 것이며, 단순히 고객만을 위해서 장사를 하는 형태가 아닌 사회를 위하는 사업으로 발전하게 됩니다. 또한 축적된 자료를 바탕으로 고객서비스를 더 발전시켜 나갈 수 있기 때문에 고객만족도도 더 높아질 것입니다. 이렇게 됨으로써 사회적으로나 고객서비스 측면에서 만족하는 사람들이 많아지게 되면, 한옥호텔을 운영하는 운영자의 입장에서도 만족과 보람을 충분히 느낄 수 있게 될 것입니다. 그래서 스스로 사업을 운영하는 사업자로서 정체성이 확고할 수 있게 되며, 새로운 사업으로서 발전을 도모할 수 있게 될 것입니다.

3-4. 한옥호텔 설날아침의 블로그 카테고리 샘플

방향성: 가족들의 성장 / 컨셉 및 브랜드 네임: 설날아침
특징: 대한민국에서 설날아침은 모두가 기대하고 있는 날, 매년 가족들이 나이를 먹고 성장함

카테고리별 특징	큰 카테고리 작은 카테고리	카테고리별 세부적인 설명과 작성 내용들
첫 번째 큰 카테고리	아침을 열면서	한옥호텔을 안내하고 소개하는 카테고리를 구성했으며 포스팅 작업을 진행할 수 있음
호텔의 관점	한옥호텔 소개	한옥호텔의 정보와 함께 호텔 대표의 다짐을 작성
	호텔 곳곳 안내	한옥호텔 전체의 곳곳을 다양하게 안내하고 그런 내용을 작성하는 곳
	브랜드 스토리	브랜드 스토리와 앞으로 가고자 하는 스토리텔링의 목표 및 그러한 의도를 지속적으로 작성
	제공하는 서비스	매일 제공되는 서비스의 옵션들을 소개
	한옥호텔 일상	한옥호텔이 일상과 매일매일의 일들을 기록하는 형태로 작성하면서, 한옥호텔의 역사가 됩니다.

첫 번째 큰 카테고리 설명: 한옥호텔의 기본적인 정보와 호텔 안내를 지속적으로 홍보 작성하는 카테고리입니다. 한옥호텔의 컨셉 및 브랜드스토리와 호텔의 특성들과 방향성을 꾸준하게 업데이트하고 포스팅을 하게 됩니다.

두 번째 큰 카테고리	가족성장 놀이마당	이 카테고리는 가족 고객들의 이벤트 놀이를 통해서 서로를 좀 더 알아가고 소통할 수 있는 방법과, 평소에는 하지 못했던 부분을 한옥호텔에서 제공하는 서비스를 통해서 알게 되는 프로그램입니다.
고객과 지역적 관점	더 많은 대화	이곳은 가족간 대화는 누구 하나가 일방적으로 흐를 수 있는 것을 잠시 막고, 편하고 자연스럽게 듣는 위주의 대화를 시도하는 프로그램입니다. 호텔측은 이러한 프로그램을 지속적으로 기록 빅데이터화 합니다.

	더 많은 공감대	공감대는 누구에게나 중요합니다. 가족들에게 공감대 형성은 말 그대로 생활의 활력소가 됩니다. 평소 가정에서 찾지 못했던 공감대를 찾을 수 있도록 제공하는 프로그램입니다.
	잠재 능력 찾기	가족들간 선입견은 참 무섭습니다. 그래서 잠재능력을 찾으려고 노력을 하지도 않습니다. 프로그램을 통해서 가족간 잠재능력 찾기를 시도합니다.
	고정관념 깨기	가족 간의 고정관념은 일반인 보다 더 강합니다. 그래서 가족이 원하는 고정관념대로 해 주려는 성향이 나타납니다. 이 부분을 깨기 위한 노력을 하고 있는 그대로 봐주는 프로그램을 합니다.
	하고 싶은 말	평소에 하지 못했던 말을 통해서 서로 알아가기
	뜻 모으기	가족간 공동의 뜻을 모아 볼 수 있는 게임 해 보기
	고객의 소리	고객들의 다양한 소리를 직접 작성할 수 있게 오픈

두 번째 큰 카테고리 설명: 호텔이 고객들에게 제공하는 서비스인 고객성장 프로그램의 과정과 흐름 결과들을, 공개해도 될 내용들 위주로 지속적으로 작성을 하게 됩니다. 고객들과 유대관계가 많아지고 깊어지는 카테고리입니다.

세 번째 큰 카테고리	설날세상풍경	설날아침에서 보는 세상의 다양한 모습을 작성
사회적 관점	관광명소 소개	지역의 관광명소와 주요 관광지에 대한 정보 직접 작성
	지역의 맛집	지역의 맛집과 테마별 맛집을 직접 제작 작성
	여행 지식들	한옥호텔과 연관될 수 있는 정보를 직접 제작해 작성
	실시간여행정보	여행에 필요한 다양한 정보를 실시간 제공
	가족 스토리들	가족들의 성장 프로그램에서 공개부분 작성

세 번째 큰 카테고리 설명: 위의 과정을 겪게 되면 수많은 데이터가 생기게 되고, 한옥호텔의 컨셉에서 의도한 대로 가족들의 성장을 위한 다양한 노력과, 실제 경험의 데이터들도 많아지게 되면 한옥호텔만의 지식이 만들어지게 됩니다. 그것을 정리해서 사회에 필요한 용도에 맞게 작성합니다.

네 번째 큰 카테고리	가족들의 성장	한옥호텔만의 빅데이터를 바탕으로 새로운 지식과 정보를 만들어서, 사회에 다시 내어놓는 카테고리입니다. 한옥호텔만의 지식이 되는 것입니다. 사회에 기여도 하게 됩니다.
나의 지식 활용 관점	가족의 신개념	가족 개념의 변화 과정 작성
	가족의 생존	가족의 생존에 대한 전통과 현대를 비교 평가 작성
	가족의 성장	가족 성장은 생존과 존재에 대해서 함께 발전해야 함
	뜻 맞춰 가기	가족간 뜻을 맞추어 단결력과 응집력을 키워 보기
	사회적 역할	가족은 최소 조직으로 사회적 역할의 기본

네 번째 큰 카테고리 설명: 위의 단계를 거치게 되면서 사회적으로도 크게 이바지를 하게 됨과 동시에, 그런 빅데이터로 고객들에게도 새로운 서비스를 제공할 수 있는 계기가 됩니다. 그렇게 해서 사회나 고객들이 만족하는 지수가 높아지게 되면 호텔측도 새로운 만족을 하게 됩니다.

다섯 번째 큰 카테고리	기다려지는 설날	그래서 그런 만족을 작성하는 카테고리입니다.
피드백 관점	성장의 이해	가족들 성장을 사회적인 차원에서도 이해 작성
	성장의 감사	가족들이 성장에 대한 감사함 작성
	새로운 성장	그래서 다시 새로운 성장을 위한 도전 준비

다섯 번째 큰 카테고리 설명: 호텔에서 제공한 가족성장에 대한 지식을 피드백을 통해 정리하는 곳입니다. (피드백)

<은평 한옥마을>

4. 감성과 감정, 마음을 행복하게 요리하는 커피숍 컨셉 - 하트쿡(Heart Cook)

4-1. 달콤한 커피맛을 느끼듯 따듯한 마음을 느끼는 공간

이번에 만들어 볼 샘플은 커피숍 블로그 카테고리 샘플로, 하트쿡(heartcook)이라는 브랜드명으로 만들어 보도록 하겠습니다. 2020년 10월 3일 현재 네이버 아이디로 가입이 가능한 것으로 만들었습니다. 많은 단어의 조합으로 구성을 해 보았습니다. 지금 우리나라에 커피숍이 워낙 많아서 좋은 이름들은 상당수가 커피숍의 브랜드명으로 많이 사용되고 있었습니다. 그래서 나름대로 조합을 하고 검색을 했습니다. 그렇지만 뜻이 연결이 되어야 하며, 들었을 때도 괜찮다고 해야 브랜드 스토리를 만들어 가는데도 가능하기에 하트쿡(heartcook)이라는 브랜드명으로 설정을 했습니다. 하트쿡(heartcook)을 마음 요리사라는 의미가 들어간 것으로 컨셉을 잡았습니다. 뭔가 그럴듯해 보이는 것 같더라고요. 음식의 재료를 가지고 요리를 만드는 요리사는 넘쳐 나지만, 사람들의 제각각의 마음을 잘 요리해서 서로의 관계에서 잘 사용될 수 있게 만드는 요리사는 거의 없습니다. 그렇기에 제각각 사람들의 소중한 마음들과 생각들을 가지고, 그런 소중한 마음들이 어설프게 흩날리지 않고 관계되는 사람들에게 더 소중하게 사용될 수 있도록, 서로가 노력해서 만들어 가는 마음 요리사 하트쿡(heartcook), 커피숍에서 함께 만들어 간다는 뜻으로 만들었습니다. 그래서 초기 컨셉을 그렇게 잡고 브랜드 스토리를 만들어 가는 과정의 카테고리를 설정해 보았습니다.

우선 브랜드 컨셉에 대한 추가적인 설명이 있어야, 카테고리를 만들어 가는 과정에 대한 이해가 더 쉬워질 수 있을 것 같습니다. 커피숍은 대중들이 이용하는 공적인 공간이기 때문에 커피숍을 운영할 경우, 필요한 커피숍의 블로그 운영도 공적인 형태로 운영이 되어야 할 것입니다. 개인들이나 법인들이 사업자를 내서 커피숍을 자신의 목적으로 운영을 한다고 해도, 이미 그 공간은 종업원들과 고객들이 들어와서 공간을 함께 사용하는 공적인 영역으로 인지를 하는 것이 바람직하다고 봅니다. 공적인 영역이기 때문에 업주가 커피숍이나 블로그를 운영한다고 하더라도, 본인과 종업원 그리고 커피숍과 관계된 모두의 사람들과 고객들이 함께 만들어 가는 그 무엇을 찾아야 한다고 봅니다. 그런 부분에 대해서 인지를 하지 못하는 업주들은 오로지 매장의 매출만을 신경 쓰게 되는 확률이 높아지게 될 것이고, 위에 말씀드린, 관계된 모든 사람들과 함께 커피숍을 만들어 가는 것이라는 인식을 하게 된다면, 커피숍 운영을 통한 새로운 가치를 찾아가게 될 것이라고 봅니다. 앞에서 설명을 드린 것처럼 하트쿡(heartcook)은 마음 요리사라는 뜻의 브랜드 네임으로 설정을 했는데요, 커피숍이라는 공간은 기본적으로 사람들이 커피나 기타 음료를 마시러 오지만, 최근에 커피숍에 대한 인식은 기본적으로 맛있는 커피를 마셔야 하며 공간적인 부분까지 마시는 공간이 되었습니다.

4-2. 새로운 커피숍 공간 컨셉을 기다리고 있을 고객들을 위해서

거기에 커피숍의 업주가 고객들과 함께 만들어 가고자 하는 그 무엇의 운영의 뜻이 반영된 곳이라면, 업주나 종업원 관계된 사람들과 고객들이 지속적으로 만족을 할 것이라고 봅니다. 최근에는 커피숍만이 아니라 일반적으로 매장을 운영하시는 분들은 그 공간적인 컨셉을 어떻게 만들어 갈까 많은 고민을 하는 것 같습니다. 비슷한 매장을 운영해도 컨셉이 조금 더 살아 있는 매장 인테리어를 선호하고, 뭔가 차별적인 매장 운영을 하는 곳을 조금 더 선호를 하는 것 같습니다. 그리고 앞으로는 새로운 지식의 생산을 사람들은 중요하게 여기는 것 같습니다. 개인들도 자신들만의 개성적인 연출만이 아니라, 독특한 지식들을 만들고 블로그를 통해서 다양하게 표현하고 연출하는 것을 볼 수 있습니다. 커피숍이라는 공간은 좀 더 특별해서 업주가 처음에 커피숍을 운영하면서 계획하고자 하는 컨셉과 뜻이 있을 겁니다. 그런 뜻으로 특정 상권에 매장을 오픈하고 자신만의 독특한 인테리어를 만들어서, 고객들에게 제공하고 고객들의 만족이 많아지게 되면 지속적으로 운영되고 유지, 발전이 되죠. 그래서 운영이 잘 되면 전국적인 프랜차이즈가 되고, 스타벅스처럼 세계적으로 인지도가 있는 프랜차이즈가 되기도 할 겁니다. 그래서 그들 유명한 커피 전문점들이 추구하는 컨셉이 고객들과 융합이 잘 되면, 고객들에게는 새로운 문화가 생겨나고 그런 고객들과 커피 전문점들은 함께 발전을 하게 됩니다.

그런 과정을 겪으면서 스타벅스만의 새로운 경험적 지식과 운영의 지식 및 고객과 시장을 만족시키고 선도하는 힘이 지속적으로 생기게 되었다고 봅니다. 그래서 그런 좋은 모델의 뜻을 벤치마킹하면서 더 많은 업소들이 좋은 뜻으로 매장을 운영하기를 바랍니다. 하트쿡(heartcook)의 컨셉도 그런 뜻을 추구하면서 만든 것으로서, 업주가 마음 요리사라는 주체의 정체성을 가지고 커피숍의 인테리어를 만들 수 있으며, 마음 요리사는 관계된 모든 사람들 즉, 종업원과 거래처 사람들 나아가 고객들까지 서로의 마음을 잘 요리해서 관계를 만들어 간다는 인식을 줄 수 있게 설정했습니다. 그러면서 그런 관계들이 상호 감정적인 파트너로 인식 발전을 하게 하여 더 좋은 유대관계를 위해서 노력하는 커피숍 하트쿡(heartcook)으로 이미지를 주게 됩니다. 그래서 업주는 지속적인 유대관계에 대한 연구를 하면서 다양한 경험과 정보와 지식들을 축적하게 됩니다. 그러면서 그런 유대관계의 발전을 위해서 관계된 다양한 지식과 정보들을 또 모으게 되면서 업소는 발전을 하게 됩니다. 물론 그런 과정을 블로그에 지속적으로 포스팅하게 되면, 커피숍의 홍보와 컨셉의 어필에도 긍정적인 영향을 계속 줄 수 있을 겁니다.

4-3. 마음 요리하는 방법을 알려주는 커피숍

이렇게 업주와 종업원과 수많은 고객들과의 유대관계를 통한 경험적인 정보와 지식이 블로그의 카테고리에 포스팅을 통해 쌓이게 되면, 그런 정보들을 바탕으로 하여 타깃층과 함께 컨셉에 적합한 관계들을 발전시키기 위한 새로운 지식과 정보들이 필요하게 됩니다. 그런 부분들이 융합이 되고 쌓이면서 하트쿡(heartcook)만의 다양하고 고유한 지식들이 만들어지게 될 것입니다. 보통 일반적으로 그런 지식과 형태들이 새로운 문화가 만들어지는 과정이기도 합니다. 스타벅스같이 말입니다. 그러면 그 다음으로 하트쿡만의 다양하고 고유한 지식과 경험들을, 지역사회와 목표 고객층의 고객이나 소비자들에게 블로그 및 다른 서비스로 제공할 수 있을 겁니다. 매장 운영의 새로운 노하우가 생길 수 있을 것이며, 고객들이 하트쿡의 서비스에 긍정적인 영향을 받아서 고객 스스로도 하트쿡의 컨셉과 지식적인 부분들을, 다른 사람들과 공유할 수 있을 것이며 사회적으로도 긍정적인 영향을 줄 수 있을 겁니다. 그러한 긍정적인 선순환이 일어나게 되면 하트쿡의 초기 컨셉의 미션인, 사람들 상호관계의 다양한 마음을 잘 요리해서 상호 좋은 관계를 만들어갈 수 있게 됨으로, 궁극적으로 상호 진실된 관계로의 인간관계 발전에 도움이 되는 기업으로 발전할 수 있을 것입니다.

4-4. 하트쿡(heart cook) 블로그 카테고리 샘플

방향성: 마음을 요리하는 방법을 연구하기 / 컨셉: 마음 요리 공간
미션: 사람에 따른 마음 알아가기 / 비전: 서로의 마음을 자유롭게 요리하기

카테고리별 특징	큰 카테고리 작은 카테고리	카테고리별 세부적인 설명과 작성 내용들
첫 번째 큰 카테고리	Heart cook	하트쿡 커피숍의 안내와 특징 등의 관해서 카테고리를 만듭니다.
하트쿡의 관점	브랜드 소개	브랜드 소개 및 위치 등 지속적으로 이와 관련된 정보를 작성
	공간 컨셉	위치 정보를 올리며 이와 관련해서도 업데이트 내용이 있으면 포스팅
	브랜드스토리	브랜드 스토리의 연속적인 글을 작성하고 사업의 미션과 비전도 꾸준하게 작성을 합니다.
	메뉴	하트쿡 브랜드에 맞게 메뉴를 만들고, 메뉴의 이름도 브랜드 네임에 맞춰 만들어 봅니다.
	커피 이야기	커피와 메뉴의 원산지 등 다양한 이야기를 작성하고 브랜드 네임과 연계한 글을 만들어 갑니다.

첫 번째 큰 카테고리 설명: 커피숍 하트쿡만의 컨셉으로 만들어진 공간에서, 브랜드스토리와 특성을 지속적으로 작성을 하며, 커피숍의 다양한 일상을 기록 정리합니다.

카테고리별 특징	큰 카테고리 작은 카테고리	카테고리별 세부적인 설명과 작성 내용들
두 번째 큰 카테고리	Emotional partner	하트쿡의 브랜드 스토리텔링 관계자들입니다. 업주는 이들을 감성적인 파트너로 규정하고 또한 그들에게 상호 간 감성적인 파트너이며 파트너십을 만들기 위한 마음 요리를 배워갑니다.
고객과 지역적 관점	우리 지역은	커피숍은 특정 지역의 위치에 운영되기 때문에, 지역에 대한 꾸준한 정보를 업데이트합니다.
	우리의 고객	커피숍의 타깃층을 설정하고 타깃층과 매장 고객의 정보를 지속적으로 업데이트합니다.
	우리 종업원	종업원과도 밀접한 유대관계가 되어야 하고, 업주의 뜻이 전달되어 마음에 대한 부분의 이해 필요

	감성 photo	마음 요리를 하기 위한 방향으로 다양한 사진들을 직접 만들고 포스팅
	감성 story	커피숍의 컨셉과 관련된 스토리를 수집하고, 자체 스토리도 만들어 갑니다.
	고객의 소리	고객과 직접 작성하면서 소통하는 공간

두 번째 큰 카테고리 설명: 하트쿡이 추구하는 컨셉과 공간 컨셉을 만들어 놓게 되면, 그러한 가치를 좋아하는 고객들과 종업원들이 오게 되고, 그렇게 관계되는 다양한 관계의 흐름을 기록하고 작성합니다.

세 번째 큰 카테고리	Add new	기존의 운영하면서 쌓여가는 정보 외에 그로 인해서 새롭게 만들어지는 지식들을 포스팅
사람과 사회적 관점	새로운 지식	업주가 추구하는 마음요리의 개념에서 다년간 운영의 노하우와 연결된 정보로 지식을 만듦
	새로운 감성	업주가 추구하는 컨셉에서, 다년간 운영의 노하우와 연결된 하트쿡 만의 감성 정보를 만듦
	이성과 감성	사람과의 관계는 각자의 이성적인 부분과 감성적인 부분의 이해이다. 타깃층의 이성과 감성
	인간 관계	사회는 다양하게 발전합니다. 모든 부분에서 그러하며 이곳이 그 주체일수도 있습니다.
	마음요리하기	업주와 종업원, 업주와 고객, 업주와 거래처, 종업원과 고객, 종업원과 거래처 등도 인식 확대

세 번째 큰 카테고리 설명: 다양한 고객들과 유대관계를 형성하면서 지식이 만들어지며, 또한 사회적인 관련성과 관계를 형성함으로써 사회속에서 인간관계와 감성과 감정의 다양한 부분을 익히고 공부할 수 있게 됩니다. 그러한 과정의 흐름을 기록하고 작성하는 카테고리입니다.

네 번째 큰 카테고리	Result up	그렇게 기존의 정보와 새롭게 만들어진 지식은 다시 이 사회에 제공할 수 있게 됩니다.
하트쿡의 지식활용 관점	마음의 발전	위의 과정의 결과로서 하트쿡 만의 마음의 발전과정을 만들 수 있다. 타겟층의 관계 발전
	운영의 발전	하트쿡 만의 다년간의 운영 노하우로 사회에 그 지식을 제공

	관계의 발전	하트쿡 뿐만이 아니라 그 컨셉을 흡수하고 도움을 받은 고객들까지 관계의 발전을 만들어 갑니다.
	지식의 제공	그러한 다양한 지식을 이 사회에 제공할 수 있다. 사회적인 역할이 지속적으로 가능
	관계의 연구소	그리하여 이곳에서 인간관계 형성의 새로운 문화가 만들어 질 수 있음.

네 번째 큰 카테고리 설명: 지속적인 운영을 통해서 하트쿡만의 지식이 만들어지고 쌓이게 됨으로써, 그러한 자료를 바탕으로 고객만족에 더 활용할 수 있으며, 블로그를 통해서 사회에 내어 놓음으로써 도움을 받는 사람들이 있게 될 것입니다.

다섯 번째 큰 카테고리	Truly relationship	그 긍정적인 선순환의 과정의 결과로 진실된 관계를 만들게 된다는 것으로 도출됩니다.
피드백 관점	진실된 관계	그렇게 제각각의 마음은 서로의 마음을 요리하여 관계가 좋아져서 진실된 관계로 됩니다.
	존중하는 관계	그렇게 관계의 발전은 존중하는 관계로 발전하는 모습을 만들어 갈 수 있습니다.
	사랑하는 관계	그래서 업주와 종업원 고객 등이 그 컨셉이 흐름을 알고 그들도 그렇게 하며, 최초 컨셉의 과정을 통해서 만들어서 결과로 도출되게 하는 스토리텔링이 완성되어 발전되어 갑니다.

다섯 번째 큰 카테고리 설명: 하트쿡의 커피숍에서 작성된 감성과 감정의 다양한 내용들을 보고서, 도움을 받은 사람들의 다양한 피드백이 오게 될 것입니다. 그러한 피드백을 바탕으로 긍정적인 선순환과 새로운 가치를 위한 시작을 할 수 있을 겁니다.

<제주 풍력발전기>

이렇게 네이버에서 현재 가입 가능한 아이디 하트쿡(heartcook)으로 브랜드 네임을 만들어서, 카테고리 주제별 샘플을 하나 만들어 보았습니다. 물론 이 컨셉으로 공간 인테리어도 가능할 것이며, 미션과 비전도 가능할 것이며 커피숍 메뉴 구성도 가능할 것입니다. 다만 이곳에서는 블로그 카테고리를 어떻게 구성하느냐 따라서, 블로그에 어떤 내용을 작성하고 어떻게 발전시켜갈 수 있는지를 저도 공부하는 마음으로 만든 것이기 때문에 참고를 하시면 감사하겠습니다. 여기에서도 블로그 성장의 발전과정은 우리의 관점에서 주변의 인식 확대 관점, 나아가 사회적인 관점으로 발전되어 갈 수 있는 형태로 만들어 보았습니다.

5. 농촌과 농업이 '사회성'이라는 키워드의 중심에 설 수 있게 하는 실험적 농업법인의 제안 - 바디 앤 소사이어티(Body n Society)

5-1. 농업인도 사회성을 함께 만들어가는 주체가 되길 바라면서

이번에 블로그 카테고리 메뉴를 만들어 볼 주제는 농업 법인을 만들었을 경우, 필요할 만한 컨셉을 설정해서 만들어 보았습니다. 우리나라는 과거로부터 농경사회를 이루고 살았으며, 인류의 기원도 먹고 살기 위한 수단으로 농사를 알고부터는 정착생활을 했고, 그렇게 집단을 형성하면서 사회라는 틀을 만들어 점차 도시화가 되고 국가라는 틀로 만들어졌다는 것을 우리는 오랫동안의 행동과 습관, 역사적인 사실로 배워 왔습니다. 그러니까 농사를 짓는 것이 가장 중요했던 시대가 있었으며, 지금도 농업은 인간생활의 기본적인 산업이면서 산업의 뿌리라고 할 수 있습니다. 그럼에도 농사를 짓고 있는 농업의 생산지인 농촌은 현재 도시화라는 것과 비교가 되어, 소외되는 것으로 인식이 되고 있습니다. '촌스럽다'라는 표현은 뭔가 시대에 맞지 않고 뒤떨어진다는 뜻으로도 해석이 되기도 합니다. 그리고 농촌이라는 인식은 뭔가 도시에서 소외된 사람들이 할 일이 없어서, 또한 실직을 하거나 퇴직을 해서 갈 곳이 없는 사람들이 귀농이라는 좋은 표현을 쓰면서, 내려가는 곳으로 인식이 되고도 있습니다.

인간이 생존을 위해서 기본적으로 먹어야 하는 농작물을 생산하는 사람들이 그러한 인식을 가지고 농작물을 생산하지는 않겠지만, 냉철하게 바라보았을 때 국가와 사회라는 틀에서 사회성의 중심에 있지는 않는 것 같습니다. 분명 농경사회에서는 사회성의 중심은 농사를 짓는 농촌이었고 농업이었을 것입니다. 다른 사회라는 것이 존재하지 않았기 때문에 당연히 사회성은 농업 중심으로 이뤄지는 모든 것들이 가장 큰 사회성의 중심이었을 것입니다. 그런데 시대가 차츰 발전을 하고 변화되어 가면서 큰 마을이 생기게 되고 작은 도시가 만들어지고, 점차 더 큰 도시가 만들어지면서 도시화가 되고 국가라는 틀이 만들어졌습니다. 그로 인해 국가라는 더 큰 사회의 틀로 가는 과정에서의 사회성의 중심은 도시민들이 주도를 하게 되고, 그들이 사고하고 판단해서 만들어 가는 변화의 물결은 끊임없이 성장했고 지식의 질량은 높아졌습니다. 그래서 지식사회라는 말을 만들어 가면서 국가 전체 사회로서의 진화발전의 과정에서의 사회성의 발전적 역할은 도시에 거주하는 도시민들이 중심이 되고 있습니다. 도시민들이 만들어 가는 지식사회는 점차 지식의 질량이 높아져서 우주를 향해 의식이 발전하고 있는데, 상대적으로 농촌이나 소도시에 거주하면서 농업을 생계의 수단으로 살아가는 농촌지역의 사람들은, 그저 '묵묵히'라는 표현을 쓰면서 땅만 바라보고 살아가기도 합니다.

현재 도시민들과 농촌지역의 사람들을 상대적으로 비교한다면, 지식적 질량의 차이는 인정할 수밖에 없을 것입니다. 그렇다고 누구를 탓하려고 하는 것은 아닙니다. 그냥 각자가 자신의 분야에서 묵묵히 살아오면서 그 환경에서 살아남기 위해서 각자가 습득해야 할 지식과 정보가 달랐기 때문에 그렇다고도 할 수 있습니다. 그래서 이제는 현실적인 관점에서 그런 부분을 직시하고 농촌도 더 큰 사회의 발전적 사회화를 만들어 가는 사회성의 중심에 다시 설 수 있도록 생각해 보기로 합니다. 물론 현재 농사를 주로 하고 있는 사람들은 과거와는 많이 달라진 것이 사실입니다. 예전에 농사를 지으면 그저 지역사회의 농협이나 공판장에 판매하면 된다고 생각을 했던 때도 있었지만, 지금은 농산품을 생산하면 매우 다양한 유통채널을 활용해서 많은 사람들과 관계를 유지하고 있는 것이 사실입니다. 요즘은 차량 통행이 워낙 많기 때문에 생산한 농업 산지 옆의 도로에서 직접판매를 하는 경우도 많으며, 지역의 농협이나 공판장 또는 도심의 경매장을 이용하는 것도 당연하게 여겨집니다. 그뿐 아니라 최근에는 온라인의 발전과 더불어 농촌에도 기본적으로 인터넷이 되고, 오픈마켓이나 자신들이 주도로 해서 홈페이지를 만들거나 블로그를 통해서 멀리 있는 소비자와 직접 온라인 판매라는 것도 활성화가 되었습니다.

5-2. 농어촌의 생산환경이 좋아지는 이유를 알아야 한다

그러다 보니 농사를 짓는 사람들도 예전과는 다르게 매우 다양한 사람들과 관계가 형성이 되고 있습니다. 물론 판매자와 소비자라는 관계에서 연결이 되지만, 대부분의 사람들이 공적인 관계를 통해서 만나는 것이 자연스럽게 인식이 되고 있습니다. 이렇게 되면서 농사를 짓는 사람들도 생산만 생각하는 것이 아니라, 마케팅의 개념도 파악을 해야 하고 또한 소비자 만족이라는 것도 공부를 하는 시대가 되고 있습니다. 이런 상황들이 가능하게 된 것은 농사를 짓는 방식이 발전했기 때문입니다. 예전처럼 모든 농사를 농부의 몸으로만 짓는 시대에서, 농기계의 발전과 함께 농작물의 품종이 좋아지고 농작물을 생산하는 방법도 체계적이고 효율적이기 때문에, 농사를 짓는 사람은 농사를 짓는 것에 신경을 쓰는 비율에서 그 생산품을 판매할 대상에게 더 집중하고 신경을 쓰는 비율이 많아지게 된 것으로 보입니다. 그런 현상은 곧 농사를 짓는 사람들도 사회 전체의 변화의 흐름 속에 함께 관심을 가질 수 있게 되었다는 것을 의미하기도 합니다. 즉 지식사회의 일원으로서 자신의 분야에서 새로운 지식으로, 사회의 일부를 만들어 갈 수 있는 여건이 형성되고 있음을 보여주는 것이라고 할 수 있습니다.

농촌과 도시의 경계는 어떠한 생산품을 만드는 것에서의 차이가 아니라, 그들이 생산을 하는 지식의 질량과 함께 끊임없이 사회를 주도하는 새로운 지식을 함께 만들어 가고 있느냐 따라서 경계를 나눌 수 있을 것입니다. 만약 현재 농촌에서 나오는 지식의 양이 도시에서 나오는 지식의 질량과 비교해서 비슷하다면, 농촌을 함부로 촌스럽다는 표현을 쓰면서 애써 경계 지으려 하지 않을 것입니다. 물론 인간의 생존을 위해서 가장 기본적인 음식을 만드는 재료인 농산물을 생산하는 거룩한 작업을 하고 있지만, 단조로운 작업에서 벗어나 이제 적극적인 사회참여를 해서 더 우수한 국가 발전을 위한 지식 생산에 동참을 하는 것이 바람직하다고 봅니다. 그리고 그러한 방법의 일환으로 농사를 짓는 농업 법인을 만들거나, 그렇지 않으면 농사를 짓지만 농업인들이 창조적인 개척정신으로 농업을 통한 새로운 지식으로 농사를 지으면서, 다양한 활동을 통해서 만들어 가기를 바라는 마음으로 이 블로그 컨셉 샘플을 만들어 봅니다. 이 농업 법인의 브랜드 네임은 '바디N소사이어티'입니다.

5-3. 소비자를 연구하고 직접 소통하는 지식인이 된다

컨셉은 '농업인들의 사회성 성장과 확대'입니다. 브랜드 네임으로 블로그를 만들려고 할 경우, 2020년 10월 3일 현재 네이버 아이디로 'bodynsociety'로 가입이 가능합니다. 우리의 농산물이 인간의 육체에 영양을 주어서 튼튼한 몸을 만듭니다. 우리를 만듭니다. 따라서 건강한 농산물을 생산하는 것은 곧 건강한 사회의 기틀이 됨을 의미합니다. 기존대로 땅에 씨앗을 뿌리고 때가 되면, 물을 주고 하늘이 돕고 농약을 치고 농부들의 땀이 들어가서 가을이 되면 추수를 하는 습관대로 농사를 짓는 것도 좋겠지만, 그렇게 지은 농산물이 이 사회를 건강하게 지탱해 가는 힘이 된다는 것을 인지해서, 사회참여를 하고 있다는 생각으로 농사를 짓는다면 더 바람직할 것이라고 봅니다. 농사는 땅에 씨앗을 뿌리고 하늘이 도와서 기후를 맞춰 주고, 사람이 땀을 보태서 생산되는 생물이지만, 최근에는 인간의 기술인 농기계의 발전과 품종의 개량과 적절한 보관과 이동의 기술이 있기에, 농부는 그만큼 다른 사람과의 소통에 집중할 수 있게 되었고, 더불어 사회를 보는 눈도 더 확대되고 있습니다.

그래서 이 블로그 컨셉 '바디N소사이어티'의 스토리텔링은 농산물을 생산하는 농업 법인이 출발을 하게 될 경우에는 사업의 미션을 설정하게 됩니다. 그것은 '우리가 지은 농산물이 건강한 몸과 건강한 사회 발전에 기어를 한다'입니다. 즉 농기계의 발전과 품종개량으로 농산물을 직접 생산하는 시간에서 여유로운 것을, 그 농산물을 먹고 마시는 사람들에게 더 관심을 보이고 집중을 해서 그들이 그 농산물을 소비할 경우에 만족도가 높아질 수 있는 방법이 무엇인지를 더 연구하는 데 집중할 필요가 있다는 것을 의미합니다. 그것은 곧 단순히 사람을 배불리 먹게 하는 생존의 문제에서 튼튼한 신체가 유지되면, 이 사회도 더 건강해지고 발전될 것이라는 비전을 보고 가는 것이라고 할 수 있습니다. 그래서 이 사업의 비전인 '농업과 농업인들의 질적 향상과 더불어 사회성의 발전에 기여하며 함께 성장을 한다.'라는 것을 보면서, 단순히 생산을 하던 시대에서 유지되던 인간관계의 틀에서 볼 수 없었던, 다양한 인간관계를 통해서 만들어지는 수많은 정보들을 접한다면 하나라도 개선할 사항이라든지, 이런 부분은 이렇게 하면 좀 더 좋아질 것인데, 또는 저 사람에게는 이러한 농산물보다는 다른 농산물이 더 적합할 것인데, 하는 생각까지 매우 다양한 연구적인 시각이 생길 것이라고 봅니다. 예전에는 농산물을 생산하고 출하를 하면 그뿐이었다고 생각을 했겠지만, 이젠 직접 생산한 농산품을 소비한 소비자의 반응이 즉각적으로 보이는 시대입니다.

5-4. 교류를 통한 도시와 농촌간 지식사회 함께 만들어 가기

그렇기 때문에 당연히 다른 지역 및 다른 지역에서 거주하는 사람들과 좋은 관계를 유지하려고 노력을 하게 될 것입니다. 이제 농산물을 생산하는 부분은 한 가지 수단이 된 것 같습니다. 그 농산물을 통해서 다른 사람들과 지속적인 교류를 하게끔 만들어지고 있습니다. 이것은 곧 위에서 언급한 것처럼 농촌과 도시의 물리적인 경계가 허물어지기 시작한 것이라고 볼 수 있습니다. 이렇게 물리적으로 농촌과 도시의 경계가 허물어지기 시작했다는 것은, 지식사회에 함께 동참을 했다는 것을 의미하기도 한다고 생각을 합니다. 그것은 곧 지식사회를 만들어 가는 사회화에 얼마나 역할을 할 수 있는가 하는 부분과도 연결이 된다고 봅니다. 즉 국가라는 큰 틀의 사회 속에서 농업인과 농촌이 사회성의 향상으로 사회 발전에 기여하는 것을 인식해야 된다고 생각합니다. 그리고 그러한 부분들은 앞서 언급했던 것처럼 농산물을 직접 생산하는 시간이 줄어들었고, 다른 사람들과 자신이 생산한 농산물을 거래하는 시간을 늘린 것은, 그 사람들과 교류를 통한 농업인들만의 농업과 관련된 새로운 지식만이 아니라, 사회 발전을 위한 새로운 지식을 생산할 수 있는 기회가 생긴 것이라고 할 수 있습니다. 그리고 그러한 지식들을 체계적이고 논리적으로 만들어서 이 사회에 더 크게 활용될 수 있는 그들만의 지식이 필요한 때이기도 합니다. 이 블로그 컨셉의 기획의도와 스토리텔링은 그러한 의도로 만들고자 했으니 이해를 바라겠습니다.

5-5. 바디N소사이어티 블로그 카테고리 샘플

방향성: 농업인이 사회성에 중심에 설 수 있도록 / 컨셉: 주변에서 중심으로
미션: 농산품 사회 발전 기여 / 비전: 농업인의 질적향상과 사회 참여 확대

카테고리별 특징	큰 카테고리 작은 카테고리	카테고리별 세부적인 설명과 작성 내용들
첫 번째 큰 카테고리	몸을 만드는 농산물	농산물은 기본적으로 인간의 몸을 만드는 재료입니다.
회사의 관점	땅의 기운을 담다	농사를 지을 수 있는 땅에 관해서, 토지에 관해서, 임야에 대해서 연구하고 작성하는 곳
	씨앗을 뿌리다	농사를 짓는 마음, 그리고 각종 농작물을 짓는 모습들을 지속적으로 작성
	하늘이 돕는 농사	농사의 근본이 무엇인지 일깨우고, 혼자서 짓는 게 아니며 하늘이 함께 하는 것임을 인지시키는 부분, 철학적 바탕을 제시해도 됨
	사람의 땀도 뿌린다	그러한 기틀 위에 사람이 노력을 해서 농작물이 생산되고 있음을 작성
	기술로 빠르고 넓게	시대 변화에 따라서 농사짓는 기술의 발달과, 기계화의 도움을 받아서 사람이 하는 일도 변화됨을 지속적 게재, 그리고 그 남는 시간은 곧 농부의 관심은 사회성으로 사회 발전의 방향에 맞춰져서 다른 사람들과, 다른 세상과 소통에 더 중점을 주는 형태로 갑니다.

첫 번째 큰 카테고리 설명: 농업법인의 기본적인 정보를 작성하는 곳입니다. 회사의 철학과 컨셉 비전을 제시하고 방향성을 작성하는 곳입니다. 농업법인답게 농업의 발전과정을 표현하고 앞으로의 발전과정도 예상을 합니다.

카테고리별 특징	큰 카테고리 작은 카테고리	카테고리별 세부적인 설명과 작성 내용들
두 번째 큰 카테고리	사회를 만드는 농산물	농산물은 좁게 보면 개인들의 몸을 만들지만, 그것을 먹는 개개인들이 사회 구성원들이며 그들이 건강한 사회를 만들어 간다는 취지
산업과 사회적 관점	지역사회를 만듦	농산물은 기본적으로 1차 산업으로 지역사회를 만드는 기초가 되었음. 농본주의 농사를 지으면서 무리 지어 공동체를 형성하고 사회를 만들어 가기 시작

	산업의 기반	1차 산업으로서 산업의 기반이 되었으며, 점차 사회가 확대되어가면서 애초 사회성의 중심이 농업사회에서 도시사회로 이동을 했다고 볼 수 있음.
	구성원의 건강	몸을 만드는 농산물 즉, 건강한 농산품의 생산은 사회 구성원들에게 좋은 육체를 만들게 하며, 사회 구성원들의 건강함은 곧 사회 전체의 건강함을 의미합니다.
	노동에서 경영	농사짓는 것을 노동으로 생각을 하던 시대에서, 많은 부분을 기계가 하고 있기에 이제는 농업 경영으로 개념을 설정해야 합니다.
	도시와 네트워크	땅에서 생산되는 모든 것은, 다시 모든 곳으로 가서 모든 사람들이 먹습니다. 그것 자체가 이미 네트워크로 연결된다는 것인데, 이제는 직접 판매가 많아지기 때문에 더 그렇습니다.

두 번째 큰 카테고리 설명: 농업의 앞으로의 발전과정을 예상하고, 그 발전을 이끌려는 의지를 보여줍니다. 그리고 농업의 농산품을 보는 시각을 우리 몸에서 사회 전체를 구성하는 주체로 보려고 합니다. 그리고 생산 위주에서 다른 곳과의 교류에 중점을 두려고 합니다.

세 번째 큰 카테고리	사회성을 키우다	다른 부분과의 연결을 하게 되면서 기존에 땅만 보고 농사만 짓던 개념에서, 다른 지역과 다른 사람들과 도시와 관계가 많아지면서 보는 눈이 확대됩니다.
사회성의 확대 관점	생산과 유통	생산만 하던 시대에서 이제는 본인이 생산한 농산품을 직접 유통을 한다. 더 많은 사람과의 만남이 지속된다는 것을 의미.
	판매 다변화	농산품의 판매도 기존에는 지역사회의 공판장이나 농협과 거래를 했지만, 지금은 직접 판매와 온라인 판매 등 다양하게 다른 사람들과 관계가 만들어지고 있습니다.
	소비자 연구	농산품을 판매하기 위해서 이제는 마케팅 개념을 알아야 하고, 그렇게 함으로써 재배하는 농산물을 소비해 주는 소비자를 연구해야 하기도 한다. 다른 사람에 대한 관심과 연구 증가
	하나되는 도농	농촌과 도시를 별도의 공간 개념으로 인식이 되었지만, 점차 농촌과 도시가 물리적으로 가까워지고 있다. 그래서 하나 되는 것 같은 인식이 커짐.

	사회참여확대	다른 사람, 다른 지역과 관계가 많아지게 되면, 수많은 관계 속에서 개선할 부분들이 보이기 시작한다. 그것은 곧 사회문제를 풀기 위한 참여의 과정으로 이어질 것입니다.

세 번째 큰 카테고리 설명: 농산품을 생산만 하던 시대에서 직접 판매와, 직접 판매를 하기 위해서 사회적인 부분과 소비자를 알아야 하는 다양한 연구를 시도하려고 합니다. 농촌과 도시의 물리적 거리가 줄어듦과 동시에 사회를 바라보는 인식도 가깝게 하기 위한 연구를 생각합니다. 그래서 전체 사회의 사회성에 적극적으로 참여를 하기 위한 인식의 확대를 가지게 됩니다.

네 번째 큰 카테고리	**주변에서 중심으로**	사회성을 키운 데이터를 바탕으로 농업인들이 지식사회의 사회성을 이루는 중요한 축으로서 역할을 해야 한다는 인식을 가질 수 있어야 합니다.
지식활용과 사회성 중심	지역사회 비전 제시	사회성을 키우고 축적된 데이터로 이제 지역사회 및 사회 발전을 위한 나름대로의 비전을 제시하여 사회성의 중심축으로서 역할을 기대합니다.
	고객맞춤형 농산물	농산물을 생산하는 기본에 충실하고 고객 맞춤형 농산물도 재배하여 고객 만족을 높여 줍니다.
	자기브랜드 강화	농산품도 자기 브랜드를 강화하고 있습니다. 자신의 브랜드를 강화한다는 것은 브랜드 철학이 있어야만 가능한 것입니다.
	생존과 즐거움	농산물은 기초적으로 생존을 위해서 먹지만, 점차 사회가 발전을 하면서 먹는 즐거움을 선사하게 됩니다. 좋은 농산품을 만들어 가는 이유이기도 합니다.
	영혼의 성장까지	먹는 즐거움이 육체적인 오감의 만족을 위한 것처럼 보인 적이 있습니다. 하지만 건강한 육체를 만들고 유지하는 것은, 영혼의 성장을 위한 것임을 인지할 필요가 있습니다.

네 번째 큰 카테고리 설명: 우리만의 지식으로 새로운 지식을 생산한 결과물을 사회에 기여를 하고 제공을 함으로써, 사회로부터 또는 스스로 만족하는 단계로 갈 수 있게 됩니다. 그리고 새로운 도전을 준비할 수 있게 되죠. 우리의 미션과 철학으로 사업을 시작하면서, 다른 사람들과 활발한 교류를 통해서 얻은 지식으로 우리들 만의 지식을 생산해서 사회에 기여를 하며, 지식사회에 동참하게 됩니다.

다섯 번째 큰 카테고리	함께 성장한다	생존을 위해서 1차적으로 농사를 짓고 있지만, 생산만 하면서 사회참여를 외면했다면 앞으로는 다양한 관계들이 만들어지면서 비전 제시를 할 수 있는 적극적 사회참여를 기대합니다.
피드백 관점	도시민들의 이해	농촌지역이 도시화에서 외면을 받는 지역이 아니라, 생산물의 중심이 되며 또한 사회성에도 앞장서서 도시민들과 조화도 적극적으로 제안을 합니다.
	사회성을 높이다	사회성은 이 사회의 발전을 위해서 끊임없이 노력하고 방법을 제시하는 부류가 중심이 됩니다. 따라서 사회성에 더 높은 책임과 의무를 할 것이라고 봅니다.
	관심만큼 나도 발전	우리는 어딘가 관심을 가지는 만큼, 스스로도 발전을 하게 된다. 사회성에 중점을 두고 관심을 가진다면 그만큼 스스로도 성장을 하게 될 것입니다.
다섯 번째 큰 카테고리 설명: 농촌이 전체 사회성의 중심에 참여하려고 하는 인식과, 그러한 자료들을 보고 도움을 받은 사람들은 다양한 피드백을 하게 될 것입니다. 그를 통해서 만족과 보람을 하게 되고 새로운 가치창출을 위한 준비를 하게 됩니다.		

<영주댐 내성천>

5-6. 스토리텔링과 경험적 지식 축적과정

이 농업 법인 사업의 핵심인 미션은, '우리가 지은 농산품이 건강한 몸과 건강한 사회 발전에 기여를 한다' 비전은, '농업과 농업인의 질적 향상과 더불어 사회성의 발전에 기여하며 함께 성장을 한다'입니다. 그러한 사업 핵심을 실행하기 위해서 블로그 카테고리를 위와 같이 기획을 해서, 사업의 미션을 수행하면서 비전으로 가기 위한 진행을 하게 됩니다. 1단계 즉 사업의 초기 단계에서는 기본적인 것에 충실하게 됩니다. 농업 법인을 통해서 농산물을 생산하는 이유를 명확히 하고, 어떤 농작물을 선택할 것인지, 또는 어떤 땅을 선택해서 누구와 함께 이 사업을 진행하는지에 대해서 지속적으로 작성을 하게 됩니다. 그리고 농업의 근본 본질이 무엇인지에 대해서도 연구를 해서 소화를 하고 나름대로의 철학을 가지고 접근하고 있음을 인식하게 하는 것입니다. 물론 농사짓는 모든 과정도 1단계 카테고리에 기록과 연구노트로 활용하면 됩니다. 단순히 농사를 짓는 것이 아니라 우리가 생산하는 농작물이, 어떤 사람들의 몸을 만들어 가는 귀한 것임을 인지하면서 농사를 짓게 되며 그것이 또한 사회를 건강하게 만들어 가는 재료라는 것도 검토를 하면서, 창조적인 생산자로서 역할을 한다고 생각해야 할 것입니다.

2단계에서는 지역사회에서 관심을 가지는 많은 부분들도 기록을 하고, 지역 사람들에 대한 부분들도 기록을 하고 작성을 합니다. 현재의 컨셉에 맞추어서 작성을 하는 방법을 꾸준하게 연구를 하게 되면 블로그에 글을 작성할 내용들이 상당히 많이 있음을 알게 될 것입니다. 또한 주변 사람들과 지역사회에도 더 큰 관심을 가지게 되는 것을 알 수 있게 됩니다. 그렇게 2단계를 거치면서 주변과 사회에 직접 생산한 농산물을 가지고, 다른 지역과 다른 사람들과 거래를 통한 교류를 활발히 하면 그런 과정을 통해서 상당히 많은 것들을 볼 수 있게 될 것입니다. 싫어하는 부분도 볼 수 있게 될 것이고 불편한 부분도 볼 수 있게 될 것이고, 또한 거래하는 데 택배가 불편함을 느낄 수도 있을 것입니다. 인터넷 속도가 느려터진다는 것을 알 수도 있을 것이며, 어떤 사람은 오이를 싫어하는 이유를 알 수도 있을 것입니다. 또한 농산품의 가격이 때로는 국가 정책으로 인해서 비싸거나 싸질 수도 있다는 것도 알게 될 것입니다.

그렇게 많은 교류를 통해서 들어오는 모든 정보들은 이곳만의 지식이 되어 쌓여 갈 것입니다. 그리고 그렇게 3년 이상을 교류하게 되면 처음에는 어색하던 것들이 차츰 익숙해져 가고, 다른 사람들과 대화를 하던 것도 이제는 익숙해지면서 상대방들을 이해하려고도 합니다.

5-7. 사회성의 중심에 서야 하는 농촌과 농업인

그뿐 아니라 뭔가 문제가 있는 부분들에 대해서 해결점을 찾으려고 노력을 하기도 할 것입니다. 그러한 모든 것이 또 이곳만의 지식이 되어 그것을 연구하여 이곳만의 전문지식으로 만들어 갈 수 있게 됩니다. 그래서 도시와 농촌의 물리적 경계만이 아니라, 지식적 경계의 폭도 줄여갈 수 있을 것이라고 보며, 국가 차원에서 사회성을 키워가는 데 기여를 하게 될 것입니다. 본래 농경사회라는 단어에서 보듯이, 농업이 중심이 되던 시대였을 것입니다. 이러한 것이 점차 다양성으로 인해서 도시화가 되면서, 사회의 중심이 도시가 되고 도시에서 일어나는 많은 일들이 국가의 중심체제로 변화되면서 사회성의 중심은 도시가 되었습니다. 그리고 농촌 사회는 사회성에서 역할이 줄어들기 시작했으며, 도심의 외곽지역으로 인식이 되었으며 각광받지 못했습니다. 그래서 도심에서 적응을 못하거나 일을 찾지 못하거나, 퇴직을 하거나 실직을 하는 사람들이 농촌으로 가서 "농사나 짓는다."라는 인식을 가졌던 시기도 있었습니다. 지금은 이런 인식에서는 많이 벗어났지만 아직도 농사를 짓는 것을, 할 일이 따로 있지 않기 때문에 한다고 생각하는 사람들이 많이 있습니다.

그렇기 때문에 사회성의 중심이 된 도시화에 대해서, 더 큰 사회성을 만들기 위해서 적극적인 자세로 힘과 노력과 뜻을 모아야 한다고 봅니다. 물론 이러한 뜻에 이념이 들어간 농산품 생산 사업을 펼친다면, 사회성에 기여를 할 뿐만 아니라 사회성을 주도할 수 있을 것이라고 봅니다. 왜냐하면 농업인은 전국 어디에나 있으며, 서로가 공감대를 만들어갈 수 있는 뿌리 깊은 정서가 있기 때문에 그 힘은 더 커질 것이라고 판단됩니다.

6. 정치인이 자신만의 사회적인 가치를 만들어 갈 수 있는 실험적 모델 제안
- 주민의 융합민주주의(국회의원 박주민 블로그 컨셉 제안)

이번 블로그 카테고리 컨셉 샘플로 만들어 볼 내용은 국회의원의 블로그용 카테고리 컨셉입니다. '주민의 융합민주주의'라고 컨셉을 잡아서 블로그 카테고리를 만들어 보려고 하는데요, 더불어민주당 박주민 의원님의 블로그를 만들어 보겠습니다. 블로그를 만들 때는 컨셉이 잘 드러나면서, 사람들이 쉽게 이해할 수 있는 스토리 전개가 필요하다고 봅니다. 그런 블로그는 운영자들의 목표대로 결과물이 만들어질 수 있기 때문에, 새로운 지식을 다시 사회에 제공을 할 수 있게 됩니다. 따라서 그러한 관점에서 박주민 의원님의 블로그샘플을 만들려고 노력을 많이 했습니다.

6-1. 블로그는 살아 숨 쉬는 책이다

다양한 블로그의 카테고리 메뉴들을 보면서 그 블로그는 어떤 철학을 가지고 만들어졌는지, 어떻게 스토리 전개가 되는 블로그인지, 이 블로그를 통해서 얼마나 많은 사람과 소통을 하고, 사회에 어떤 영향을 주려고 하는지 검토하고 있습니다. 어떤 곳의 블로그는 카테고리 메뉴만 보더라도 어떤 블로그이고 어떤 생각과 주제에 관해서 정리를 하고 있는지 쉽게 이해되는 블로그가 있는가 하면, 어떤 블로그는 그냥 게시판이라는 카테고리 하나에 모든 내용들을 다 담아 놓은 블로그도 있습니다. 이런 블로그는 더 볼 생각도 없이 나와 버리게 됩니다. 블로그는 온라인에 살아 있는 책을 만드는 과정이라고 저는 생각을 합니다. 서점이나 도서관에 가서 책꽂이에 있는 책을 보게 되면, 먼저 책의 제목을 보고 손에 잡습니다. 그리고는 제목을 한참 동안 생각하고 자신이 관심 있는 종류의 책이라고 생각을 하게 되면, 책장을 넘겨 누가 저자인지 살펴보고 저자의 이력을 봅니다. 그리고는 책의 목차를 살펴봅니다. 어떠한 목차들이 있으며 그 목차들은 책의 저자가 하고자 하는 말의 어떤 과정으로서 있는지를 살펴보는 것입니다.

그래서 목차만 보더라도 책의 저자가 제목과 관련해서 아주 구성을 잘 했다는 인식을 할 수 있게 합니다. 그리고 필요한 정보만을 보려고 할 때도 책의 목차를 살펴서 그 부분만 따로 볼 수도 있게 됩니다. 블로그의 카테고리(목차)도 그런 역할을 하는 것이라고 봅니다. 그냥 게시판 몇 개에 모든 내용들을 담아 놓은 그런 블로그는 목차 없는 책이라고 할 수 있습니다. 그냥 나열하기 위한 것, 보여주려고만 만든 블로그라는 것을 알 수 있습니다. 그래서 정작 그 사람이 블로그를 통해서 하고자 하는 주제와 관련 내용들을 찾으려고 하면, 어디에서 찾아야 하는지 알 수 없게 됩니다. 물론 단순 홍보용으로만 블로그를 만들어 놓았다면 그렇게 해도 무리는 없을 것입니다. 하지만 온라인 내용을 선호하는 사람들이 지속적으로 늘어가고 있는 앞으로의 시대에서, 블로그는 살아 있는 책이 될 것이며 혼자 만들어가는 책이 아니라, 블로그 주인의 철학이 제시하는 주제와 함께 공감하고, 공유하는 사람들이 함께 만들어 가는 책이 될 것이라고 봅니다.

6-2. 정치철학이 있고 국민과 호흡하는 블로그

이러한 연유로 대한민국 국회의원들의 블로그를 많이 검토했습니다. 그런데 대체적으로 거의 비슷한 형태로 카테고리 메뉴가 만들어져 있는 것을 알 수 있었습니다. 몇 개 되지 않은 카테고리 메뉴에, 게시판 몇 개 그리고 언론과 관련된 카테고리와 의원의 프로필, 또한 의정 활동 등으로 만들어져 있는 것을 볼 수 있었습니다. 물론 그중에 여러 국회의원의 카테고리 메뉴는, 주제를 찾으려고 한 흔적들을 볼 수도 있었습니다. 하지만 대체적으로 메인 페이지에 의원의 사진과 캐치프레이즈 위주의 블로그에, 의정 활동 카테고리에는 의정 활동을 하는 모습의 사진들이, 제목 없이 그대로 포스팅 되어 있는 경우들이 대부분이었습니다. 정치철학과 정책과 비전을 제시하는 대한민국의 국회의원의 블로그라고 하기에는 부족한 부분들이 많이 보였습니다. 그렇다고 국회의원을, 블로그를 통해서 평가를 하려는 것은 아니니까 오해는 없으셨으면 좋겠습니다. 저는 블로그를 조금이라도 더 효율적으로 만들어서, 지지자들과 국민들과 관심 있는 주제에 관해서는 지속적으로 토론도 하고 지지자들을 결집시키기도 하며, 소통을 해서 블로그 카테고리 메뉴의 제목을 보고 관심 있는 국민들의 좋은 의견도 모을 수 있는 곳으로 활용을 하기를 바라는 마음에서 작성을 하는 것입니다.

그래서 의원만의 새로운 정치철학의 지식이 생산되고, 정치인생의 스토리가 전개되는 모습을 보여주시기를 바라는 것입니다. 그리하여 제 나름대로 친근감 있고 합리적이며 철학이 있는 정치를 하신다고 보는, 박주민 의원님의 블로그 카테고리 컨셉을 샘플로 만들어 보면서, 블로그 카테고리 메뉴를 만드는 방법을 제시하려고 한 것입니다. 박주민 의원님의 이름이 좋아서 '주민의 융합민주주의'라는 컨셉으로 블로그 카테고리 메뉴 샘플을 만들어 보겠습니다.

6-3. 블로그 컨셉: 주민의 융합민주주의

박주민 의원님의 이름은 참 좋습니다, 이미 그 이름에 주민이 들어 있고 민주가 들어 있기 때문에 매우 좋은 것 같습니다. 현재 블로그도 잘 꾸며져 있습니다. 게시글도 많아서 의정 활동을 매우 열심히 하십니다. 그런데 게시글은 많은데 상대적으로 그 게시글 내용에 특정 정책이나, 활동 내역을 찾는다는 것은 쉽지 않아 보입니다. 특별한 컨셉도 보이지를 않는 것 같습니다. 그래서 제가 임의적으로 '주민의 융합민주주의'라는 컨셉을 만들어 보았습니다. 그러니까 주민은 곧 시민이고 국민이라는 연결성을 쉽게 만들 수 있습니다. 그리고 민주주의는 특색 있는 제각각 국민들의 뜻을 얼마나 잘 융합하게 해서, 함께 좋은 나라를 만들어 가느냐 입니다. 개발시대의 대한민국 국민들은 먹고 살기 위해서 서로가 협동을 잘해서 어느 정도 성장을 시켜 놓았습니다. 그런데 성장을 한 후에는 서로의 개성들이 강하게 나타나서 개인적인 성향이, 민주주의의 발전과 사회 통합이라는 키워드에 부정적인 면으로 작용을 하기도 했습니다. 물론 지금에 와서 지난 시대의 사고를 강요할 수 없는 것은 당연한 것이며, 다양한 시대에는 그 상황에 맞는 가치관이 필요할 것입니다. 그런데 사회가 발전해지면서 나타나는 많은 문제들은 예전에 나타나는 문제와는 차원이 다른 것 같습니다. 단순하게 풀 수 있었던 문제들도 복잡 다양해지는 사회에서는, 여러 가지의 요소들이 융합이 되어야 해결되는 문제들이 많아지고 있는 것입니다.

그래서 융합이라는 단어는 이 시대에 아주 중요한 키워드가 되고 있습니다. 아픈 사람을 치료하는 것을 예로 들어보겠습니다. 어떤 사람에게 병이 생기면 그 진료를 위해서 병원에 갑니다. 일반 병원을 갈 수 있고 한방병원을 갈 수도 있습니다. 그리고 병이 확인되면 치료를 하게 되는데, 일반 병원의 치료방법이 있고, 한방병원의 치료방법이 있을 수 있습니다. 물론 일반 병원에서도 여러 파트에서 함께 융합을 해서 치료를 하는 경우들도 많이 있습니다. 그런데 예를 들어서 일반 병원에서도 치료가 되고, 한방병원에서도 치료가 된다면, 그리고 일반 병원과 한방병원에서 함께 치료를 하게 될 경우, 더 빠르게 치료가 된다면 어떻게 해야 할까요? 서로 융합을 해야 되지 않을까요? 또한 그 사람의 치료의 일부로서 생활습관에 대한 교정과 같은 결정을 해서, 생활습관 중에서 고쳐야 하는 것이 있다면 그 병의 치료를 위해서 함께 병행해야 하는 치료가 될 것입니다. 그리고 그 사람이 그 치료를 위해서는 어떤 지식을 알고 있어야만 하는 것이 있다면 또한, 그 지식을 알려 주기 위해서 최선을 다해야 할 것입니다. 또한 기타 심리치료와 음악치료 등도 병행해서 치료 항목에 추가될 수도 있을 것입니다. 그리고 그 사람의 체질에 맞는 음식으로 요즘은 치료를 하는 경우도 있기 때문에, 그런 항목이 추가될 수도 있을 것입니다. 이렇듯 사람의 병을 치료하는 것의 공식적으로 인정이 된 것에서도 상당히 많은 분야들이 있습니다.

그리고 사람의 치료라는 키워드에 중점을 두고 사람의 아픈 곳을 치료한다면 좋은 책이나 신념, 종교와 같은 분야들도 그 사람에게 알맞게 적용하여, 치료의 수단으로 활용할 수도 있을 것입니다. 물론 가장 좋은 국민들의 치료는, 정치 지도자들의 좋은 정책과 편견 없는 지도력이 될 수도 있습니다. 그리고 중요한 것이, 병이 걸리기 전에 주의를 해서 치료를 받지 않으면 더욱 좋겠죠. 그래서 사주 철학을 보면 태어날 때부터 어떤 사람은 신체의 어떤 부위가 좋지 않다는 것을 지적해 주는 것이 있기도 합니다. 이렇듯 특정한 안건에 대해서 융합의 힘을 어떻게 활용하느냐는, 사회 전반에 매우 중요한 과제가 되고 있습니다. 먼저 뜻을 모으는 것 그리고 함께 문제를 풀어 가려고 하는 의지를 만드는 것, 이런 역할을 가장 잘 할 수 있는 분들이 정치 지도자들이라고 봅니다. 사회의 다양한 분야들을 마음만 먹으면 언제라도 접할 수 있으며 의견을 들을 수 있고, 연결을 시켜줄 수도 있으리라고 판단합니다. AI의 발달은 의료지식이나 기술서적이나 법문이나 영문법이나 수학공식 등과 같이, 인간이 생산하고 있는 다양한 지식과 정보를 모두 저장할 것이라고 봅니다. 그래서 언제라도 필요한 사람에게 최적의 정보를 제공해 줄 수도 있게 될 것입니다. 그렇지만 개인과개인 단체와 단체 간에 얽혀 있는 많은 문제점들을 풀 수는 없을 것입니다. 그런 역할은 결국 사람들이 해야 되는 것이라고 봅니다. 사람들이 AI의 지식과 정보들을 활용하고 융합해서 인간관계의 문제를 해결하는 데 새로운 방법들을 찾을 것이라고 봅니다.

6-4. 블로그 스토리 전개 과정

그러한 연유로 블로그 컨셉을 '주민의 융합민주주의'라고 임의적으로 설정을 했으며, 앞에서도 말을 했지만 블로그는 온라인에 살아 있는 책을 만드는 과정이며, 혼자가 아닌 그 일을 하면서 만나고 소통하는 사람들과 지지자들과 국민들과 함께 만들어 가는 것이라고 생각합니다. 따라서 어떤 책을 만들어 갈지에 대해서 고민을 했고, 그 주제에 적합한 카테고리(목차)를 만들고, 블로그를 만들어 가는 주체도 방향성을 잘 잡고, 주제에 맞게끔 정치활동을 하고, 주제에 맞게끔 블로그 내용을 만들어 갈 수 있기를 바랍니다. 또한 그래야만 블로그를 찾아오는 사람들이나 지지하는 국민들이 쉽게 정보를 찾고, 정책을 펼치는 데 더 많은 이해를 할 수 있을 것입니다. 그리고 이 블로그의 미션은 '사회문제 해결에 새로운 융합의 개념으로 풀어 가기'입니다. 비전은 '융합을 통한 문제 해결과 그 방법의 새로운 지식을 이 사회에 제공함'입니다. 블로그의 스토리 전개 과정은 다음과 같습니다. 주민의 정치철학으로 정치를 시작하는 이유가 있을 것이고 목표가 있을 것입니다(이 부분은 개인적인 관점의 시작입니다). → 그렇게 시작을 해서 지역사회 활동 경험과 지식이 쌓이게 됩니다(개인적 관점에서 지역사회 관점으로 시각이 확대됩니다). → 국회의원 활동의 경험과 지식이 쌓입니다(국가적 차원으로 시각이 넓어지고 관점도 확대됩니다).

그렇게 의원 활동을 하면서 누적된 경험적 지식은, 의원 활동을 시작할 때의 정치철학과 목표와 맞물려서 새로운 경험적 지식을 만들어 냈을 것입니다. 단순히 국회의원으로서 영향력만 행사하면서 의정활동을 하지는 않았을 것이라고 봅니다. 국민을 위해서 분명 어떠한 것을 펼치려고 했고 실현하려고 정치를 했을 것이며, 그렇게 경험적 활동을 하면서 정치인생을 시작할 때 가졌던 목표성으로 새로운 지식이 만들어졌을 것이라고 봅니다.

여기서는 임의적으로 융합민주주의를 해 보겠다는 컨셉을 설정했습니다. 따라서 국회의원 활동에서 융합이라는 키워드를 항상 염두에 두고, 문제 해결과 사회통합 및 국가 문제 해결을 위해서 융합민주주의 가치를 박주민 의원님만의 지식으로 새롭게 탄생시키려고 노력을 했습니다. 그래서 그렇게 융합민주주의라는 키워드에 중점을 두고 일정 기간 의정 활동을 하면서 나름대로 얻어낸 결과물과 수많은 방법들, 그리고 그 가치에 대한 지식을 만들어서 이 사회에 다시 제공하려고 했습니다. 이러한 과정이 의정 활동을 하는 노력을 지지자들과 국민들에게 보여 주는 것이며, 각 카테고리별로 관심사항과 정책별로 지지자들이나 관심 있는 국민들이 블로그를 찾아와서 이해하고 함께 토론하고 논의를 할 수 있게 됩니다. 이런 모습은 나중에 다음 선거를 위해서도 블로그를 찾아오는 수많은 사람들에게 화두가 될 수 있으며, 뚜렷한 정치철학이 있고 국민들에게 새로운 가치를 만들어 제공한다는 인식을 줄 수 있게 될 것입니다. 또한 목표를 위한 결과를 만들어 내고 있는 정치인생의 스토리 전개가 되기도 할 것입니다.

6-5. 블로그 카테고리 샘플 '주민의 융합민주주의'

방향성: 융합의 힘과 가치를 만들어 간다. / 컨셉: 주민의 길 국민.
미션: 융합민주주의 가치를 확립한다. / 비전: 융합을 통한 사회문제 풀어 가기.

카테고리별 특징	큰 카테고리 작은 카테고리	카테고리별 세부적인 설명과 작성 내용들
첫 번째 큰 카테고리	주민과 융합	박주민의원의 개인에 관한 내용으로(개인적인 활동과 생각 철학, 가치관 등을 작성하는 카테고리) 나의 관점 즉, 박주민의원의 개인적인 관점에서 시작하고 작성하는 카테고리입니다.
의원실의 관점	프로필	박주민 의원의 개인 프로필에 관한 부분을 작성하는 곳
	생각과 일정	많은 생각들이 있을 것이며, 또한 일정을 작성하고 기록하는 공간
	정치철학	박주민 의원의 정치 철학과 비전 그리고 정치인생으로서 이루고자 하는 내용을 작성하는 공간. (예를 들어서 컨셉인 융합민주주의를 실현하고 실천하겠다.)
	사무실에서	의원사무실 사람들과 많은 일상과 경험 에피소드 및 다양한 의견들을 작성하는 곳
	생활 법 공부	국민들을 위해서 헌법 및 법을 쉽게 설명해 주는 공간

첫 번째 큰 카테고리 설명: 의원실의 기본정보와 의원 프로필 및 정치철학과 가치관이 있다면, 그러한 부분들을 지속적으로 작성하며 의원실의 활동모습 등도 지속적으로 작성을 할 수 있습니다.

두 번째 큰 카테고리	시민과 융합	지역구에서 일어나는 다양한 활동들의 경험과 지식을 작성하는 카테고리입니다. 의원실의 관점이 확대되어 지역사회의 많은 일을 경험하고, 문제가 발생하게 되거나 사회적으로 해결해야 되는 일들이 있으면, 융합의 관점에서 풀어가는 방법을 찾고 작성하는 카테고리입니다.
지역구 관점	은평구 사랑	은평구와 관련해서 자랑하고 사랑할 만한 내용들을 받아서 작성하고, 시민의 힘과 연관 지어서 작성할 수 있는 메뉴입니다.

	사람의 향기	사람 살아가는 맛이 생겨야 도시는 생명이 흘러갑니다. 그렇게 사람의 향기를 어떻게 만들어 가는지 노력하는 모습을 융합의 관점에서 연결해서 만들어 갈 수 있는 곳
	커가는 은평	지역의 개발이나 문화 및 생활상들이 발전하는 모습들을 작성하고 기록하는 메뉴입니다. 물론 여기서도 융합과 연관 지어서 작성할 수 있습니다.
	융합으로 해결	지역에서 발생하는 많은 문제점들을 해결하는 방식을 제안하는 것입니다. 실질적으로 문제 해결의 방식에 융합의 개념을 접목해서 풀어가야 하는 곳
	인성과 재능	지역민들의 다양한 의견과 재능, 인성을 배우고 개발하고 제시할 수 있는 곳

두 번째 큰 카테고리 설명: 지역구 의원이기 때문에 지역구 관련활동을 하면서 관계하는 다양한 활동들을 작성하며, 그 과정에서 보이는 다양한 문제들을 융합이라는 키워드를 활용해서 풀 수 있도록 검토하고 제시하는 방법을 보여줄 수 있습니다.

세 번째 큰 카테고리	국민과 융합	의정 활동으로 인해서 경험하는 다양한 지식과 활동을 작성하는 카테고리입니다. 지역사회의 관점에서 국가로의 관점이 확대되었습니다. 더 많은 경험적 지식이 만들어질 것입니다.
국가적 관점	의정활동현장	정책 및 기타 의정 활동을 하면서 겪는 다양한 경험을 체계적으로 기록 작성하는 곳
	전문분야활동	의정 활동 중, 전문위원 활동 중심의 포스팅
	민주당에서는	더불어민주당에서 연관된 일들을 작성하고 기록하는 곳
	국가행사현장	국가 행사에 참석을 하는 의견이 있을 경우 기록하는 곳
	융합토론하기	국가적으로 해결하거나 토론이 필요한 주제에 관해서, 융합적 방식으로 박주민 의원님만이 별도로 해결하는 과정을 작성하는 곳

세 번째 큰 카테고리 설명: 국회의원은 기본적으로 국가적 사안을 살피고 풀어가는 역할을 하는 공인입니다. 따라서 의정활동을 하면서 관계하는 다양한 환경과 사람들, 그리고 국가적 현안에 대해서 작성하는 곳이며, 이런 과정에서 발생하는 다양한 문제들도 융합이라는 키워드를 통해서 풀어가는 방법들을 작성하는 곳입니다. 인식의 확장과 지식이 쌓여가고 있을 겁니다.

네 번째 큰 카테고리	융합민주주의	융합의 가치로 문제가 해결되는 내용들을 지속적으로 작성하고 포스팅하는 카테고리입니다. 즉 현실 문제에서 풀려고 했던 것을 의원의 정치철학으로서 풀어가려고 했고, 그 생각으로 문제가 해결된 과정과 내용들을 지속적으로 작성함으로써, 의원 정치인생의 만족과 함께 지지자들에게도 정치철학과 해법을 보여줄 수 있는 카테고리입니다. 위의 과정을 통해서 얻어진 수많은 경험적 지식들이, 처음에 박주민 의원만이 정치를 하면서 추구하고자 했던 길을 가고 있는지에 대해서도 작성을 하고, 그 길을 가고자 하면서 경험했던 것들을 본인의 초심과 경험적 지식을 융합해서 박주민 의원님의 본인만의 새로운 지식이 만들어지는 카테고리라고 보면 됩니다. 즉 정치를 하면서 영향력 행사만 하면서 의정활동을 하지 않고, 정치인생을 시작하면서 가졌던 초심의 철학을 얼마나 잘 지키고 있는지, 변경이 되었으면 왜 변경이 되었는지에 대한 명분을 작성하고, 그 길을 가고자 하면서 만난 수많은 사람과의 융합이라는 것을 알아야 합니다. 그래서 그 새로운 지식으로 다시 이 사회를 위해서 활용할 수 있게끔 내어 놓음으로써 국민들에게 존경을 받을 수 있는 삶이 되기를 바라는 것입니다.
융합의 지식 활용의 관점	융합민주주의	박주민 의원만의 융합민주주의 경험적 지식이 만들어지고 그렇게 형성된 새로운 지식을 정리하고, 이 사회에 공유를 하는 곳
	융합의 결과물	융합의 의지로서 만들어진 결과물들이 많을 것입니다. 그러한 사례들을 기록하고 작성하는 메뉴입니다. 그러한 것은 다시 이 사회의 사람들에게 도움이 됩니다.
	문제해결 능력	융합으로 문제해결능력이 향상되는 것을 이 사회에 보여주는 곳
	세계 평화 기여	국내 문제 해결능력이 높아졌다면 세계 평화 기여를 할 수 있는 의지를 보여주는 메뉴입니다.
	주민에게 제안	누구라도 이곳에 제안을 할 수 있는 공간

네 번째 큰 카테고리 설명: 처음 정치인생을 시작할 때의 목표대로 결과물이 만들어졌는지 알 수 있는 카테고리라고 할 수 있습니다. 그렇게 되었다면 본인만의 새로운 지식도 만들 수 있을 것이며, 그러한 융합의 지식을 다양하게 활용하리라고 봅니다.

다섯 번째 큰 카테고리	주민의 길 국민	많은 활동을 하면서 새로운 지식을 만들어 내고 사회에 제공함으로써, 그 결과에 만족하는 사람들이 늘어나게 될 것이며, 그런 다양한 피드백을 작성하는 카테고리입니다.
피드백관점.	국민위한융합	정치인이라면 누구나 외치는 말입니다. 국민들을 위한 정치를 했다. 실질적으로 그러한 모습을 보여주는 곳
	융합개념확대	융합의 개념을 현재의 개념보다 더 확대를 해서, 사회 전반적으로 지속적으로 가능한지 연구하는 공간
	주민과의 행복	주민과 행복한 모습들을 그려가는 공간

다섯 번째 큰 카테고리 설명: 융합의 지식을 다양하게 활용할 수 있도록 많은 문제를 풀고, 그런 방법들을 작성함으로써 그런 내용들을 보고 도움을 받은 사람들의 다양한 피드백이 오게 될 것입니다. 그런 것을 토대로 새로운 가치를 만들어 갈 수 있을 것입니다.

<국회의사당>

6-6. 위 블로그 운영의 핵심은 '융합민주주의'라는 가치를 박주민 의원만의 지식으로 새롭게 만들어 가는 것

미션은, '사회문제를 새로운 융합으로 풀어 가기' 비전은, '융합의 개념 확대로 인한 사회문제 해결과 그 새로운 방법들을 이 사회에 제공함'입니다. 그러기 위해서 정치를 하면서 정치철학을 염두해야 하고 컨셉을 맞춰서 정치 목표를 설정하기도 했습니다. 이를 위해 정책과 의정 활동을 하는 것이라고 생각하면 됩니다. 그리고 국회의원이고 국민의 지도자인 정치인이라면 당연히 정치철학을 국민들에게 제시할 수 있어야 할 것입니다. 그래서 블로그를 의정 활동에 최대한 효율적으로 활용할 수 있는 방법을 국민의 한 사람으로서 샘플을 만들어 보았습니다. 초반부에 설명을 드렸듯이 조금만 더 신경을 써서, 블로그를 하나의 멋진 책으로 만든다고 생각을 한다면, 의정 활동을 기록하고 나열하는 모습의 블로그보다는 더 깊이 있는 블로그 활용이 될 것이라고 봅니다. 물론 의정 활동을 하는 것을 단순히 기록하고 홍보하는 것이 블로그 운영의 핵심이라고 할 수도 있습니다. 그리고 지금 대부분의 국회의원의 블로그는 그렇게 의정 활동을 하는 모습들을, 몇 개 되지 않은 게시판에 나열하듯이 기록하고 있습니다. 하지만 그렇게 하면 목차 없는 책을 만들어 놓은 것과 차이가 없을 것입니다.

위의 블로그 카테고리 샘플에서는 정치인생을 시작한다고 했을 경우에, 자신의 관점에서 보는 시각과 관점을 기록하고 작성하게끔 메뉴들을 설정했습니다. 프로필이 있어야 하고 어떠한 생각으로 정치를 하는지도 지속적으로 작성하고 알려야 할 것입니다. 이런 노력의 과정을 통해 다른 의원은 물론이고 지지자들과 많은 국민들이 박주민 의원의 방향성을 이해하게 될 것입니다. 그렇게 하면서 방향성이 지역사회로 넓어지고 관심분야도 많아지게 될 것입니다. 점점 의원의 정치철학을 바탕에 둔 정치생활의 범위를 넓혀 가게 될 것입니다. 그냥 의원으로서 영향력만 행사하면서 지나가는 것은 아닙니다. 그리고 점점 의정 활동의 영역이 국가 사회로 넓어지면서, 받아들이는 지식의 양과 만나는 사람들이 많을 것이며 풀어야 하는 사회문제도 많아지게 될 것입니다. 그리고 그러한 문제들을 접하게 될 경우 어떻게 풀어 가느냐는, 결국 의원이 가지고 있는 지식과 정치철학을 바탕으로 풀어 가게 될 것이라고 봅니다. 의정 활동을 하는 것 자체는 의원에게 주어진 업무입니다. 그 업무를 어떻게 풀어 가느냐의 문제는 고유의 영역이며, 의정 활동을 하면서 스스로 발전할 수 있는 기회가 될 것이라고 봅니다. 그리고 그 성장의 몫은 의원과 국민들에게도 많은 도움이 될 것이라고 생각합니다.

위의 블로그 카테고리 샘플은 그러한 의도로 만들었습니다. 단순히 의정 활동의 홍보용으로만 블로그를 활용하는 것이 아니라, 사회에 도움이 될 수 있는 살아 있는 좋은 책을 만들려는 뜻으로 방법을 제시하는 것입니다. 그래서 의원들 모두 의정 활동을 하시면서 경험적 지식으로, 본인만의 가치 있는 좋은 지식을 만들어서 이 사회에 다시 제공해 주시기를 바랍니다.

6-7. 블로그 활용은 평소에 하는 지속적인 선거활동

앞으로의 시대는 온라인의 비중이 오프라인 비중보다 더 커진다고 합니다. 그것은 누군가를 알기 위해서는 그 사람의 홈페이지나 블로그를 통해서, 그 사람의 정보와 생각 스토리를 알아보게 되는 것입니다. 현재 국회의원들의 블로그는 그냥 목차 없는 책이라고 할 수 있습니다. 내용은 많은데 어떤 정보를 찾아볼 수 없다는 것입니다. 국회의원의 간단한 이력을 볼 수 있지만 그 속에 정치철학과 지지자들의 소통, 어떤 스토리를 만들어 가는지는 쉽게 찾을 수 없습니다. 앞으로의 선거는 선거철만 선거 유세를 하는 것이 아니고, 평소에 활동하는 것을 잘 정리 정돈해서, 그 활동들이 현재의 활동도 되지만 앞으로의 활동의 데이터가 되게 하는 것도 매우 중요하다고 봅니다. 젊은 층이나 온라인을 하는 요즘 시대의 사람들은 그 정보가 어떻게 잘 정돈되어 있는지, 다른 사람들의 의견을 어떻게 모으는 것인지, 자신의 정치철학과 인생을 위해서 어떤 정책을 만들어 가는지를 보게 됩니다. 선거철에 잠시 선거 운동하는 것이 도움이 될 수도 있지만, 평소에 온라인 활동과 이력이 더 중요해지고 있습니다. SNS의 중요성을 알고 있어서 다양한 SNS를 통해서 홍보활동을 하고 있지만, 대부분 단편적인 활동이라고 할 수 있습니다.

앞으로는 블로그 활용에 있어서 카테고리(목차)를 자신의 정치철학에 근거해서 만드는 것이 중요하다고 봅니다. 그렇게 한다면 지지자들과 지역민들과 많은 국민들이 함께 그 블로그를 작성해서, 정치와 정책에 관한 살아 있는 책을 쓰는 것이 될 것입니다. 그래서 어떤 사람이 블로그에 들어와서 카테고리(목차)만 보더라도 그 사람이 어떤 국회의원이고 어떤 정치활동을 하고 있으며, 어떤 정책들을 가지고 인생 스토리를 만들어 가는지 확인할 수 있게 됩니다. 그러기 위해서는 국회의원들 각자의 정치철학이 있어야 하며, 그 정치철학을 바탕으로 앞으로 정치를 하면서 어떤 곳에 관심을 주로 가질 것이며, 그 목표를 이루기 위해서 어떤 활동을 할 것인지를 검토해야 될 것입니다. 그렇게 정치인생의 스토리를 만들어 갈 수 있어야 합니다. 그 내용들은 다른 SNS에 활용을 하면 되고, 다른 세미나의 토론 내용으로 사용해도 되며, 유튜브의 영상을 만드는 주제로 활용할 수도 있게 됩니다. 정치 영향력만 행사하시는 국회의원이 아니라, 의정 활동을 하면서 의원들의 정치철학을 통한 새로운 지식 가치를 만들어서, 이 사회에 다시 제공해야 된다고 봅니다.

7. 기존 조직(보험회사)의 개념과 정체성의 변화에 대한 실험적 제안
- 보험의 시간을 정산하다

7-1. 보험계약자의 외부 위험과 함께 내부 위험을 알아야 한다

이번에 블로그 카테고리 샘플을 만들어 볼 내용은 보험사에 대한 실험적 제안입니다. 보험사는 국가 경제에 있어서도 상당히 중요한 위치에 있는 업종입니다. 보험사로 출발을 했지만 고객들이 납부하는 월보험료가 거대한 자본금이 되었고, 당연히 그 자금 운영으로 부대 수익을 창출하여 금융회사로서 역할을 하고 있기 때문입니다. 그래서 국가에서도 보험사의 금융회사 역할에 대해서 만족을 하는 것으로 보입니다. 고객들이 납부하는 보험료는 보험회사의 성장에 큰 원동력이 되었다고 볼 수 있습니다. 상대적으로 성장이라는 키워드만 보았을 경우 보험료를 납부한 일반 고객들이, 어느 정도 성장을 했는지 개인적으로도 사회적으로도 연구를 해야 될 것이라고 봅니다. 추후에 받는 보험금에 대한 만족도보다는 보험료를 납부하면서부터 가지고 있넌, 사고 발생의 위험에 대한 경제적 보상이 보장된다는 심리적 안정감이 더 컸었는지도 모릅니다. 사회적인 차원에서도, 보험이 사고의 위험으로 경제적 보상이 보장된다는 심리적인 안정감이라는 지지대 역할을 하고 있는 것은 맞지만, 단순히 심리적인 안정감만으로 만족하지는 말아야 한다는 생각이 들었습니다.

왜냐하면 우리가 보험에 대해서 기본적으로 알고 있는 것이 있습니다.

자동차보험은 당연히 가입을 해야 되는 것이라고 생각을 하고 있으며, 암보험도 이제는 웬만하면 들어야 한다고 생각을 하고 있습니다. 국민들마다 실손 보험 하나쯤은 반드시 가입이 되어 있을 것이며, 그 이외에도 미래에 발생할지도 모르는 질병과 관련해서 많은 보험을 가입하고 있을 겁니다. 보험사가 존재하는 목적도 언제 발생할지 모르는 외부적인 위험으로 금전적, 심리적 보상을 위해서 존재하는 것이며, 이런 내용은 소비자들에게도 그대로 인지가 되어서 일반 사람들도 그대로 믿고 있는 상황입니다. 이런 것을 부정하려는 것은 아닙니다. 우리는 살아가면서 늘 외부의 위험에 노출된 채로 살아가고 있습니다. 자동차사고도 그렇고 길을 가다가 운이 없어서 넘어져 다칠 수도 있습니다. 나의 몸 속에서는 내가 모르는 사이에 암이 진행되고 있을 수도 있습니다. 그러한 위험에 대비를 하는 것은 당연합니다. 비가 올지도 모르는데 우산을 준비해야 되는 것은 맞습니다. 다만 이 부분에서 연구를 하는 것은 언제 발생할지도 모르는 외부의 위험에 대비하기 위해서 보험료를 납부하는 것입니다.

7-2. 보험계약자의 내부 위험을 줄이는 노력도 필요하다, 스토리텔링

외부에 대한 위험에 대한 보상을 보험료를 납부함으로써 지속하려고 하는 만큼, 자신 안에 가지고 있을지도 모르는 내부적인 위험에 대해서도 생각을 해야 된다는 것입니다. 앞에서도 언급을 잠시 한 적이 있는데, 내가 어떤 방향성을 가지고 있기 때문에, 그런 경험적 지식을 만들 수 있다고 설명을 했습니다. 이 말에는 또 다른 뜻이 있기도 합니다. 나의 방향성에 대한 행동에 따라서 습관도 달라지고, 그런 자세도 경험적 지식이 된다는 것입니다. 거친 일을 하는 사람은 외부 위험도가 더 높아지는 것은 당연한 것이지요. 걷는 자세가 좋지 않으면 척추나 다른 병을 유발하기도 쉽습니다. 팔자걸음도 건강에 좋지 않다고 합니다. 거북목도 좋지 않다는 것을 알 겁니다. 저도 여러가지 몸의 자세에 대해서 신경을 쓰고 있습니다. 작은 습관들부터 바르게 하는 것이 매우 중요하다는 것을 알기 때문입니다. 자동차 보험을 당연히 가입하는 것도 외부 위험에 따른 심리적 보상이기 때문에 가입을 하는 것이라면, 운전을 하는 습관도 작은 부분부터 바르게 할 수 있도록 만드는 것이 우선 나의 내부적인 위험을 줄이는 것이라고 봅니다.

보험설계사가 누군가에게 다가가서 암과 관련된 보험 상품을 설명하고 있다는 것은, 이미 그 사람에게도 암이라는 단어가 인식되고 있는 것입니다. 누군가가 내게 암에 대해서 말을 하고 있다면, 자연스럽게 암에 대해서 생각을 할 것이고 필요성에 대해서도 검토를 할 것입니다. 그리고 집안의 내력이나 자신의 근무환경이나 식습관 등을 고려해서 암 보험에 가입을 할 수도 있습니다. 그렇다면 '암'이라는 위험을 보험에 가입함으로써 심리적, 금전적 보호를 받고 있지만, 암에 대해서 내 자신의 내부적인 위험에 대해서도 준비를 하는 과정이 필요한 것입니다. 내 생활에서 스스로 바르지 못하다고 생각하는 작은 습관이라도, 바르게 만들어 가는 노력을 해야 될 것이라고 봅니다. 그리고 먹는 습관들도 살펴보는 것도 필요하겠죠. 혹시 집안 내력에 암이나 다른 병으로 힘들게 생활했던 사람들이 있는지 알아보는 것도 중요하겠습니다. 아니면 혹시라도 내가 사람들을 상대할 경우에 필요 이상으로 감정을 낭비하는 것이 있는 것은 아닌지 살펴봐야 할 것입니다. 물론 하루 아침에 바르지 못하다고 생각했던 습관이 잡히지는 않을 겁니다. 그렇지만 보험을 대하는 나의 외부적인 위험을 인식하고 있다면, 보험을 대비하는 나의 내부적인 위험을 줄이려고 하는 노력의 시간도 반드시 필요할 것이라고 봅니다. 생활에 작은 습관들이 삶에 큰 영향을 준다는 것은 다들 아실 겁니다.

7-3. 보험계약자의 내부 위험을 줄여 가는 시간

'보험의 시간을 정산하다'라는 의미는 그러한 뜻이 들어간 컨셉입니다. 보험 계약자가 보험을 가입함으로써 자신에게 다가올 수 있는 위험을, 보험사를 통해서 지키고 줄여 가는 것도 중요하지만, 나의 내부적인 위험을 줄이기 위해서 바르지 못한 나의 작은 습관이나 주변 환경들을 바로잡으려고 노력하는 시간을 의미합니다. 이건 보험계약자의 노력에만 포함되는 것은 아닙니다. 보험회사가 사회의 개별 단체로 활동을 하면서 사회 구성원들에게 좋은 역할을 많이 한 것으로 알고 있습니다. 보험회사로서 사회적인 위험에 준비하고 대비할 수 있게 했던 역할과, 금융회사로서 국가 경제에 큰 영향을 주면서 긍정적인 영향을 주는 것도 알고 있습니다. 사회 구성원들을 많은 위험에서 심리적 금전적 안정감을 주고 있지만, 보험 계약자들 스스로의 습관이나 행동들로 인해서 발생할 지 모르는 내부적인 위험에 대해서도, 이제는 확실하게 인식을 줄 수 있어야 한다고 봅니다. 월보험료만 받으면 되는 것이 아니라, 보험 상품과 관련해서 보험계약자들이 관리해야 하는 내부적인 위험을 줄이는 방안들을 연구해서 함께 지속적으로 안내하는 것이 필요하다고 봅니다. 그것이 진정 국민 건강과 안전을 위한 것이며 보험회사의 중요한 역할이라고 생각합니다. 보험회사의 입장에서는 그것이 사회적으로 보험의 시간을 정산할 수 있는 계기가 될 것입니다.

7-4. 보험의 시간을 정산하다, 블로그 카테고리 샘플

방향성: 보험이 주는 시간의 의미를 알아가자. / 컨셉: 보험 시간의 정산.
미션: 보험계약자의 내부 위험을 줄여야 하는 이유 알기. / 비전: 보험의 시간을 사회 구성원들과 사회의 성장의 계기로 만든다.

카테고리별 특징	큰 카테고리 작은 카테고리	카테고리별 세부적인 설명과 작성 내용들
첫 번째 큰 카테고리	보험을 배우다	보험의 본질을 배우고 왜 보험이 필요하게 되었으며, 어떤 과정으로 현재에 운영되고 있는지 배움
보험개념의 현재의 관점 배우고 이해	교육의 시간들	보험사에 들어가기 전 보험에 대한 전반적인 교육과 설계사시험 및 시장구조
	보험의 필요성	현재 보험이 필요한 이유를 사회 구조적인 측면에서 배움. (보험사의 입장이 더 클 수 있음)
	보험사를 배우다	보험의 역사와 보험 회사들을 배우는 것입니다.
	변화의 설계사들	보험회사의 꽃이라고 하는 설계사들은 어떤 인식이 있는지 시대변화에 어떻게 영업하는지 배움
	보험상품의 이해	보험상품은 워낙 많음. 그리고 다른 상품들과는 다르게 보이지 않는 상품입니다.
첫 번째 큰 카테고리 설명: 보험이라는 것에 대한 현재적 관점을 배우고 이해하기 위한 카테고리.		
두 번째 큰 카테고리	생명 및 화재보험	보험의 대상이 사람인 생명보험과, 보험의 대상이 대물 관련인 화재보험이 있는데 이러한 보험사의 종류와 그에 따른 세부적인 이해를 배움
보험의 사회적 관점	개인보험	보험의 대상인 개인 대상으로 하는 개인보험에 관해서 배움
	단체보험	보험의 대상이 기업이나 단체를 상대로 하는 단체보험을 배움
	화재보험	보험의 대상이 자동차와 같이 대물형태인 화재보험을 배움

	보험사 역할 변화	보험사의 특징은 무형의 상품으로 월납보험료가 들어오면, 그것을 또 운영하게 되는데 이때부터는 금융회사로서 역할을 하게 된다. 고객의 돈으로 능력에 따라서 회사 규모를 키울 수 있는 중요한 역할이라고 할 수 있음.
	금융환경을 배움	금융회사로서 보험사는 국가적인 차원에서 금융환경에 커다란 영향력을 행사함. 그러한 구조를 배움
	사람들을 배우다	보험사는 상품을 가지고 사람들을 대상으로 영업을 하는 것임. 따라서 사람들을 배우고 알아야 함.
	사회를 배우다	보험을 가입하는 사람들이 있는 사회를 또한 알아야 한다. 사회 변화에 따라서 환경에 따라서 보험 상품이 달라지고 사람들이 필요한 상품을 찾게 합니다.

두 번째 큰 카테고리 설명: 보험산업과 관련해서 전반적인 이해와 함께 사회적인 관점과 역할에 대해서 배우고 이해하고자 함.

세 번째 큰 카테고리	영업으로 배우는 보험	보험설계사는 곧 영업을 지속적으로 해야 하는 사람들입니다. 따라서 그것을 통해서 사회에 접근을 하게 되고 모르는 사람들에게 말을 걸어 상품을 설명해도 가능합니다. 곧 현장에서 사람을 배우게 됩니다.
보험고객의 관점 이해	개인보험영업	개인 보험 영업은 신뢰감을 주는 것이 절대적입니다. 지인이라고 하더라도 신뢰감을 주지 못했다면 보험상품을 판매하기 어렵습니다. 차라리 처음 만나는 사람들을 상대로 영업을 하는 편이 좋을 수도 있습니다. 그러한 개인보험영업에 관한 내용을 작성하는 곳입니다.
	단체보험영업	최근에는 개인보험시장의 포화상태로 단체보험으로 많이 관심을 가지고 있습니다. 단체보험은 단체대표들에게 필요성을 설명하기가 쉽지 않고, 그들의 필요조건들이 상품에 따라 달라지고 세법 승계작업 절세와 같이 단체에 필요한 업무와 연관 지어서 보험상품을 판매하는 경우가 많습니다.
	새로운 만남들	영업은 늘 새로운 만남의 연속입니다. 사람을 많이 만나게 되면 첫만남에 어떤 사람인지 알기 쉽습니다. 그러나 짐작을 하더라도 평가는 하지 말아야 하며, 사람은 상황에 따라 대응하기에 따라서 달라지는 것이 또 사람입니다.

	영업 에피소드	영업은 늘 처음 가는 길입니다. 그래서 예측을 할 수 없습니다. 기본적으로 신중하게 하지만 언제 어디서나 어떤 일이 발생할지 모릅니다. 그런데 지나고 나면 또 나의 경험적 지식이 되어 있습니다.
	사람들의 인식	영업사원이 고객들에게 주는 인식이 있을 수 있지만, 고객들을 어떻게 대하느냐 따라서 그 사람에게서 받는 인식도 달라집니다. 듣는 자세가 되지 않았다면 사람을 만나지 말아야 합니다.
	고객관리 과정	계약을 떠나서 만난 사람들은 지속적으로 관리를 해야 합니다. 그들에게 언제 어떤 상품이 필요하게 될지 모릅니다. 그리고 계약 후에도 지속적으로 관리하는 것은 필수입니다..

세 번째 큰 카테고리 설명: 현재의 보험개념의 관점에서 보험소비자인 보험 고객의 관점을 이해하고, 그들이 보험에 대해서 가지고 있는 인식에 대해서 연구와 검토를 합니다.

네 번째 큰 카테고리	보험의 시간을 정산	보험은 무형의 상품이고 시간의 상품이며 서비스입니다. 사람의 질병과 생명에 관한 부분과, 발생가능한 위험으로 심리적 금전적 준비를 하고 있는 것입니다. 보험료를 납부하면서 발생하는 위험으로 심리적 보호가 보험금을 받는 것보다 많은 시간을 차지합니다. 그러면 그 위험은 누가 만드는 것인지를 근본부터 생각해야 하고, 보험료를 납부하고 있는 오랜 시간동안 내가 할 일이 무엇인지도 생각해 봐야 한다는 카테고리입니다.
보험의 개념 변화의 관점	보험의 개념을 변화	현대는 합리적인 시대입니다. 어떤 일을 하고 있다면 그 일에 대한 근본적인 답을 스스로 찾아야 합니다. 남들이 하니까 지금 내게 필요해서 하게 되면 정체성을 잃을 수 있습니다. 보험회사의 치열한 경쟁체제입니다. 사람들도 마찬가지입니다. 그곳에서 그 일을 하고 있다면, 반드시 자신의 이유를 찾아야 하고 나아가서 보험사의 사회적인 역할도 알고자 하면 좋습니다. 보험을 통해서 벌어들이는 수익보다 아마 보험사를 다니면서 배운 그 많은 환경과 경험적 지식이, 더 도움이 될 수 있습니다.

	성장을 위한 시간	나의 안전한 삶을 보험사에게만 맡겨 두어서는 안된다고 봅니다. 내 스스로 질병에 걸리지 않기 위해서 작은 습관부터 바르게 만드는 노력을 해야 합니다. 교통사고가 발생하지 않게 운전습관도 작은 것부터 바르게 만들어 가야 합니다. 그러한 노력 없이 사고 발생하면 보험금이 나오기 때문에 괜찮다고 생각하면 안타깝습니다. 보험을 준비하지 말라는 것이 아니라, 보험을 들었다면 이미 그 부분과 연관성이 있기 때문에, 생활에서 지속적으로 좋은 습관을 만들어야 한다는 것입니다.
	상품의 생명력 변화	모든 것에는 생명력이 있습니다. 그리고 생명력의 지속 여부는 가치 있는 활동을 통해서 계속됩니다. 보험 상품에도 생명력이 있습니다. 사람들이 많이 선호한다는 것은 그만큼 사람들에게 필요해서 그럴 겁니다. 보험금으로서 필요하겠지만, 우선 심리적으로 위험을 보장받는 것이겠죠. 그리고 스스로도 왜 이런 상품을 계약했는지도 알아야 하는 것이 생명력입니다.
	인간관계의 거울	보험설계사가 만나는 사람들은 대부분 위험을 대비하기 위해서 만나는 사람들입니다. 질병, 사고, 화재, 위험 등 그런 상황에 노출되어 있거나 걱정하고 있는 사람들을 만나는 것이죠. 그것은 나 자신이 그러한 일이 발생할 수 있다는 생각을 해야 합니다. 인간관계는 거울이라는 말이 있습니다. 일 때문에 그 일을 하든 아니든 나도 그러한 위험을 대비해서 자신을 알아야 한다는 것입니다. 보험설계사가 질병에 걸려서 안타까운 일이 발생하는 경우가 많은 것도 생각해 볼 일입니다.
	하늘이 준 기회	예고 없는 교통사고로 사망을 하는 경우보다, 질병에 걸려서 자신을 돌아볼 수 있는 시간이 주어진다는 것은 상대적으로 감사할 일입니다. 조금이라도 자신을 알아갈 시간이 주어진 것이죠. 보험의 시간을 정산하는 것은, 내가 위험하다고 판단하는 그 시간들을 통해서 자신을 더 많이 알아가라고 준 하늘의 기회는 아닌지 생각을 해야 되고, 사회적으로 보험의 시간이 보험사의 금융수익을 무한대로 늘려주는 시간인지, 아니면 사회적으로 보험사의 역할이 달라져야 된다는 것을 의미하는지 검토해야 하겠습니다.

네 번째 큰 카테고리 설명: 보험고객이 보험을 가입하면서 가지고 있는 기본적인 개념의 변화를 합리적인 관점에서 제시하고 변화를 시도해 봅니다. 나의 위험을 외부에 맡기는 것은 좋은데, 상대적으로 나의 위험을 줄이기 위한 스스로의 노력이 필요하며 보험의 시간을 정산하는 것은, 나의 위험을 줄이기 위한 노력의 시간임을 제시합니다.

다섯 번째 큰 카테고리	새로운 역할	새로운 역할 카테고리는 만약에 부험사와 보험설계사의 개념과 역할에 대한 변화를 인식해서, 새로운 방향으로 검토를 하고 있다면 그에 대한 피드백을 통해서 변화의 시간을 모색하는 것입니다.
피드백 관점 새로운 관점	성장의 환경 제공	보험사를 통해서 보험설계사를 한다는 것은 사회적으로 수많은 환경들을 만나는 것입니다. 내가 사람들을 어떻게 대하는지에 따라서, 사람들에게 위험으로부터 안전을 보장받는 사람으로 볼 수 있으며, 그 시간을 통해서 자신을 더 알아갈 수 있는 기회가 된다는 것을 알려줄 수도 있습니다.
	새로운 지식 제공	개념이 바뀌면 지식을 활용하는 방법도 달라지고 인식도 달라지며 깊이도 달라집니다. 많이 알수록 두려움과 위험도 줄어든다고 봅니다. 그건 자신이 생활하면서 작은 습관도 바르게 만드는 것이라고 봅니다. 그럴 때 지식은 더 큰 힘을 발휘하게 됩니다.
	사회적 교육 제공	한두 명의 인식으로는 사회적인 영향력을 주기 힘듭니다. 그러한 노력을 할 경우에 사회적인 힘이 됩니다. 그렇게 되면 사회 구성원들에게 교육이 되고, 일반적 지식이 될 것입니다.

다섯 번째 큰 카테고리 설명: 보험의 시간은 돈으로 미래를 보장하는 것이 아니라, 돈으로 보장된 시간동안 왜 보험상품을 가입하고 있는지 알아야 하는 시간입니다. 그것을 모두 정산해야 합니다. 그런 부분을 알게 되고 인식하게 된다면, 보험을 가입함으로써 삶의 실질적인 성장이 가능할 수도 있습니다.

<한강 두물머리 가을>

5강.

온(ON) 세상의 기여는 오프라인 세상을 이끌게 된다

1. 온(ON) 세상과 오프라인은 하나의 시스템이다

온라인 세상의 발전은 어느새 오프라인에서 활동하고 있는 우리들에게 반드시 있어야 하는 공간이 되었습니다. 오프라인에서 활동하는 것만이 사람 살아가는 모습이라고 생각을 하던 시대는 지나가고 있습니다. 동네에서, 직장에서, 커피숍에서 사람들을 직접 만나서 대화를 하고 일을 하고 소통을 하는 것이 진정한 교류라고 생각을 하지 않아도 되게 되었습니다. 만약에 오프라인에서 사람들을 만나서 교류하는 것만이 사람들을 바르게 대하는 것이라고 생각을 하면, 지구의 모든 사람들을 한 자리에 모아 놓고 인사를 하고 교류를 해야 할 것입니다. 책의 발전으로 다른 지역에도 사람들이 살고 있으며, 그 사람들이 어떤 생각을 하면서 살고 있다는 것을 간접적으로 경험할 수 있는 계기가 되었다면, 온라인의 발전은 다른 지역에 있는 사람들과 실시간으로 교류를 하면서 서로에게 도움이 되는 수많은 정보와 지식을 교류하게 되었습니다. 그리고 필요한 내용들을 저렴한 비용으로 언제든지 찾아볼 수 있는 시스템이, 지구 곳곳에 네트워크로 연결이 되고 있으며, 그로 인해서 온라인 세상은 오프라인 세상과 하나로 연결되는 시스템이 되고 있습니다.

오프라인으로는 도저히 할 수 없는 일들이지만 온라인 세상에서는 가능한 일도 많아지고 있습니다. 그중에서 가장 대표적인 것이 지식을 습득하고 교육을 받는 데 있어서 차별성이 없어지고 있다는 것입니다. 모든 사람들이 모든 분야에서 전문가의 수준만큼 지식을 갖추기는 불가능합니다. 전문적인 자신만의 분야와 활동성이 있는 반면에, 일반적인 지식과 정보는 물론 전문자료도 인터넷이라는 거대 바다를 통해서 언제든지 공유와 검색 확인이 가능한 시대가 되었습니다. 굳이 외울 필요도 없으며 손 안의 스마트폰에서 필요한 정보를 찾으면 되고, 스마트폰으로 찍어 둔 사진이나 문서들은 클라우드에 접속을 해서 언제든지 활용을 하면 됩니다. 언어의 불편함이 존재하고 있지만 그것마저도 통역기술의 발달로 점점 줄어들고 있습니다. 그래서 이제는 온라인에 저장되어 있는 수많은 자료들 중에서 질 좋은 정보들을 찾아가고 있는 추세입니다. 비슷한 정보나 지식이라고 해도 그 자료를 올린 사람에 따라서 내용이 달라지기 때문입니다. 무조건 자료를 올려서 질보다 양으로 승부를 보는 시대는 지나가고 있습니다. 광고수익이나 조회수를 늘리기 위해서 만드는 영상이나 자료는 이제 쉽게 분별이 되고 있습니다.

온라인에도 오프라인처럼 질서가 만들어지고 있는 것입니다. 블로그 운영에 있어서도 블로그의 주된 내용보다 광고가 상대적으로 많은 사이트는, 방문자들이 바로 나오게 되며 공유된 내용들이 많은 곳도 다시 찾아가지는 않게 됩니다. 맛집을 소개하는 코너가 있다고 하더라도 비슷한 음식 사진만 계속해서 포스팅 되는 블로그도 다른 사람들에게 흥미를 주지 않게 됩니다. 무조건 비판적인 내용이 많은 블로그도 좋은 반응을 주지 못합니다. 홍보나 광고성 글을 올리는 것도 관심을 주지 못합니다. 온라인을 통한 자신을 표현하고자 하는 것은 당연한 것이고 그렇게 해야 하지만, 자신을 위해서라도 좀 더 신경을 쓰는 것이 좋을 듯합니다. 블로그나 기타 SNS에서 표현되는 모습이 어떤 사람들에게는 자신의 전부가 되기도 합니다. 그래서 사진 한 장, 글 한 줄을 올리더라도 정성을 들이는 것이 필요하다고 봅니다. 앞에서도 언급을 했지만 블로그나 기타 SNS는 온라인의 집과 사무실이기도 합니다. 집과 사무실을 외형적으로 잘 만들고 꾸미는 것도 중요하지만, 그 안에서 어떤 내용을 채워서 어떻게 살아가느냐는 더 중요할 것이라고 봅니다.

2. 신패러다임의 해법을 제시해야 한다

온라인에 정보와 지식이 많다는 것이 어떤 사람들에게는 피곤한 일이 될 수도 있습니다. 그 많은 정보와 지식들을 필요한 경우에는 다 찾아야 하고 소화를 해야 되기 때문입니다. 정보와 지식의 양이 한정되어 있으면 한정된 자료를 가지고 문제를 해결하면 됩니다. 그런데 정보와 지식이 많다 보니 어떤 자료를 가지고 문제를 풀어야 할지 난감한 경우가 발생합니다. 우리가 자료를 만든다고 하더라도 100% 자신만이 알고 있고 독창적인 자료는 없습니다. 자신이 지금까지 살아오면서 가지고 있는 가치관이나 생각들이 있으면, 그에 맞추어서 어떤 것을 보거나 사진을 찍게 되면 그러한 지식으로 만들게 됩니다. 그러다가 좀 더 자신이 깊게 공부를 한다는 생각으로 접근을 하려고 하면, 참고해야 되는 내용들은 더 많아지게 됩니다. 영상을 찍더라도 다른 사람들이 찍은 영상을 참고해야 벤치마킹을 하면서 구상을 하는 것입니다. 그건 당연한 것이죠. 그렇게 하면서 자신이 직접 구상도 하고 아이디어도 생기면서 좀 더 창조적인 작품이 나오게 됩니다. 그래서 온라인을 통해서 강의하는 많은 내용들을 접하게 됩니다.

같은 내용을 가지고도 사람에 따라서 강의하는 내용이 달라지고 내게 들어오는 느낌이 달라지기 때문입니다. 그래서 같은 내용을 강의하는 여러 사람들을 비교평가해서 듣거나, 인터넷을 검색해서 추가로 참고를 하기도 합니다. 인터넷을 검색하거나 유튜브를 검색하게 되면, 사람들마다 검색되어서 상위에 노출되는 내용들이 다르다는 것을 아실 겁니다. 사람들의 컴퓨터나 스마트폰에 저장되어 있는 정보들을 바탕으로 검색이 되기 때문에 그렇습니다. 그런데 배우고자 하는 내용들이 있으면 계속해서 연결이 되어서, 생각지도 않은 좋은 정보나 지식이 있어서 만족하는 경우가 많습니다. 어떤 때는 찾고자 하는 내용이 가장 나중에 나올 수도 있기 때문에, 집중적으로 찾아서 계속 보게 되는 경우도 있습니다. 왜냐하면 자신이 알고자 하는 분야에서 비슷한 경우들이 나오면, 자신에게 특별히 도움이 되지 않는 경우도 있는데, 그럴 때는 나중에 나오는 자료가 매우 중요한 핵심 정보가 되기도 합니다.

현대의 시대는 상식의 시대라고 합니다. 대부분 사람들의 지식이 평준화되고 자신이 하는 일에 대해서 자부심을 가지고 있기 때문에, 문제를 푸는 방식이나 해법을 찾는 말이나 누구에게 조언이나 충고를 하더라도 이미 많이 알고 있는 내용들이 많습니다. 그래서 특별히 다른 사람들에게 도움이 되지 않을 수도 있습니다. 영어로 된 것도 이젠 통역이 쉽게 되어서 더 이상 특별하게 보이지 않게 되었습니다. 조직이나 사회에서는 새로운 패러다임을 요구하고 있습니다. 새로운 패러다임이라고 하는데도 기존의 것을 되풀이하는 형태도 많이 볼 수 있습니다. 그건 저도 마찬가지였습니다. 기존의 사고와는 다른 무엇들을 찾으려고 오프라인으로도 온라인에서도 많이 다녔습니다. 그리고 제가 이 책에서 추천을 할 수 있는 강의는 '정법강의'입니다. 유튜브에서나 인터넷 검색창에서 '정법강의'를 쳐서 경청하시면 됩니다. 신패러다임을 찾는 분들에게 제안을 드립니다. 기존의 사고방식과는 다른 관점에서 이 사회나 세상을 설명하고 있습니다. 완전히 다른 관점이 아니라 현재의 상태에서 전혀 생각하지 못했던 부분으로 강의를 하고 해법을 주셔서, 특히 많은 지식인들에게 인기가 있습니다. 최소 30강 이상 들어 보시기를 추천해 드립니다. 제가 인식이 확대되어 이 책을 쓸 수 있게 된 계기도 '정법강의'를 통해서 가능했던 일입니다. 분명 신패러다임의 해법을 드릴 겁니다.

3. 온(ON) 세상 기여는 오프라인 세상도 이끌어 간다

훌륭한 책은 더 많은 사람들에게 감명을 주고 도움을 주기도 하며 인생의 나침반이 되기도 합니다. 모든 책들이 많은 사람들에게 인기가 있는 것은 아니지만, 누군가의 정성과 노력과 열정에 의해서 쓰여진 책은 분명 더 많은 사람들에게 도움이 되고, 이 세상을 위해서도 필요한 작품이 됩니다. 이제 누구라도 자신의 역량을 책이 아닌, 블로그와 SNS를 통해서 펼칠 수 있게 되었습니다. 누구나 자신의 생각을 더 명확하게 정리할 수 있으며, 자신의 아이디어와 상상력을 좋은 내용으로 만들 수 있습니다. 그냥 스쳐 지나가는 생각을 스쳐 지나가게 만들지 말고 확실하게 잡아서, 내가 표현하고자 하는 내용과 연결시켜서 멋지게 나의 생각을 표현해야 합니다. 우리의 의식과 지식과 인식이 성장하는 만큼 표현하게 되어 있습니다. 그리고 더 많은 경험과 지식을 갖추고 나서야 자신이 상상하던 것을 표현할 수 있게 됩니다. 지식을 많이 갖추게 되면 하고 싶은 말이나 표현하고자 하는 내용은 풍부해질 수 있지만, 체계적이며 논리적으로 정돈할 줄 알아야 자기자신도 설득할 수 있으며, 다른 사람들도 설득할 수 있고 감명을 줄 수 있게 됩니다.

또한 우리들 안에 있는 수많은 경험적 지식과 풍부한 상상력이 있다고 하더라도, 그것을 누구에게 어떻게 사용하는 것이 바람직한 것인지를 생각하는 것도 필요합니다. 작은 힘도 좀 더 많은 사람에게 도움이 될 때 더 가치 있는 사용이 됩니다. 그러한 행위는 결국 사람이 어떤 뜻을 가지고 있느냐에 따라서 달라지는 것입니다. 역사적으로 오랫동안 꾸준한 인기를 받고 있는 수많은 작품들은, 작가들이 개인적인 욕심을 채우기 위해서 만든 것이 아닙니다. 사회 구성원들 전체에게 조금이라도 도움이 되고자 하는 뜻에서 만든 작품들이 대부분입니다. 모든 분야에서도 꾸준하게 유지되고 있는 좋은 내용들 역시, 그것을 만든 사람들의 뜻은 결국 이 사회 구성원들 모두에게 도움이 되고자 하는 뜻에서 나왔다고 할 수 있습니다. 앞에서 언급을 했던 것 중 우리가 관점을 어디에 두느냐에 따라서, 같은 환경을 보는 생각이 달라지는 것과 같다고 할 수 있습니다. 물건을 사기 위해서 마트를 갔다 오더라도 물건만 생각할 수 있으며, 갔다 오는 길에 보였던 많은 환경들을 생각할 수 있습니다. 이럴 경우 블로그에 작성하는 글의 내용은 상품후기만 될 수도 있으며, 어떤 사람은 마트의 풍경이나 마트 안의 사람들, 마트에서 장보고 오는 사람들의 풍경과 같이 좀 더 넓은 관점에서 블로그의 내용을 작성할 수도 있을 겁니다.

하루에 온라인에 작성되는 수많은 콘텐츠들은 나름대로 모두 신선한 정보와 지식들로 이루어져 있습니다. 그렇게 많은 자료들이 올라온다는 것은 그러한 내용들을 좋아하는 사람들이 있기 때문에, 필요에 따라서 올라올 것입니다. 어떤 자료는 지쳐 있는 누군가에게 신선하고 유쾌한 웃음을 주어서 다시 일에 집중할 수 있는 시간을 만들어 주기도 합니다. 그리고 누군가에게는 뭔가를 반드시 구입을 하고자 하는데, 도대체 상품후기가 없어서 결정을 하지 못했는데 마침 그 상품과 관련된 후기를 보고, 상품 선택에 대한 결정을 하는 데 도움을 줄 수도 있습니다. 누군가는 영화를 보고 싶은데 관련 영화에 대한 정보가 부족해서 망설이고 있는데, 마침 관련 영화에 대한 평가에 대한 내용이 있어서 도움을 줄 수도 있습니다. 또한 삶이 힘들어서 지치고 앞이 보이지 않을 때, 어떤 내용은 그 사람들에게 삶의 희망이 되는 중요한 자료가 될 수도 있었습니다. 이렇듯 온라인 세상의 활발한 활동은 오프라인의 공간과 시간적인 한계를 극복하게 하여, 더 많은 사람들에게 도움을 줄 수 있게 되었습니다. 정도의 차이는 있겠지만 온(ON) 세상의 기여는 분명 오프라인 세상을 이끌어 가는 데 큰 힘과 역할을 하고 있습니다.

체계적인 카테고리 관리는 다른 콘텐츠 제작에 도움을 준다

아직도 온라인에 글을 작성하지 않으신 분들이 있을 겁니다. 어떠한 환경에 놓여 있든지 온라인 활동을 한 번도 하지 않고 있다는 것은, 새로운 경험을 할 수 있는 기회를 놓치는 것과 같습니다. 컴퓨터를 켜는 것 자체가 부담이 되는 경우도 있겠지만, 주변에 부탁을 해서라도 온라인 경험을 해 보시기를 바랍니다. 온라인 활동은 오프라인 활동과 마찬가지로 새로운 삶의 공간입니다. 이 책을 만드는 이유 중에 하나는 오프라인에서 수많은 경험을 하신 분들이, 그들의 그런 소중한 경험적 지식을 그냥 머릿속에만 두는 것보다, 온라인이라는 공간 속에 기록해 놓으시기를 바라는 마음에서 만드는 것이기도 합니다. 그 소중한 경험적 지식들을 카테고리에 좀 더 체계적으로 기록 및 보관하면서, 본인들의 삶을 바라보는 시각과 뜻도 재편성할 수 있습니다. 그리고 본인들의 뜻으로 재편성된 지식은, 본인들이 앞으로 하고자 하는 사업에 중요한 재산으로 활용할 수 있으며, 후대의 사람들에게도 소중한 지식이 될 수 있습니다. 온라인에는 오늘도 어떤 정보와 지식을 찾기 위해서, 수많은 사람들이 검색을 하고 있습니다. 어떤 사람은 원하는 답을 찾았을 수도 있고 그렇지 못한 경우도 있을 겁니다.

우리가 작성하는 정보와 지식이 내가 알지 못하는 누군가에게 현실적으로 도움이 되고 있다는 것은, 분명 기분 좋은 일이 될 겁니다. 그래서 그 내용에 하트 하나, 좋은 댓글 하나 달려 있다면 그래도 보람이 있음을 느끼기도 합니다. 그렇다고 반드시 누군가에게 도움이 되려고 작성하는 것은 아닙니다. 우선은 내가 그런 것을 작성하는 것을 좋아해야 합니다. 사진 한 장을 놓고서도 전혀 다른 글을 쓸 줄도 알아야 합니다. 같은 건물 사진 1장을 놓고서도 그곳에서 전혀 다른 스토리를 만들 수 있어야 한다는 것입니다. 왜냐하면 건물과 관련해서 벌어질 수 있는 스토리는 너무 많기 때문입니다. 건물에 상가를 임대해서 들어갈 수도 있고, 건물을 매매할 수도 있고, 그 건물이 주상복합건물이면 그곳에 주거를 위해서 분양을 받을 수도 있으며, 건물 안에 여러 업종들이 들어 있어서 그 업종들을 부동산 매물로 잡기 위해서 영업을 할 수도 있으며, 그 건물 안 레스토랑에서 첫 데이트를 할 수도 있기 때문입니다. 그리고 건물을 건축한 사람이라면 그 건물을 보고서 보람을 느낄 수도 있을 것입니다. 그래서 건물 사진 1장을 놓고서도 수많은 스토리를 만들 수 있기도 해야 합니다.

내가 어떤 생각을 하고 있느냐 따라서 카테고리 구성은 달라지고, 그 카테고리는 그것을 생각하는 사람이 가고자 하는 길을 나타내기도 하는 것입니다. 도시 계획을 하는 것과 같다고 볼 수 있습니다. 우선 큰 길을 만들고 구역마다 어떤 시설들이 들어올지 계획을 하는 겁니다. 도시 규모와 구역에 맞게 큰 길을 만들어 놓고서 이제 큰 길 안에 구역을 나눠서 작은 길을 만들게 됩니다. 그리고 그 길 주변으로 들어서는 시설들을 구분을 하게 됩니다. 그러면 도시는 큰 틀을 갖추게 되고 누구라도 쉽게 도시 어디를 갈 수 있게 됩니다. 요즘은 큰길, 작은 길 모두 이름이 있습니다. 그냥 길이 아니라 '종로'나 '청계천로'와 같이 이름들이 다 있습니다. 마치 도시에서 길을 따라서 여행을 하다가 집에 도착을 해서 그 여행 스토리를 만드는 것처럼, 카테고리에도 특성에 맞는 이름을 지정해 주는 것입니다. 큰 카테고리별로 이름이 있고 다른 카테고리와 관계성이 있기 때문에 전체적으로 컨셉에 맞게 자연스럽게 스토리텔링이 됩니다. 내 생각이 카테고리라는 길을 만들고 그 길 주변으로 멋진 내용의 글과 사진을 채워서, 가고자 하는 방향성으로 가고 있는 것입니다.

블로그 카테고리를 체계적으로 관리를 잘 하게 되면, 그런 내용들은 오프라인 및 유튜브나 다른 SNS에 사용할 준비되어 있는 콘텐츠가 되기도 합니다. 그냥 단순한 콘텐츠가 아닙니다. 자신의 뜻이나 주제에 필요한 내용들이 채워져 있는 공간이 블로그이기 때문에, 언제라도 다른 곳에서 활용할 상황이 생기면 조금만 가공을 해서 바로 사용할 수 있는 것입니다. 현재 유튜브에서 활동하고 있는 인기 유튜버들 같은 경우도, 자신이 기존에 블로그에 작성해 놓은 많는 콘텐츠 자료를 참고해서 내용을 만드는 경우가 많습니다. 만약에 블로그에 자신이 수많은 자료를 작성해 놓았다고 하더라도, 제목 없는 몇 개의 카테고리에 작성을 해 놓았다면 나중에 활용하기 쉽지는 않을 겁니다. 특히 국회의원들의 블로그를 살펴

보면서 많은 안타까움을 느꼈습니다. 몇 개 되지 않은 게시판에 작성되어 있는 내용은 너무 많았는데, 어떻게 활용할지 걱정도 많이 되었습니다. 스토리는 되지 않더라도 카테고리를 최소한 분류별로 구분해서 저장해도 중요한 지식으로 활용할 수도 있다는 생각을 했습니다.

우리, 사람들은 성장을 하는 존재입니다. 그리고 성장을 하는 만큼 표현하는 방법도 달라 집니다. 자신의 생각이나 주장대로 다른 사람들 신경 쓰지 않고 자기 중심적으로 표현을 하는 사람들이 있으며, 자신의 생각이나 주장하는 내용은 있지만 자기 중심적이지 않고 주변 상황에 맞춰서 표현하는 사람들도 있으며, 자신의 생각이나 주장하는 내용이 있어도 주변 사람들에게 도움이 되는 형태로 만들어 가는 사람들이 또 있습니다. 우리가 성장을 한다는 것은 우리의 주변을 보는 인식이 확대되는 과정이라고 생각을 합니다. 그리고 큰 단체에서 일을 하고 있고 종교적인 일을 한다고 해서, 반드시 인식이 확대된 것은 아니라고 봅니다. 그 틀에 갇혀 있으면 그냥 자신의 관점에서만 활동하는 것입니다. 앞에서도 언급을 했지만 자신들의 주체적인 이념과 정체성이 있지만, 그 원리를 통해서 주변과 이웃과 세상과 지속적으로 함께 소통해 가려는 인식과 행동, 그런 관계 속에서 성장을 하는 것이라고 봅니다. 그리고 그렇게 할 때 표현하고자 하는 말이 달라지고 글이 달라지고 행동도 달라지게 됩니다. 저도 저의 그 원리를 통해서 성장을 하고자 하는 한 사람이며, 이 사회의 더 많은 구성원들과 함께 성장하기를 바라는 마음에서 이 글을 작성합니다. 책을 선택해 주시고 읽어 주셔서 진심으로 감사를 드립니다.

더불어 유튜브 '정법강의'의 공부를 통해서 저의 삶의 인식이 확대될 수 있게 바르게 이끌어 주신 정법시대의 '천공스승님'께 무한한 감사의 말씀을 드립니다. 존경합니다!

ⓒ 이윤성, 2021

초판 1쇄 발행 2021년 1월 6일

지은이 이윤성
펴낸이 이기봉
편집 좋은땅 편집팀
펴낸곳 도서출판 좋은땅
주소 서울 마포구 성지길 25 보광빌딩 2층
전화 02)374-8616~7
팩스 02)374-8614
이메일 gworldbook@naver.com
홈페이지 www.g-world.co.kr

ISBN 979-11-6649-193-1 (03320)

• 가격은 뒤표지에 있습니다.
• 이 책은 저작권법에 의하여 보호를 받는 저작물이므로 무단 전재와 복제를 금합니다.
• 파본은 구입하신 서점에서 교환해 드립니다.

이 도서의 국립중앙도서관 출판예정도서목록(CIP)은 서지정보유통지원시스템 홈페이지(http://seoji.nl.go.kr)와 국가자료공동목록시스템(http://www.nl.go.kr/kolisnet)에서 이용하실 수 있습니다. (CIP제어번호 : CIP2020054830)